中国人实践哲学演讲
Oratio de sinarum philosophia practica

［德］沃尔夫（Christian Wolff） 著
李鹃 译

华东师范大学出版社

华东师范大学出版社六点分社　策划

1723年,沃尔夫的到来受到了马堡大学学生们的热烈欢迎。这是至今仍保存在德国马堡大学老礼堂(现为新教神学系所在地)的七幅壁画之一,由 Peter Janssen 绘于19世纪末。

目 录

译者导言 …………………………………………… 1

中国人实践哲学演讲

前言 ……………………………………………… 3
中国人实践哲学演讲(1721 年) ……………… 7
 中国人哲学之古老与闻名 ………………… 7
 孔子不是中国哲学创立者 ………………… 7
 中国哲学的创立者们 ……………………… 8
 中国人的国家亦曾衰落 …………………… 8
 孔子重建中国人衰落的国家 ……………… 9
 中国人的古代基本学说 …………………… 9
 孔子从何处吸收并创造了自己的学说 …… 9
 孔子之威望 ………………………………… 10
 孔子学说之命运 …………………………… 10
 作者的计划 ………………………………… 10
 敬请注意和关心 …………………………… 11
 中国人智慧的试金石 ……………………… 11

对反驳的回应·················· 12
中国人哲学之第一原则············· 12
诸懿行之区别与诸德性种类之区别······· 13
中国人具有第一种程度的德性········· 13
中国人如何促进德性之践行·········· 13
对反驳的回应·················· 14
为何中国人考虑得更多的是追求德性、而非避免恶 ······ 14
何谓自然之力？················ 14
道德实践之诸原则··············· 15
是否必须对德性设定限制··········· 16
道德实践之重要原则············· 16
貌似有德性的行懿行之习惯来自何处····· 17
真德性来自何处················ 17
中国人形塑道德的双制学校·········· 17
大学之必要性与原因·············· 18
两种学校各自的建制·············· 18
中国人的诸建制值得赞颂··········· 19
中国人的诸实践原则·············· 20
诸实践原则的原因··············· 20
中国人的证明方式··············· 21
中国人诸原则之确定性············· 21
作者在此项领域中的研究··········· 22
为什么作者对中国学说的看法不同于翻译者······ 22
完善意志的方式················ 23
养习德性时所行责任之顺序·········· 24
中国人努力改善他人·············· 24
中国人的最终目标··············· 25
中国人的至善·················· 26

中国人的动机………………………………………… 26
　　产生动机的独特方式………………………………… 26
　　中国人是否具有德性………………………………… 27
　　养习德性时礼的作用………………………………… 28
　　结论…………………………………………………… 29
　　向新任副校长致辞…………………………………… 31
　　副校长授予仪式……………………………………… 31

中国人实践哲学演讲注释(1726年)………………… 34
　　中国人哲学之古老与闻名…………………………… 34
　　　　注释(1)—(5)………………………………… 34
　　孔子不是中国哲学创立者…………………………… 39
　　　　注释(6)………………………………………… 39
　　中国哲学的创立者们………………………………… 40
　　　　注释(7)—(12)………………………………… 40
　　中国人的国家亦曾衰落……………………………… 44
　　　　注释(13)………………………………………… 44
　　孔子重建中国人衰落的国家………………………… 45
　　　　注释(14)—(18)………………………………… 46
　　中国人的古代基本学说……………………………… 48
　　孔子从何处吸收并创造了自己的学说……………… 48
　　　　注释(19)—(25)………………………………… 48
　　孔子之威望…………………………………………… 52
　　　　注释(26)—(31)………………………………… 52
　　孔子学说之命运……………………………………… 57
　　　　注释(32)—(33)………………………………… 57
　　作者的计划…………………………………………… 58
　　　　注释(34)………………………………………… 58

敬请注意和关心 …… 59
　　注释(35) …… 60
中国人智慧的试金石 …… 60
　　注释(36)—(40) …… 60
对反驳的回应 …… 63
　　注释(41)—(50) …… 63
中国人哲学之第一原则 …… 66
诸懿行之区别与诸德性种类之区别 …… 66
　　注释(51)—(53) …… 66
中国人具有第一种程度的德性 …… 69
　　注释(54)—(57) …… 69
中国人如何促进德性之践行 …… 74
　　注释(58)—(60) …… 74
对反驳的回应 …… 76
　　注释(61)—(64) …… 76
为何中国人考虑得更多的是追求德性、
　　而非避免恶 …… 77
　　注释(65)—(67) …… 78
何谓自然之力？ …… 80
　　注释(68)—(73) …… 80
道德实践之诸原则 …… 82
　　注释(74)—(78) …… 82
是否必须对德性设定限制 …… 87
　　注释(79)—(85) …… 87
道德实践之重要原则 …… 93
　　注释(86)—(89) …… 93
貌似有德性的行懿行之习惯来自何处 …… 95
　　注释(90) …… 95

真德性来自何处 ··· 95
　　注释(91) ·· 96
中国人形塑道德的双制学校 ······························ 98
　　注释(92)—(95) ······································· 98
大学之必要性与原因 ·· 99
　　注释(96)—(102) ······································ 99
两种学校各自的建制 ······································· 101
　　注释(103)—(107) ···································· 101
中国人的诸建制值得赞颂 ································· 104
　　注释(108)—(115) ···································· 105
中国人的诸实践原则 ······································· 106
　　注释(116)—(118) ···································· 107
诸实践原则的原因 ·· 107
　　注释(119)—(122) ···································· 108
中国人的证明方式 ·· 108
　　注释(123)—(125) ···································· 109
中国人诸原则之确定性 ···································· 109
　　注释(126)—(127) ···································· 110
作者在此项领域中的研究 ································· 110
　　注释(128)—(136) ···································· 110
为什么作者对中国学说的看法不同于翻译者 ········ 112
　　注释(137)—(145) ···································· 113
完善意志的方式 ··· 116
　　注释(146)—(150) ···································· 117
养习德性时所行责任之顺序 ····························· 118
　　注释(151)—(152) ···································· 118
中国人努力改善他人 ······································· 119
　　注释(153)—(156) ···································· 119

中国人的最终目标 …………………………………… 121
    注释(157)—(169) ………………………………… 121
中国人的至善 ……………………………………… 124
    注释(170)—(173) ………………………………… 124
中国人的动机 ……………………………………… 125
    注释(174)—(176) ………………………………… 125
产生动机的独特方式 ……………………………… 126
    注释(177) ………………………………………… 126
中国人是否具有德性 ……………………………… 126
    注释(178)—(191) ………………………………… 127
养习德性时礼的作用 ……………………………… 131
    注释(192)—(205) ………………………………… 132
结论 ………………………………………………… 134
    注释(206)—(214) ………………………………… 136
向新任副校长致辞 ………………………………… 139
    注释(215)—(216) ………………………………… 140
副校长授予仪式 …………………………………… 140

A 本注释 ………………………………………… 142
外国人名索引 …………………………………… 165
重要概念索引 …………………………………… 166
中国经典引用、书名、概念及人名索引 ………… 170
附录 1　沃尔夫生平年表 ……………………… 172
附录 2　沃尔夫作品年表 ……………………… 177

译者导言

1721年7月12日,在普鲁士王国哈勒大学成立28周年暨副校长换任仪式上,数学及哲学教授克里斯蒂安·沃尔夫(Christian Wolff)发表了轰动一时的论中国人实践哲学的卸任演讲。在演讲中,沃尔夫宣扬中国人无需基督教启示、凭借自然理性就能过有德性的生活,声称中国人实践哲学的原则和自己的一样。随即,哈勒大学虔敬派神学家对沃尔夫的言论进行了激烈谴责,并向柏林宫廷指控沃尔夫公开宣传无神论。最终,在1723年11月8日,普鲁士国王腓特烈一世以绞刑相威胁,命令沃尔夫在48小时之内离开普鲁士王国[1]。在哲学史上,沃尔夫的演讲及其被驱逐,被认为是18世纪欧洲启蒙运动的标志性事件[2]。但是,伴随着沃尔夫在德国古典哲学舞台上的销声匿迹,这场演讲本身却被人们有意或无意地遗忘了。

今日,我们重温沃尔夫的中国演讲,并不是为了重述中西文明

---

[1] 参见 Ludovici, *Ausführlicher Entwurf einer vollständigen Historie der Wolffischen Philosophie*, I. 2, WW III, Bd. 1. 2,页102(WW为沃尔夫全集 Christian WolffGesammelte Werke 缩写语,I代表德语作品部分,II代表拉丁语作品部分,III代表资料与文献部分)。

[2] 参见 Israel, *Radical Enlightenment. Philosophy and the Making of Modernity* 1650—1750, Oxford 2001,页544。

交通史或海外汉学研究中常说的欧洲18世纪中国热,也不是要以此证明儒家思想曾对欧洲启蒙哲学产生过多么大的影响、进而挟洋自重,更不是要反过来将欧洲对中国的看法简单归结为西方意识自我投射的结果、进而强化某种自卑抑或自傲心态。因为这些态度无非都是以西方作为衡量中华文明价值的绝对标尺,它们既缺少对欧洲启蒙运动复杂理路的深入了解、又缺乏建立于中华文明主体意识之上的学术自信,往往令我们对欧洲18世纪启蒙哲学的研究落入各种各样流俗理解的窠臼。中国演讲之所以值得再读,首先是因为它出自沃尔夫这位当时欧洲的顶尖哲学家。这位学习神学、数学和物理学[①]出身的哲学家,曾是英国皇家科学院(1710年)、柏林科学院(1711年)、圣彼得堡科学院(1725年)和巴黎科学院(1733年)欧洲四大科学院的成员。他以德语书写的一系列哲学作品,首次确立了德国哲学的基本术语体系,而且沃尔夫式的哲学体系更是从18世纪20年代至60年代主导着德国大学的哲学研究,并在神学和法学领域产生了深远影响,创造了康德哲学所从出的时代精神。正是凭借着哲学家特有的敏锐性,沃尔夫把握到了基督教神学在面对中国这样一个理性文明时所遭遇的问题。他所给出的解决方案,则既使他不同于罗马教廷中国礼仪之争的争论双方,也使他与当时借中国无神论形象来反对天主教教权的法国哲学家[②]区别开来。因此,这篇演讲所呈现出来的问题意识将会有助于我们更好地理解德国启蒙运动的思想特质。

---

① 17、18世纪的欧洲"大学"只有神学、法学和医学三个专业可供学生选择,哲学大多只作为预备课程或辅修课程,数学、物理学等也都属于哲学领域。所以,沃尔夫的专业其实是神学,他只是业余钻研哲学、数学和物理学,因为他认为这些都有助于他解决神学问题。

② 关于法国哲学家借中国无神论形象来反对天主教教权,参见毕诺(Virgile Pinot),《中国对法国哲学思想形成的影响》,耿昇译,商务印书馆,2000年。

以下我们就从(一)沃尔夫哲学的历史地位、(二)中国演讲的历史背景、(三)中国演讲的主要内容、(四)版本及翻译说明这四个方面对沃尔夫的《中国人实践哲学演讲》作一简要介绍。

(一) 沃尔夫哲学的历史地位

在评价沃尔夫哲学时,我们有必要区分沃尔夫研究的两个阶段:其一是沃尔夫哲学真正发挥历史效应的阶段,其二是对沃尔夫哲学进行定位的阶段,这两个阶段大致以 1800 年为界①。在前一阶段,沃尔夫哲学经历了一个由盛及衰的过程:从 18 世纪前、中期被广为推崇到 18 世纪后期(乃至 19 世纪初期)的备受贬低。沃尔夫哲学之中的明确定义、严格推理、连贯体系等曾经被人们视为启迪人心的地方,在经过沃尔夫主义者们的教科书进一步强化之后,却又被诟病为死板不堪、冗长繁琐、固步自封。在众多批判中,最广为人知的就是康德对沃尔夫独断论的批判和黑格尔对沃尔夫哲学方法的批判。所有这些,都使整个 19 世纪中的大多数人对沃尔夫形成了刻板的印象:一个莱布尼茨学说的体系化者和缺乏原创性与思想深度的老学究。但在另一方面,这些批评也从侧面说明了沃尔夫哲学对他之后的德国哲学发展有着极为深刻的参与和影

---

① 1800 年,施瓦布(Johann Christian Schwab)出版《康德道德原则与莱布尼茨-沃尔夫道德原则之比较》(*Vergleichung des kantischen Moralprinzips mit dem leibnizisch-wolffischen*),此书可被视为最后一部专门针对沃尔夫的论战之作,标志着沃尔夫哲学效应史进入尾声。到了 1831 年(同年黑格尔去世),克鲁格(Friedrich Wilhelm Kluge)的《哲学家克里斯蒂安·沃尔夫》(*Christian von Wolff, der Philosoph*)就已经开始以回望历史的眼光重新肯定沃尔夫了。参见 Biller, "Die Wolff-Diskussion 1800 bis 1982. Eine Bibliographie", in: *Christian Wolff 1679—1754. Interpretationen zu seiner Philosophie und deren Wirkung. Studien zum Achtzehnten Jahrhundert*, edited by Werner Schneiders. Hamburg 1983,页 321—345。

响。因此,在审视当时德国学者针对沃尔夫所进行的论战之时,我们不应该脱离所争论问题的历史线索与时代背景。同时,我们也不能忘记:那位自始至终保有形而上学兴趣的康德其实说过,在纯粹理性对自己的能力进行预先批判之后,我们在形而上学中就"必须遵守著名的沃尔夫的严格方法",沃尔夫正是"德国至今未熄灭的彻底性精神(Geist der Gründlichkeit)的创造者"①。而且,黑格尔也说过,沃尔夫"为德国(甚至在更普遍的意义上)定义了意识的世界,正如人们也可以说亚里士多德阐明了人的表象能力的整个范围,他们所做的事对于普遍的教育极为重要"②。因此,在这第一阶段,无论是学者的单方论战、还是普通人的片面印象,这些都只应构成我们重新理解沃尔夫的起点和契机,而远非终点和定论。

在第二阶段,当学者们不再需要通过批判沃尔夫来提出自己的学说与立场之时,沃尔夫哲学的效应史也渐入尾声,此后,人们对沃尔夫哲学的兴趣则主要来自哲学史研究领域。19世纪的沃尔夫研究主要是历史性的③,着重通过史料搜集来梳理、再现沃尔

---

① Kant,*Kritik der reinen Vernunft*,B XXXVI.

② Hegel,*Vorlesungen über die Geschichte der Philosophie*,Band 2,Frankfurt am Main 1979,页 261。黑格尔对沃尔夫几何学式证明方法的诟病,并不能成为我们忽视沃尔夫的主要依据。正如黑格尔自己所说,在知性认识的方式上,沃尔夫和斯宾诺莎是一样的,不仅如此,整个近代哲学也是斯宾诺莎主义式的。只是在黑格尔看来,沃尔夫和莱布尼茨、斯宾诺莎以及这里的亚里士多德的差别在于,他在沃尔夫那里没有看到对矛盾之本质性的重视。关于一种排斥矛盾的表象思维(das vorstellende Denken)和一种视矛盾为事物之原因的思辨思维(das spekulative Denken)的区分,黑格尔在《逻辑学》本质论关于矛盾(Widerspruch)的注释 3 中有过更清楚的表述。

③ 参见 Kluge,*Christian von Wolff*,*der Philosoph*,Breslau 1831;Wuttke,"Über Christian Wolff den Philosophen", in: *Christian Wolffs eigene Lebensbeschreibung*,edited by Heinrich Wuttke,Leipzig 1841,页 1—106;Zeller,*Wolffs Vertreibung aus Halle*;*der Kampf des Pietismus mit der Philosophie*,in: Vorträge und Abhandlungen geschichtlichen Inhalts,by Eduard Zeller. Leipzig 1865,页 108—139。

夫的生平及学术发展过程(立场都各有偏颇)。20世纪上半叶,沃尔夫研究中最重要的一个进展则在于,沃尔夫不仅被赋予了在思想史上比莱布尼茨、托马修斯更加重要与独立的位置,而且研究者们还进一步指出了沃尔夫哲学的路德宗信仰与经院哲学的思想背景①。同时,自1964年起,沃尔夫著作首次以全集形式开始结集出版(分为德语作品、拉丁语作品、资料与文献三个部分)。可以说,沃尔夫及其作品在经历了从几乎被人们彻底遗忘到重又被发现与重视之后,有关沃尔夫的大量研究自此才真正出现。同时,伴随着人们对启蒙运动研究兴趣的与日俱增,沃尔夫也开始被一致认为是德国启蒙运动的核心人物。学者们认为,沃尔夫对于德国启蒙运动的重要性主要表现在以下三个方面:

首先,沃尔夫是他之后两、三代学者②的语言来源和精神来

---

① 参见 Wundt, *Die deutsche Schulphilosophie im Zeitalter der Aufklärung*, Tübingen 1945; Schöffler, *Deutsches Geistesleben zwischen Reformation und Aufklärung. Von Martin Opitz zu Christian Wolff*, Frankfurt am Main 1956。

② 参见 Hinske, "Wolffs Stellung in der deutschen Aufklärung", in: *Christian Wolff 1679—1754. Interpretationen zu seiner Philosophie und deren Wirkung*. Studien zum Achtzehnten Jahrhundert, edited by Werner Schneiders. Hamburg 1983,页306—319,他列举了两组学者:(a)Johann Peter Reusch(1691—1758), Georg Bernhard Bilfinger(1693—1750), Ludwig Phillip Thümmig(1697—1728), Johann Christoph Gottsched(1700—1766), Friedrich Christian Baumeister(1709—1785), Alexander Gottlieb Baumgarten(1714—1762),以及 Georg Friedrich Meier(1718—1777)——这第一批学者或多或少是正统的沃尔夫主义者,他们不仅在内容上、而且在原初的形式上,都接受了沃尔夫体系,并通过编订大量教科书,将沃尔夫哲学体系迅速传播至全德国;(b)Johann Georg Sulzer(1720—1779), Johann Heinrich Lambert(1728—1777), Moses Mendelssohn(1729—1786), Johann August Eberhard(1739—1809), Ernst Platner(1744—1818)——这组学者则是独立的沃尔夫主义者,他们在形式上进一步脱离了沃尔夫的数学方法,找到了自己独特的方式,尽管有来自其他方面的影响,但仍然受到沃尔夫的很大影响、或者也部分地受到沃尔夫第一批弟子的影响。

源。可以毫不夸张地说,是沃尔夫创立了德国第一个哲学学派。我们知道,在17世纪时,采用民族语言进行哲学研究在英国、法国就已相当兴盛,而在德国这片聚集着大大小小王国的土地上,学院哲学(Schulphilosophie)所主要使用的学术语言仍然是在精确性上比德语更胜一筹的拉丁语①,这被普遍认为是德语文化落后于当时英法文化的象征。直到沃尔夫的出现,他才在真正意义上实现了德语科学术语和德语哲学的体系化,从而德语才得以在学术价值上开始同法语、英语并驾齐驱(当然,沃尔夫在当时是凭借他的拉丁语作品获得了他在整个欧洲的声誉)。事实上,欧洲启蒙运动的一项关键内容就是要让人能够"使用自己国家的语言来清楚明确地谈论道德和政治"②。在德国,是沃尔夫为德语哲学奠定了基石。

其次,1723年前后这场由沃尔夫中国演讲引发的争论对德国哲学发展具有指向意义。正如著名德国启蒙运动研究者冯特(Max Wundt)早就所说,"这场争论可谓是德国启蒙运动的一次关键事件,通过这一争论可以非常清楚地看到德国启蒙运动的内容。"③这场争论主要在沃尔夫和哈勒虔敬派神学家郎格(Joachim Lange)之间展开。郎格所代表的反沃尔夫路线则由吕迪格(An-

---

① Wolfgang Ratke(1571—1635)及其追随者曾大力倡导德语教学,但并未得到积极响应。莱布尼茨的大量作品使用法语,也曾在少量作品中使用德语写作。托马修斯(Christian Thomasius)是德国启蒙运动的另一个重要人物,他于1687年首次在大学使用德语开授讲座课。他也以德语进行哲学写作,但仍然使用很多来自拉丁语、法语和英语的术语,未能形成一套固定的术语体系和完整的哲学体系。

② 参见 Schneewind, *The invention of autonomy: A history of modern moral philosophy*, Cambridge 1998, 页432。

③ 参见 Wundt, "Christian Wolff und die deutsche Aufklärung", in: *Das Deutsche in der deutschen Philosophie*, edited by Theodor Haering. Stuttgart und Berlin 1941, 页233。

dreas Rüdiger，1673—1731）、吕迪格的学生霍夫曼（Adolf Friedrich Hoffmann，1703—1741）、霍夫曼的学生克鲁修斯（Christian August Crusius，1715—1775）乃至康德得到延续。虽然沃尔夫被对方指控为是决定论者和无神论者，但争论的焦点并不纯然是哲学和宗教的对立以及哲学自由和宗教迫害的问题。沃尔夫哲学首先针对的是一种反智立场，因为这一立场反对一种建立于理性之上的自然神学，并强调意志和情感相对于理性具有的优先地位。而沃尔夫认为，人们不应给知识施加任何不必要的限制，因为哲学（Weltweisheit）是"一门关乎所有可能事物的科学，它研究事物如何可能以及为何可能"①，科学就是一种通过合法推论从确定不变的原则推导结论的品质（habitus）。对启示神学的证明工作，只有在"哲学、尤其是形而上学和道德哲学、政治哲学贯穿在一起之后，才能得以完成"②。在其论敌看来，沃尔夫的哲学立场所导致的后果就是世界运行之绝对必然性以及对上帝存在和灵魂自由的否定，而这些恰恰是沃尔夫所要极力避免的后果。因此，这场争论的主题具有极大的复杂性，它既关涉上帝与世界关系的奇迹问题和道德自主性的可能性问题，也关涉到一般理性知识的界限问题和自然神学与启示神学间的关系问题。可以说，如果撇开了沃尔夫，我们就会难以理解这些问题何以在德国启蒙运动中成为核心议题。

最后，在德国启蒙运动中，沃尔夫哲学的影响不仅限于学术领域，它还在学院之外产生了广泛影响。沃尔夫非常强调理性知识在实践中的运用，他反对当时那种将理性真理与道德实践或者生活技艺割裂开来的惯常态度。他于1718年出版过一本德语小

---

① *Deutsche Logik*，WW I，Bd. 1，Vorbericht，§ 1.
② *Christian Wolffs eigene Lebensbeschreibung*，hrsg. Heinrich Wuttke，Leipzig 1841，页143。

书《发现粮食奇迹般增产的真正原因》①,此书在当时是一本将自然知识运用于农业生产的先锋之作,直接影响了 1738 年德国第一本所谓"农民启蒙"(baueraufklärerisch)之书《为认真好学的农民而作的可靠指南》②。沃尔夫在《粮食》一书前言中将为人类生活所必需的真理比喻为"面包",将其他真理比喻为"珠宝",而无论穷人还是富人都需要面包,所以哲学家和学者不应只是为了乐趣而追求真理本身,而更应该研究那些能促进人类福祉的真理。沃尔夫这本以德语写就的小书,也被视为"大众启蒙"(Volksaufklärung)的先声之一。同时,沃尔夫的这种观念也影响了德国 18 世纪众多所谓秘密社团(geheime Gesellschaften)的发展,学者们正是借这样的私人社团来使哲学对生活和政治产生影响③。

---

① 《发现粮食奇迹般增产的真正原因,同时对树木植物的生长进行总体阐明,是为植物生长研究之第一篇论文》(*Entdeckung der wahren Ursache von der wunderbahren Vermeyrung des Getreydes, dadurch zugleich der Wachsthum der Bäume und Pflanzen überhaupt erläutert wird, Als die erste Probe der Untersuchungen von Wachstume der Pflanzen, heraus gegeben*)(1718), WW I, Bd. 24,此书在 1734 年还有英文译本出版。详见作品列表。

② 参见 Johann Caspar Nägeli, *Des Lehrnsbegierigen und Andächtigen Landmanns Getreuer Wegweiser; Zur Beförderung der Ehre Gottes und gemeinem des Landes Nutzen ans Liecht gestellt Von Joh. Caspar Nägeli*, Zürich 1738; Böning und Siegert, *Volksaufklärung. Biobibliographisches Handbuch zur Popularisierung aufklärerischen Denkens im deutschen Sprachraum von den Anfängen bis 1850*, Vol. I, Stuttgart-Bad Cannstatt 1990,页 32,65; Menzel, *Vernakuläre Wissenschadft. Christian Wolffs Bedeutung für die Herausbildung und Durchsetzung des Deutschen als Wissenschaftssprache*, Tübingen 1996,页 236。

③ 例如 1736 年由曼陀菲尔伯爵(Ernst Christoph v. Manteuffel)建立的"真理之友"(Societas Alethophilorum)。参见 Hinske, "Wolffs Stellung in der deutschen Aufklärung",同上,页 312。

此外,这里也有必要对"莱布尼茨-沃尔夫学派"的说法进行一个说明。人们通常习惯把沃尔夫与莱布尼茨捆绑在一起,认为离开了莱布尼茨,沃尔夫哲学就没有独立的地位。但其实在考察沃尔夫哲学与莱布尼茨哲学二者间关系时,需要区分两个不同的层次:(1)沃尔夫本人在多大程度上受到莱布尼茨学说的影响;(2)沃尔夫的学生在多大程度上用沃尔夫哲学体系来理解和解释莱布尼茨哲学。而所谓"莱布尼茨-沃尔夫哲学"其实应从第二种意义去理解,因为第一个以"莱布尼茨-沃尔夫哲学"称论其形而上学的人是他的学生比尔芬格(Georg Bernhard Bilfinger, 1693—1750)①。而就第一层次来讲,则不仅沃尔夫本人不愿意接受这样的说法,而且已有的研究也认为这一说法与实际情况并不相符②。首先,从两人的通信来看,沃尔夫是在近26岁之时才

---

① 这是依照沃尔夫自己在《自传》中的说法:"我在写作《德语形而上学》时,莱布尼茨的《神义论》以及他与克拉克的论战书信集已出版,因此我就在存有论、宇宙论以及理性心理学部分引入了他的几个概念,使之与我的体系相一致。而人们一般把我的哲学称为莱布尼茨-沃尔夫哲学,则是肇始于比尔芬格先生,他最先称我的形而上学为莱布尼茨-沃尔夫哲学。莱布尼茨先生本来希望我能像伯努利先生(Jakob I. Bernoulli)一样关注于更高级的几何学研究和发展他的微分学;但是我更感兴趣的则是,为了[灵魂]高级能力之故去改善哲学。因此我当时并不想在通信中同他讨论他的哲学思想,正如他自己也在他给法国雷蒙(Remond)的信中说过,这可参见著名的《莱布尼茨、克拉克、牛顿等有关哲学、自然宗教、历史、数学等的文章汇编》(*Recueil de diverses piéces etc.*),所以除了莱布尼茨的正式出版物之外,我不可能对他的想法有任何了解……因而他认为我之所以没有听从他的建议,是因为我平日工作量太大——他知道我不仅每天至少要阅读六小时,而且还要在《学者札记》(*Acta Eruditorum*)上发表很多书评。"参见 *Christian Wolffs eigene Lebensbeschreibung*, hrsg. Heinrich Wuttke, Leipzig 1841,页308—309。

② 参见 Corr, "Did Wolff Follow Leibniz?" in: *Akten des 4. Internationalen Kant-Kongresses*, Teil III, edited by Gerhard Funke. Berlin 1974,页11—21。

开始与莱布尼茨通信①,而且两人在信中也极少讨论哲学②。莱布尼茨无疑对沃尔夫的哲学产生过影响,但在哲学上对沃尔夫产生过影响的还有笛卡尔和钦豪斯③。其次,如沃尔夫本人所说,"除了莱布尼茨的正式出版物之外,我不可能对他的想法有任何了解"。莱布尼茨也有句著名的话:"只是通过我的出版物来了解我的人,都并不了解我"。因为当时学界能看到的莱布尼茨著作只有 1710 年出版的法文版《神义论》(由 Gottsched 于 1744 年译为德语)、1717 年出版的《莱布尼茨与克拉克书信》论战集、《单子论》(1720 年由 Heinrich Köhler 译为德语)以及莱布尼茨在《学者札记》(*Acta eroditorum*)上发表的文章。最后,从内容上来看,沃尔夫哲学和莱布尼茨哲学也根本无法等同。例如,莱布尼茨的"预定和谐"在当时更多是个缺少论证的假设,所以人们感觉通过沃尔夫的灵魂学说能更好地理解这一概念。但尽管如此,沃尔夫认为并不应就此将他的灵魂学说视作对莱布尼茨"预定和谐"的解释,因为这一假设只是正好与他自己关于身心关系的系统论证相合而已④。

---

① 沃尔夫向莱布尼茨写的第一封信是在 1705 年 12 月 20 日。参见 *Briefwechsel zwischen Leibniz und Christian Wolff. Aus den Handschriften der Koeniglichen Bibliothek zu Hannover*, hrsg. Gerhardt, C. I., Halle 1860。

② 莱布尼茨生前的出版物很少,因此他主要通过书信来和其他学者交流他的学术观点。

③ 钦豪斯(Ehrenfried Walther von Tschirnhaus, 1651—1708)被称为是"第一位德国斯宾诺莎主义者"(der erste deutsche Spinozist)。沃尔夫在《自传》中说,在布雷斯劳学习神学期间,"当时我对经院学者的评价比现在更低,因此产生了学习笛卡尔哲学和阅读钦豪斯《心灵医学》(*Medicina mentis sive artis inverniendi praecepta generalia*)的强烈冲动,而这些书我当时是没有的",沃尔夫还曾将博士论文《普遍实践哲学》托人交给钦豪斯审读,钦豪斯还称赞这部作品是其《心灵医学》结出的"果实",参见 *Christian Wolffs eigene Lebensbeschreibung*. Hrsg. von Heinrich Wuttke, Leipzig 1841, 页 294, 305。

④ *Deutsche Metaphysik*, WW I, Bd. 2.1, Vorrede zu der zweiten Auflage。

（二）中国演讲历史背景

1. 沃尔夫与中国经典

沃尔夫于1721年所写的中国演讲主要依据卫方济翻译的拉丁文版《中华帝国经典》①（包括《大学》、《中庸》、《论语》、《孟子》、《孝经》和朱熹所作的《小学》②六部）。而他于1726年为该演讲所作注释则主要依据柏应理等人翻译的拉丁文版《中国哲人孔子，或中国科学》③（包括一篇106页的"绪论"、一篇8页的"孔子生平"，以及《大学》、《中庸》、《论语》，后附有柏应理翻译的"中国朝代年代表"④）。之所以采用两个不同的版本，这一方面是由于柏应理译本中的绪论、孔子生平和年代表为沃尔夫提供了更多例证；另一方面，按照沃尔夫的说法（见演讲注释3,54,85,113），虽然他本人更欣赏卫方济的译本（不仅因为卫方济译本更全，也因为他认为卫方济译本在一些关键概念上翻译的更符合原文的意思；见演讲注释54,85,92），但由于柏应理的译本在当时更加常见，所以为了便于读者查找原文，他在注释中引用中国经典之时采用了柏应理译本。笼统而言，这两个译本的差异主要在于：柏应理译本很大程度上是罗马教廷有关中国礼仪之争的产物，其翻

---

① Noël, P. Francisco, *Sinensis imperii Libri classici sex, nimirum Adultorum schola, Immutabile medium, Liber sententiarum, Memcius, Filialis observantia, Parvulorum schola, E sinico idiomate in latinum traducti.* Prag 1711.

② 有不少中、外文献把卫方济翻译的《小学》错误地当作是《三字经》。

③ *Confucius Sinarum Philosophus*, sive *Scientia Sinensis Latine exposita*, studio & opera *Prosperi Intorcetta, Christiani Herdtrich, Francisci Rougemont & Philippi Couplet, Patrum Societatis Jesu.* Paris 1687.

④ 这份年代表并未以基督纪年方式、而是以60年一循环的甲子纪年方式记录每位帝王的事迹，仅在每一甲子第一年标记相对应的基督纪年年份。

译避开了当时流行的朱熹《四书章句集注》,而主要依据张居正的《四书直解》,并且为了向罗马教廷证明耶稣会适应性传教政策的正确性,而特别强调原始儒家那里存在上帝信仰①;而卫方济译本主要依据朱熹的《四书章句集注》,该译本既没有论证原始儒家上帝信仰的前言、也没有在翻译中穿插译者的附会性注释,相较前者而言少些教派色彩。

实际上,沃尔夫对中国书籍的接触则要早于1721年的中国演讲。在《学者札记》1711年9月刊上,他曾发表过一篇对卫方济1710年出版的《印中数理观察记1684—1708》②的书评③。这部书为沃尔夫提供了有关中国历史、年代、地理等方面的详细知识。随后,沃尔夫阅读了1711年出版的《中华帝国经典》,并在《学者札记》1712年3月刊上发表了对这本译著的书评④。在此后的几年中,沃尔夫发表的作品仍主要与数学、物理有关。直到1720年,他在《德语形而上学》中提道:

---

① 尽管耶稣会士指斥宋明理学家的无神论立场,认为自己是从原始儒家文本出发去证明古代中国人也知道造物主,但是他们的译文、包括经典选择本身无疑都在依赖宋明理学家的注疏和诠释。张居正的四书直解当然是典型的理学家作品,因此选择《四书直解》更像是个鸵鸟办法。

② Noël, P. Francisco, *Observationes mathematicae & physicae in India & China factae ab anno* 1684 *usque ad annum* 1708. Prag 1710.

③ 参见 *Acta Eruditorum*, September 1711, 页 383—400, 或者 Sämtliche Rezensionen in Acta Eruditorum (1711—1718), WW II, Bd. 38.2, 页 573—590。沃尔夫自1705年起就成为《学者札记》的固定书评人,除了写新书书评以外,也发文推荐他认为有价值的作家的文章。最初他的博士论文就是通过他在莱比锡哲学系认识的 Otto Mencke 的推荐、而借《学者札记》获得了许多学者的认可。

④ 参见 *Acta Eruditorum*, März 1712, 页 123—128, 224—229, 或者 Sämtliche Rezensionen in Acta Eruditorum(1711—1718), WW II, Bd. 38.2, 页 624—629(未录全)。

莱布尼茨先生发现了这条原则[充足理由律]的重要性，阿基米德很早就已将其平衡学说建立于这条原则之上，更早还有孔子，他在其道德学说和国家技艺中也看到了这条原则①。

在沃尔夫于 1721 年 4 月 18 日为第一版《德语政治学》所写的前言中，他直接指出中国是一个运用理性治国的国家，并计划就此进行专门的写作：

> 在一个尽可能以理性治国的地方，每个人都有他的快乐……中国人从古时起就致力于治国的技艺；而我在他们的作品中通过反复验证所努力发现的内容，正与我的学说相合。那么，既然这个民族在治国的技艺上超过了其他所有民族，并以此而远近闻名；因此我很想用我的方法对他们的准则进行证明。也许我可以找个机会，把中国人的道德学说和国家学说以科学推理的方式展现出来，由此也可以清楚看到他们的学说和我学说的和谐一致。②

这段话写完不到三个月，也就是在 1721 年 7 月 12 日，沃尔夫就以中国人的实践哲学为其卸任演讲的主题，试图向听众展示中国哲学的最终原则。

在被驱逐出普鲁士之后，沃尔夫除了在 1726 年为其正式出版的中国演讲增加了篇幅远大于演讲原文的研究性注释以外，而且在马堡所写的一系列拉丁语作品中都多次地引用有关中国的例证。例如在 1729 年冬季学期的讲座《论系统知性和非系统知性之

---

① *Deutsche Metaphysik*, WW I, Bd. 2.1, § 30.
② *Deutsche Politik*, WW I, Bd. 5, Vorrede, 页 10（原文未标页码）。

区别》中,他就将亚里士多德、欧几里得、孔子、笛卡尔和纽曼①视为具有系统知性(intellectus systematicus)的哲学家:

> 中国人的伟大哲学家孔子,在他身上可以看到有系统知性的自然倾向;因为他的观念中所包含的东西,不仅展示了他的深刻洞察力,而且它们相互之间也以极美妙的方式相互联结,从而如果一个人既具有系统知性、又具有与孔子言行相对应的概念,那么他就能将孔子极为清楚、但还不够明确的观念中所包含的真理在一个有序的系统中表达出来。……但对于孔子来说,这一系统知性的自然倾向并非多余无用,否则孔子就不会得到关于道德和政治事物的独特观念,而且这些观念已构成了一个非常美妙、且与真理相合的系统。②

在1737年出版的《自然神学》第二卷"论无神论"部分中,在论证"不知道上帝存在的人也能够追求好的行为、避免恶的行为"时,沃尔夫又以孔子为例证:

> 他[孔子]没有关于上帝的明确概念,不知道上帝是世界的创造者和领导者,因为他从没提过这些,也从不借上帝的属性来获得行善的动机。尽管如此,他仍过着一种可赞扬的生活,他一生都在努力追求德性、并且也指导别人如此。因此那些因传教事业而被派往中国的耶稣会士(他们第一次将这位

---

① Kaspar Neumann(1648—1715),著名的布雷斯劳神学家。沃尔夫在自传中说自己在布雷斯劳学习神学期间读过纽曼的布道词和教材,从中获益颇多。关于此人,参见 Schöffler, *Deutsches Geistesleben zwischen Reformation und Aufklärung*, Frankfurt 1956.

② "De differentia intellectus systematici et non systematici", in: *Horae subsecivae*, WW II, Bd. 34.1, S.117.

中国最伟大哲学家的书籍译成拉丁语,并在巴黎出版)在绪论中赞扬孔子为人无私谦逊、威严正直。孔子极为强调外在行为与内在行为的一致,认为没有这种一致便不可称为有德性;他努力追求诚(sinceritate),这些例子清楚地证明了,那些在我们的时代从新教教会中重又复活的"新法利赛主义者们"是多么可耻。通过不懈努力,他最终在七十岁之际使感性欲求与理性欲求达到一致,这是其他人从未想过、也更未曾达到过的境界,这我也已经在《中国人实践哲学演讲》的注释中讲过。①

文中的"新法利赛主义者们"所指的就是虔敬派神学家,尤其是他的论敌朗格。在中国演讲注释(149)中,沃尔夫也借法利赛主义来批评虔敬派神学家"在追求德性时完全忽略知性养习",认为"利益和争心才是他们的动机"。

1752年,也即沃尔夫去世前一年,他还在一封给圣彼得堡科学院主席拉兹莫夫斯基的信中提道:

> 我可以轻而易举地展示给大家看,我是如何从我哲学之最内在处出发对孔子学说进行证明、并将还原为理性之准则的,从而孔子学说的真理和作用就得到了证明。并且也将清楚看到,在他那个时代,政治原则是如何从其源头、也即孔子学说中流出的。中国人正是通过这些原则来维持和促进国家的繁荣,而其源头孔子学说我也已经证明过了。②

---

① *Theologia naturalis*,WW II,Bd. 8,§ 508. not.
② 参见 *Briefe aus den Jahren* 1719—1753. WWI, Bd. 16, Christian Wolff an den Grafen C. Rasumowskij,页 151—152。

至于沃尔夫对中国经典的解读是否受过莱布尼茨的影响,这一点并没有明确证据的支持①。应该说,就中国演讲文本而言,沃尔夫的论证完全基于耶稣会士的拉丁译本和他自己的哲学体系,具有非常强的个人解读色彩。从以上引文也可看出,沃尔夫所着意揭示的是,他的学说和(拉丁译本所反映出的)孔子学说完全可以相互印证。

2. 驱逐事件始末

如前所述,这场争斗主要发生在沃尔夫和哈勒大学虔敬派神学家郎格之间。虔敬主义(Pietismus)是 17 世纪下半叶由西培纳(Philipp Jacob Spener,1635—1705)领导的一场针对路德宗正统教派的改革运动。其主要诉求是反对在宗教上进行哲学思辨、反对僵化的教会组织、反对世俗的欲求,转而强调意志的根本性和个人的虔敬。由于 17 世纪学院哲学在根本上是倚靠亚里士多德主义发展起来的一场形而上学复兴运动②,因此虔敬主义的主要主张仍在于反对形而上学,认为宗教的真正基础在于意志、而不在理性。不过,虽然虔敬派起初是以受迫害者的面目出现,但其反路德正统的立场最终受到普鲁士政府的青睐。哈勒大学正是一所在布兰登堡选帝侯腓特烈三世③的支持下、于 1694 年成立的极富虔敬主义色彩的大学。在创建之初的短短几年中,就有上千神学家从这里毕业,奔赴德国各地任教。到了 1720 年代,虔敬派在教会中的地位逐渐稳固,因而他们也毫不避讳与高调的沃尔夫进行正面论战。

---

① 参见 Albrecht, "Einletung", in: Christian Wolff: *Rede über praktische Philosophie der Chinesen*, edited and translated by Michael Albrecht, Hamburg 1985,页 XII。

② 参见 Wundt, *Die deutsche Schulmetaphysik des 17. Jahrhunderts*, Tübingen 1939,页 48 以下。

③ 也即后来登基的普鲁士国王腓特烈一世。

沃尔夫于 1706 年在莱布尼茨的推荐下来到哈勒大学担任数学教授。起初几年他并不适应这里的学术环境，因为在哈勒大学，"数学是个让人陌生和不习惯的东西……而哲学则由托马斯主导，他的观点和讲座完全不对我的胃口"。① 于是，他把精力都放在研究数学、建筑术和物理实验上，并未研究哲学。在逐渐被学生接受之后，沃尔夫也重整旗鼓，从 1709 年起，他开设了有关哲学、逻辑学和伦理学的讲座，并开始受到学生的欢迎与拥戴。他在 1712 年出版的《德语逻辑学》②和在 1720 年出版的《德语形而上学》③其实就是为方便课堂教学使用而以严格论证形式写成的讲座讲义，这两部作品与紧接其后出版的《德语伦理学》④和《德语政治学》⑤一起构成了沃尔夫的德语理论哲学和实践哲学体系的主要部分。

---

①　*Christian Wolffs eigene Lebensbeschreibung*, hrsg. von Heinrich Wuttke, Leipzig 1841, 页 311。

②　完整标题是《关于人类知性之力量及其在认识真理中之正确应用的理性思考》，拉丁语扩写本为 1728 年出版的《理性哲学或逻辑》，这本拉丁语逻辑是其拉丁语系列哲学作品的第一部。详见作品列表。

③　完整标题是《关于上帝、世界、人的灵魂和一般事物的理性思考》，包括(1)讨论一般事物的"存有论"、(2)从经验来描述灵魂的"经验心理学（灵魂学）"、(3)讨论世界的"宇宙论（世界学）"、(4)从理性推导有关灵魂知识的"理性心理学"和(5)讨论上帝存在及其属性的"自然神学"五个部分。沃尔夫在马堡时期，又将形而上学的这五个部分用拉丁语重写了一遍，内容也得到极大扩充，分别以《第一哲学或存有论》(1730)、《普遍宇宙论》(1731)、《经验心理学》(1732)、《理性心理学》(1734) 和《自然神学》(1736/37 两卷) 出版。详见作品列表。

④　完整标题是《关于人类行止、并为促进人类幸福的理性思考》，拉丁语扩写本是 1738—1739 年出版的《普遍实践哲学》（两卷）和 1750—1753 年间出版的《道德哲学或伦理学》（五卷），此外还有 1740—1750 年间出版的八卷《自然法》、一卷《万民法》和一卷缩写本《自然法与万民法阶梯》。详见作品列表。

⑤　完整标题是《关于人类社会生活尤其是共同体的理性思考》，沃尔夫生前未能来得及写政治学拉丁语扩写版。详见作品列表。

由于这些著作在当时完全打破传统意义上的学院哲学束缚,因而也大受欢迎。可以证实的是,哈勒大学神学家们很早就开始警告神学系学生不许去听沃尔夫的讲座,并以取消生活费相威胁,但是仍有不少学生悄悄地设法去旁听他的课程①。因此,沃尔夫和哈勒大学虔敬派神学家之间既有学说原则上的对立,也存在私人关系上的不融洽,这些矛盾都为接下来的冲突埋下了伏笔。

1721年7月12日,沃尔夫为期一年的副校长任期结束(他的继任者正是朗格),他按照惯例在副校长交接仪式上发表演讲。在演讲中,沃尔夫盛赞中国人的实践哲学,因为他们的学说表明人类理性可以不借助任何超验的宗教启示、而只凭自身的力量就能发现道德真理。仪式结束后第二天,哈勒神学家布莱特豪普特(Joachim Justus Breithaupt)在宣教时就对该演讲进行了批判。在随后的7月14日,哈勒大学神学系主任弗朗克(August Hermann Francke)②就向沃尔夫索要演讲手稿,希望供大家对其中有失体统的言论进行研究。沃尔夫知道到这样将会使自己陷入不利境地,因而在一封正式、但措辞尖刻的复信中表示拒绝交出手稿,但他向神学家们说明了在他的哪些作品中可以找到他的相应观点③。由于没有演讲的文本,神学家们无法依靠不准确的笔记进行论辩,于是他们便组织起来研读沃尔夫的作品,以继续寻找突破口。与此同时,交接仪式也加深了沃尔夫和他的继任者朗格之间

---

① 参见 Zeller, *Wolffs Vertreibung aus Halle; der Kampf des Pietismus mit der Philosophie*, 同上,页108—139。

② 弗朗克是虔敬主义的重要代表人物,曾与托马修斯有过论战,也是沃尔夫的论敌之一。他很早就在与莱布尼茨的通信中表现出对中国哲学的兴趣,但主要出于传播新教的野心,想与耶稣会一较高下。关于此人,参见 Cramer, *August Hermann Francke: ein Lebensbild*, Halle 1880。

③ 以上过程以及信的内容参见 Wuttke, *Über Christian Wolff den Philosophen*, 同上,页20以下。

的矛盾。朗格原本就为沃尔夫在学生中居高不下的人气而耿耿于怀,因为他自己的课堂总是门可罗雀。在接任副校长当晚,他亦遭学生冷落,大家都转而去为沃尔夫唱诵祝贺。而且,在朗格任职期间,在多次学生骚乱中,更是有学生高喊"老校长万岁,新朗格下课!"①此外,沃尔夫的学生图密西(Ludwig Philipp Thümmig)还占据了朗格的儿子所希求获得的哈勒大学哲学系教职,这也使朗格对沃尔夫极为不悦。所以,在各种原因的交织之下,沃尔夫和哈勒大学神学系之间的关系已是剑拔弩张。

事件爆发的最终推力出现在1723年初。在朗格的支持下,沃尔夫曾经的学生施特雷勒(Daniel Strähler)出版了《沃尔夫〈关于上帝、世界、人的灵魂和一般事物的理性思考〉考察》②一文,公开地点名批评沃尔夫哲学。这一举动不仅有伤沃尔夫的感情,而且也有违哈勒大学校规。于是沃尔夫请求哈勒大学委员会干预此

---

① 即"Vivat der alte Prorektor, Pereat der neue Lange!"参见 Wuttke, *Über Christian Wolff den Philosophen*,同上,页24。

② 1723年,沃尔夫和朗格之间有一系列论战作品出版:(1)沃尔夫,"Sicheres Mittel wieder unbegründete Verleumdungen, wie denselben am besten abzuhelfen",写于5月份,是对 Daniel Strähler "Prüfung der vernünfftigen Gedancken des Herrn Hofrat Wolff von Gott, der Welt und der Seele dfes Menschen, auch allen Dingen überhaupt, worinnen des Herrn Autoris Schlüsse examiniert, die Unrichtigkeit derselben gezeiget, dessen Irthümer an den Tag gelegt, und die metaphysische, ingleichen die damit verknüpfte moralische Wahrheiten in grösseres Licht gesetzt werden"的回应;(2)沃尔夫,"De differentia nexus rerum sapientis et fatalis necessitatis, nec non systematis harmoniae praestabilitae et hypothesium Spinozae luculenta commentatio",写于8月份,是对 Joachim Lange "Causa Dei et religionis naturalis adversus atheismum"的回应;(3)沃尔夫,"Monitum ad commentationem luculentam de differentia nexus rerum sapientis et fatalis necessitatis",写于10月份,是对 Joachim Lange "Modesta disquisitio novi philosophiae systematis de Deo, mundo et homine et praesertim de harmonia commercii inter animam et corpus praestabilita"的回应。

事,但在没有得到明确表态之后,他又求助于政府当局。结果施特雷勒遭到口头批评,被取消了已获得的学位荣誉,而且被禁止继续在这件事情上进行辩论。而在另一方,哈勒大学神学系则直接给国王递交了诉状,试图向国王证明沃尔夫体系中的严重谬误。他们还利用腓特烈一世近旁的著名宫廷弄臣贡德林(Jacob Paul von Gundling),进而成功地使这位"军曹国王"相信沃尔夫学说的决定论后果。而决定论学说之所以会触动国王的神经,就是因为神学家们说服国王相信这样的学说将会动摇国家和军队秩序的基础。于是,在盛怒之下,腓特烈一世在1723年11月8日颁布驱逐令,因沃尔夫"在其公开作品和讲座中教授有违神圣启示宗教的学说",他必须于收到敕令后48小时之内离开普鲁士,否则将被处以绞刑①。沃尔夫的学生图密西也因此一并受到牵连。1723年12月13日,沃尔夫连妻小都未来得及一同接走,就和图密西匆忙离开哈勒。之后,沃尔夫的教职由朗格的儿子接替,图密西的编外教授一职则由施特雷勒接替。

---

① 这封敕命的原文如下:"Von Gottes Gnaden Friedrich Wilhelm König in Preußen u. s. w. Würdige, Beste, Hoch-und Wohlgelahrte Räthe, Liebe, Getreue. Demnach uns hinterbracht worden, daß der dortige Professor Wolf in öffentlichen Schriften und Lectionen solche Lehren vortragen soll, welche der im göttlichen Worte geoffenbarten Religion entgegenstehen und Wir denn keinesweges gemeinet sind, solches ferner zu dulden, sondern eigen höchsthändig resolviret haben, daß derselbe seiner Profeßion gänzlich entsetzet sein und ihm ferner nicht mehr verstattet werden soll, zu dociren: Als haben Wir auch solches hierdurch bekannt machen wollen, wir allergnädigstem Befehl den bemeldeten Prf. Wolf daselbst ferner nicht zu dulden noch ihm zu dociren zu verstatten. Wie ihr denn auch gebrachtem Wolf anzudeuten habt, daß er binnen 48 Stunden nach Empfang dieser Ordre die Stadt Halle und alle unsere übrige Königl. Lande bei Strafe des Stranges räumen solle. Berlin, den 8. Nov. 1723. Fr. Wilhelm."参见 Wuttke, *Über Christian Wolff den Philosophen*,同上,页28。

其实,事件处理结果也出乎哈勒大学神学们家的意料,他们原本也只是希望将沃尔夫限制在数学和物理的教学与研究领域即可。由于沃尔夫当时早已是一位享誉欧洲的哲学家,所以这场驱逐事件几乎聚焦了全欧洲的目光。在离开哈勒大学时,莱比锡大学也正好已向沃尔夫发出邀请,沃尔夫出于待遇考虑,决定接受几个月前黑森卡塞尔公国卡尔公爵发出的邀请,前往马堡大学继续任教。虽然马堡大学的教授们极力反对沃尔夫的到来,但他却受到了马堡大学学生的热切欢迎①。在 1724 年,彼得大帝还试图以优渥条件请沃尔夫迁往俄国、担任科学院副院长一职。沃尔夫甚至也考虑过这个选项。由于沃尔夫不愿意被人们认为自己将流亡异国他乡,他最终仍选择留在马堡。在马堡,沃尔夫与支持他的朋友保持通信,并继续回应论敌的指责②。沃尔夫中国演讲引起的争论,激发沃尔夫的学生比尔芬格(Georg Bernhard Bilfinger,1693—1750)在 1724 年出版了《试论古代中国人的道德及国家学说》③,以便为沃尔夫辩护,但在这本书中,比尔芬格也强调了启示

---

① 德国马堡大学老礼堂(alte Aula)至今仍保存有七幅由 Peter Janssen 于 19 世纪末绘制的壁画,再现了马堡在 13、16 和 18 世纪七个重要事件的场景,其中一幅就描绘了 1723 年沃尔夫抵达马堡受到学生热烈欢呼的场面。

② 1724 年,沃尔夫又和新加入论战的布德乌斯和瓦赫继续论辩:(1)沃尔夫"Anmerkungen über das Buddeische Bedenken von der Wolffischen Philosophie",写于 2 月份,是对 Johann Franz Buddeus "Bedenken über die Wolffianische Philosophie"的回应;(2)沃尔夫"Anmerkungen zur Deutschen Metaphysik",写于 3 月份,是对《德国形而上学》的注释;(3)沃尔夫"Nötige Zugabe",写于 8 月份,是对 Johann Georg Walch "Bescheidene Antwort auf Herrn Christian Wolffens Anmerkungen über das Buddeische Bedencken"的回应;(4)沃尔夫"Klarer Beweis",写于 9 月份,是对 Johann Georg Walch "Bescheidene Beweis"的回应。1726 年沃尔夫还出版了一份论战作品《详细报告》(Ausführliche Nachricht)。详见作品列表。

③ 参见沃尔夫中国演讲注释 208。

的重要性①。在接下来的一年中,比尔芬格还与布德乌斯展开了论战②。同时,沃尔夫也开始研读柏应理等人翻译的《中国哲人孔子》。直到1725年,由于有一份未经沃尔夫授权的中国演讲文本在特雷武出版,这使得沃尔夫决定亲自公开完整的演讲文本。1726年,沃尔夫在法兰克福出版了完整的演讲文本,并补充了解说性前言以及篇幅远超演讲本身的注释。

针对这一新近出版的完整演讲文本,朗格立刻于同一年出版了《新解析》③,以对之进行批判。这一批判被朗格在1736年的《简报》(见下文)中总结为一个三段论④,其结论是:沃尔夫哲学建基于无神论。法国哲学家伏尔泰在1764年出版的《哲学辞典》"中国"词条中就专门提到这次论战,讽刺说朗格对沃尔夫的无神论指责完全出自他的嫉妒和仇恨⑤。在伏尔泰眼中,沃尔夫就是一位

---

① 包括沃尔夫的学生 Ludovici 也认为沃尔夫在演讲中对中国人赞扬过度,他不应该如此高调宣扬自己的哲学与中国人的哲学相一致。

② 参见 Lach 1953,页 568,该研究文献也指出:莱曼(Jacob Friedrich Reimmann)也于 1727 年匿名出版了一本名为《中国哲学历史》(*Historia Philosophiae Sinensis. Nova Methodo Tradita, Emendata, Et Aucta, Et Vice Secunda Sub Prelumire Iussa*)的 30 页篇幅的小册子,其中第四章列出了 30 种关于中国的重要研究书目。从中可看出沃尔夫当时可以接触到哪些研究书籍。

③ Joachim Lange, *Nova Anatome*. Leipzig 1726, WW III, Bd. 30, Hildesheim 1990.

④ 这个三段论同时也是朗格对沃尔夫中国演讲做的一个所谓总结:"(a)中国人是太阳底下最彻底的无神论者。(b)中国人是最富智慧和德性的人,是世界上其他民族应效仿的榜样。(c)"我"(作者)的哲学即按照他们的原则而作。"(a) Die Sineser sind die allergröbsten Atheisten unter der Sonne. b)Die Sineser sind die allerweisesten und tugendsamsten Leute, welche allen übrigen Nationen in der Welt zum Exempel der Nachfolge dienen. c) Ich der Autor habe meine Philosophie nach ihren principiis eingerichtet.) 参见 WW III, Bd. 64.3,页 18。

⑤ 参见伏尔泰《哲学辞典》(上),王燕生译,商务印书馆,1991年,页 328—329。

启蒙运动的英雄。据沃尔夫的学生路多维奇(Carl Günther Ludovici)在1737年的统计,如果沃尔夫及其学生的作品不计算在内,共有超过200部围绕沃尔夫哲学的论战作品出版,其中有137部对沃尔夫持批判立场①。尽管如此,整个德国的青年一代都成为了沃尔夫哲学的拥趸。

1727年,沃尔夫的形而上学及道德哲学作品已经在普鲁士被明确列为无神论作品,被禁止印刷、出售甚至阅读。但普鲁士的大学却仍在教授沃尔夫哲学,而且在国王的身边,也仍有沃尔夫的支持者在为其斡旋。沃尔夫的学生笛祥(Jean Des Champs,1707—1767)②,萨克森伯爵曼陀菲尔(Ernst Christoph van Manteuffel,1676—1749)和苏姆(Ulrich Friedrich von Suhm,1691—1740)③使王子(即之后的普鲁士国王腓特烈二世)对沃尔夫哲学的产生了很大兴趣。沃尔夫也通过在马堡撰写的一系列拉丁语作品在欧洲范围内获得了更大的声誉。1733年,他获选为巴黎皇家科学院成员,并且欧洲许多地方都发行了印有沃尔夫头像的纪念章。这使得腓特烈一世曾在1733年打算让沃尔夫返回哈勒大学。但由于当时沃尔夫对马堡大学还比较满意,加上国王的态度还不太明确,他担心产生变数,便回绝了这次邀请。朗格见到当时哈勒的沃尔夫哲学有复兴之势,并且沃尔夫在宫廷圈子中也逐渐得势,极为不悦和焦虑。根据皇后于1736年4月11日给王

---

① 关于这篇演讲出版后在当时欧洲学界引起的其他批评和赞扬,参见 Albrecht 1985,§14。

② 笛祥于1737年成为腓特烈王子的老师,1740年成为腓特烈两个弟弟的哲学老师。沃尔夫的不少德语作品都由他为王子译为法文。

③ 苏姆与当时仍是王子的腓特烈二世有着极好的私人关系,因为二人对哲学有着共同的兴趣。1736年至1740年之间,二人仍以通信的形式进行哲学讨论。为方便对法语更为熟稔的王子阅读,苏姆在通信的第一部分将沃尔夫的《形而上学》译为法语。参见 Allgemeine deutsche Bibliothek,卷81,1788,页33以下。

子写的报告①,朗格在拜访宫廷时发表了批评沃尔夫的言论,鉴于朗格关于复兴沃尔夫哲学会带来危险的警告,国王便令他递交一份书面说明。于是,在 5 月 10 日,朗格向柏林递交了《关于沃尔夫哲学原理之简报,这些原理会损害、甚至取消自然宗教和启示宗教,并直接导致无神论》②。在文中,郎格认为,沃尔夫虽然没有直接讲授无神论学说,但其学说却可以导致无神论,因为宣扬道德客观性将必然使得上帝不再必要,这无异于是否定上帝的存在。朗格的《简报》对国王产生了很大影响。同时,在朗格禀呈文章的 17 天后,国王也收到了沃尔夫的回应,而且附有朗格的再次回应。这些论战文章很快由专人为法文水平更高的王子翻译成法文。由此,也得以让更多欧洲知识界的人了解这次论战过程。1736 年 6 月 5 日,国王成立了一个委员会③,依据朗格所作的总结摘要对沃尔夫的作品进行审查。经过为期三周的审查,该委员会一致认为沃尔夫的著作对国家没有危险。到 1739 年,腓特烈一世也开始阅读沃尔夫的著作,并又一次打算请沃尔夫返回哈勒大学,不过沃尔夫并未接受。

1740 年 6 月 1 日,腓特烈二世登基,他上任后的第一件事就是为沃尔夫平反,并册封沃尔夫为帝国男爵(Reichsfreiherr)。起初,他希望沃尔夫能来柏林科学院任职,但是沃尔夫表示更加希望回到哈勒大学。在 1740 年 8 月 4 日,沃尔夫得到返回哈勒的允可。在同

---

① 参见 Lach,"The Sinophilism of Christian Wolff(1679—1754)", in: *Journal of the History of Ideas* 14(1953),页 561—574。

② Joachim Lange, *Kurtzer Abriß derjenigen Lehr-Sätze, welche in der Wolffischen Philosophie der natürlichen und geoffenbahrten Religion nachtheilig sind, ja sie gar aufheben, und geraden Weges zur Atheisterey verleiten*, WW III, Bd. 64. 3,页 7—26。

③ 委员会包括教会事务部大臣 Samuel Cocceji,两位改革宗神甫 Jablonski 和 Noltenius,两位路德宗神甫 Reinbeck 和 Carstedt。出自: Bibliothèque Germanique XXXVI(1736),1—34,参见 Lach,同上,页 571。

年 11 月 30 日,沃尔夫离开了马堡,在 12 月 6 日抵达哈勒。而朗格则不久后离开哈勒、前往哥本哈根,他于 1744 年在哥本哈根去世。

(三) 中国演讲主要内容

在沃尔夫的所有著作中,中国演讲是一部体现沃尔夫关于道德与宗教关系思考的重要作品。因此,如果我们将沃尔夫中国演讲的学术与思想意旨仅仅理解为是启蒙理性对宗教的反叛,那么这不但是对沃尔夫本人、而且实际上也是对德国 18 世纪启蒙运动之思想特质的最大误解。虽然沃尔夫发展出了一套独特的、以"责任"概念为中心的道德学说,进而使人类道德可以脱离上帝存在之假设成为可能①,但是这一道德学说的基本命意之一在于从根本上破除对无神论的道德指控,从而将无神论还原为一种与道德无涉的哲学立场。虽然这样一来,启示宗教也同时不再是道德的构成性部分,但是启示宗教并未因此而不再必要与重要。相反,它被转变为一种引向道德的教育手段。

对于生活在非基督教传统中的中国人来说,他们有自己一套基于理性设计的礼法。但对于欧洲人而言,基督启示宗教是他们精神与文化的传统,决定了所有基督徒对世界的认识方式,因此启示宗教就变得无法避免。但问题在于,启示宗教并非一套基于理性设计的礼法。在沃尔夫看来,基督徒单凭以救赎信念为基础的启示宗教并不能成为具有自然德性的人。因而他的哲学计划恰恰就在于:以理性形而上学(自然神学是其最后一部分)为基础,重新

---

① 与康德《实践理性批判》中上帝存在之公设的重要地位不同,在沃尔夫的《德语伦理学》和拉丁语《普遍实践哲学原理》中,上帝存在这一命题并不是其道德学说的构成性环节,既不是道德可能性之逻辑前提、也不是道德现实性之必要条件。

建构作为公民宗教的基督启示宗教。数学和形而上学(包括存有论、灵魂论、宇宙论、自然神学)甚至还有自然哲学都在为实践哲学(包括伦理学、自然法、政治学)提供基础。数学提供方法,形而上学提供有关完满之"知",实践哲学就是让"行"以完满为目的。他认为,只有这样经过重新建构的启示宗教,才能做到像中国的实践哲学那样,承担起它在欧洲的教育功能。事实上,沃尔夫哲学在神学领域确实产生了相当大的影响,当时有不少神学家都是沃尔夫主义者。因篇幅所限,我们无法在此详述沃尔夫的实践学说,以下仅对中国演讲文本中的几个要点进行梳理和讨论。

1. 古与新

沃尔夫在演讲中提出的第一个观点是:孔子不是中国智慧的创立者、而是重建者。这并非一个无关紧要的知识介绍,而是在某种程度上反映出沃尔夫对自己哲学的期许。一方面,中国人关于道德和国家的智慧乃由中国的古先圣王创造(注释2,3,7—13),而且他们"均不曾仓促立法:只有那些通过大量经验被证实有效的东西,他才会立为法律。因此,立法者们也不会让自己置身法外;而是首先将法确立为自己的行为规范,然后才向臣民颁布"(注释11)。因此这一建制历经了三皇五帝和夏商周三代,才日趋完善。正是这套由古先圣王牢固奠基的学说形成了中国人的生活规范(norma),并且在沃尔夫看来,这套学说就体现在中国的史书当中。而另一方面,孔子并没有造出有关生活和治国的新规范,他只是中国智慧的重建者。原因并非是他不具备才智,而是他不会被虚荣心所左右,他的目的是民祉民福。由于史书有其经验上的有效性,那就需要对其进行仔细衡量、并保留正确的部分(注释5,19—22)。中国史书(指《尚书》和《春秋》)都服务于道德科学和政治科学,人们可以从中明确把握到行为与后果之间的联系(注释19);它们都是为养习理性而作(注释117);可以证明"自然之力在养习哲学德性上能够起多大的作用"(注释 126);而我们也最好从史书中去探求孔子学说的道理(注释 117);卫方济所翻译的六部经典,除了《孝经》以外,其他均为孩童阅读之书,只有《诗》、《书》、《礼》、《易》、《春秋》才是"学者所读之书"(注释 138),但可惜传教士并没有把如此重要的文本翻译过来(注释 82,83,148)。沃尔夫认为孔子治学的态度与己相合:"新学只有与古学之真理相谐和,才予以接受。不应对哲学进行持续地更新;而应对其进行改善和进一步完善"(注释 22)。

鉴于古和新在中国所取得的一致,沃尔夫对他的某些同时代人提出了批评:"我们这里的人却打着'哲学自由'的旗号[……],他们轻视古学,只因古学不是新学,古学还未接受检验便遭到这些哲学初学者们的嘲笑,他们急于打造出新哲学,以便能尽快挤入人师行列"(注释 22)。这里的古学或者说老的传统主要指晚期经院哲学和新教学院哲学。沃尔夫这番话并非要撇清自己与"哲学自由"的关系。因为作为"哲学自由"的积极倡导者,他本人非常清楚地意识到,一个基于"哲学自由"的理性体系完全无需采取一种反传统的立场也仍可以得到阐明。"宗教"、"道德"和"国家"并非加于哲学自由之上的"奴役之轭",因为"这些观念本身就要通过哲学才能得以确定"①。

2. 中国人实践哲学的普遍原则

这篇演讲的主要目的在于向听众展示中国人道德科学和政治科学的基本原则(注释 34,35,36)——某种程度上也可以说是:沃

---

① 哲学自由是"对理性不受阻碍的运用[……]人在判断真理时不依照他人、而依照自己",但另一方面,这样的哲学学说也不可能与"宗教、道德和国家"相抵牾。参见沃尔夫,《详细报告》(*Ausführliche Nachricht*),WW I, Bd. 9,§ 41,42;以及《拉丁语逻辑学》(*Philosophia rationalis sive logica*),WW II,Bd. 1.1,导论,"论哲学自由"。

尔夫从中国经典的拉丁译本中进行引证,以证实他自己的实践学说的基本原则。在指出这些原则之前,沃尔夫首先确立了判定真理的基本标准(试金石):智慧之诸原则要与人心灵之自然相一致(注释39)。沃尔夫对人心灵之自然的假设仍然遵循古典的方式,人之自然就是理性自然,感性欲求必须遵循理性欲求,也即受理性指引的意志(注释40,81,86—88)(这也是沃尔夫与霍布斯的不同所在①)。他引用《中庸》拉丁译文第一句话"与理性自然[性]相一致者,就是行为必须引以为准的规则[道],该规则与理性相一致,并且德性教育[教]即在于,我们按照该规则来引导自己和自己的行为"(注释39),以证明孔子也主张同样的真理判定标准。

沃尔夫也由此得出中国人哲学的第一条原则:"不做任何有悖自然之事"②,也就是说,一个行为只有以内在自然原因为动机、而不是以外在强迫为动机,才是好的行为。以此为出发点,中国智慧的真正原则被表述为一系列次第:(1)穷研事物的自然和原因,即正确地养习理性,(2)从而获得对善恶的真正知识,(3)从而产生对善的真正热爱和对恶的真正厌恶,(4)将欲求与心的运动相协调,(5)从而不因畏威怀利才追求德性("中国人的诸实践原则","诸实

---

① 与霍布斯不同,沃尔夫并没有将畏死设定为人们缔结社会的原因。在《德语伦理学》中,沃尔夫论证了人天生有促进他人幸福的责任(Pflicht);在《德语政治学》中,他以此为基础,在开篇就指出人的这一责任必然要求共同的生活、以促进他人的幸福,因此福祉(Wohlfahrt)作为"为促进共同至善的不断进步"(ungehinderte Fortgang in Beförderung des gemeinen Bestens)才是一个社会的目的和内在原因。参见 Deutsche Politik,WW I, Bd. 5,§3。

② 这其实就是沃尔夫在《德语伦理学》第一章提出的第一条自由行为之法则:"做那些令你和他人状态更加完满的事情;不要做那些令其更加不完满的事情(Thue, was dich und deinen oder anderer Zustand vollkommener machet; unterlaβ, was ihn unvollkommener machete)",参见 Deutsche Ethik,WW I, Bd. 4, § 12,19。

践原则的原因")。这就是《大学》八条目前五条(格物、致知、诚意、正心、修身)的拉丁译文大意(注释58及中译者注,68,151),在沃尔夫看来,这也是孔子在《论语·为政》"吾十章"所表述的为学次第(注释80及中译者注,86,159,173),而且也是沃尔夫道德哲学的基本原则:由于所有行为的目标就是完满,完满又要从事物的原因和自然中去寻找,而善恶是通过有无促进自己和他人之完满来界定的,因此通过研究事物的原因,理性就可以得到关于善、恶的准确概念;在理性的引领下,意志爱善、恨恶,从而使人做出相应的行为。

最后,沃尔夫指出所有这些自然法则的最终源头,也即人(个体宇宙,Mikrokosmos)的所有行为的相互一致,以及人与世界(全体宇宙,Makrokosmos)的相互一致①(注释34,84,85,161,167)。这一普遍原则就表达在《中庸》(注释84,108)和《大学》三纲领(明明德,新民,止于至善)中(注释108,160,166)②;人之至

---

① 参见 Roetz, *Mensch und Natur im alten China. Zum Subjekt-Objekt-Gegensatz in der klassischen chinesischen Philosophie. Zugleich eine Kritik des Klischees vom chinesischen Universismus*, Frankfurt am Main/Bern/New York 1984,根据罗哲海的研究,这种个体宇宙与全体宇宙的和谐一致,表达了当时欧洲学者对中国哲学的一种"天人合一式"(universistisch)的理解(Universismus这一概念最先由高延De Groot在1921年开始使用,对应于"天人合一")。中国哲学的这一形象起初颇受赞赏和追捧,因为它"是一个与当时最新思潮相符合的、具有高度现实性的观念。这一观念与欧洲的斯托亚精神相合"(同上,页13)。而这一形象之所以到后来成为中国哲学饱受诋毁的标志,罗哲海认为除了各种表面的历史因素之外,根本原因还在于:"在西方哲学中,人们对自然的理解发生了巨大变化,也即:自然与理性的相互割裂。"(同上,页17以下)而罗哲海在该研究中所做的就是通过具体文本来证明,中国哲学中关于人与自然关系理解有其多样性和复杂性,从而反驳这种"天人合一式"的标签式理解。

② 关于相应拉丁译文以及沃尔夫根据自己的学说所做的改动和解读,参见相应段落的中译者注释。

善就是"不断向日益增长的完满迈进之过程"("中国人的至善")(关于"至善"的拉丁语翻译以及沃尔夫的解读,参见注释 85 及中译者注),这也是沃尔夫自己在《德语伦理学》中对人的至善的定义①。

此外,沃尔夫发现中国人还有一条独特的智慧原则,那就是中国人的礼("养习德性时礼的作用")。他知道《礼》是学者所读五经之一,其中必能发现重要的内容,只可惜没有被翻译过来。于是他叹道"真希望,面前能有个译本"。他以自己在《小学》中读到的一条有关妇人妊子之礼为例(参见相关段落中译者注),指出中国人的礼"具有与其智慧相称的原因";中国人的礼"有明确的目的,并且这个目的只有通过礼才能达到,比如,将易入歧途之人引上正确的德性之道,或者将值得称赞的东西和属于德性的东西还原成更加日常的东西"(注释 194)。在沃尔夫看来,礼就是他所说的"仪式"(Ceremonie),他甚至认为应该专门设立一门"关于仪式的科学"②。

3. 经验与理性

在沃尔夫看来,虽然他和孔子得出了相同的实践哲学原则,但他们各自使用的方法却是不一样的。沃尔夫认为,孔子使用的是后天方法(以经验为基础),而他自己则使用的是先天方法(以定义

---

① 参见 Deutsche Ethik, WW I, Bd. 4, § 44。

② 沃尔夫在《德语伦理学》中简单提及了什么是仪式,如何判断仪式是否理性,以及如何设计仪式(Deutsche Ethik, WW I, Bd. 4, § 176—178)。之所以只是简单提及,是因为即便是理性的仪式,它们也在完满性上存在万千差异,因此沃尔夫还无法对这一题目做更具体的展开,"我会把这项特殊的工作留给别人,或者等我有宽裕的时间再完成。无需我提醒,大家就能知道,人们可以设立一门专门的仪式科学(eine besondere Wissenschaft von den Ceremonien)"(同上,§179)。还可参见 Philosophia practica universalis, II, WW II, Bd. 11, §§ 442—511。

和理性推理为基础)(注释 5),甚至他还说,通过先天方法便可"轻松获得"(注释 82)孔子经过长期实践获得的道德真理(参见上节)。但沃尔夫这种略显轻佻的说法更多地是意在突显自己哲学的特色,也即:明确的定义①、彻底的论证和连贯的体系②,其中明确的定义由知性给出,而诸真理之间的联系则由理性给出③(注释 73)。除此之外,沃尔夫并没有要在经验与理性之间进行高下划分的意思。因为在沃尔夫自己的哲学体系中,经验和理性也绝非二元对立的关系。若非如此,他就不会如此盼望看到中国人的史书。沃尔夫虽将经验与理性算作抵达同一个真理学说的殊途(注释 136,140,141);但他认为,先天方法应与经验方法相结合(注释 136);孔子虽然没有将明确的定义和命题间的联系用言词写在纸上,但孔子学说包含事物之明确知识和诸真理之联系(注释 140,141,169);而且自然之力在养习哲学德性上能够起多大的作用,也"必须由经验来验证"(注释 126)。

而另一方面,沃尔夫也试图理解中国人的证明方式:中国人并

---

① 在沃尔夫哲学中,知识(cognitio)或者概念(notio)分为:(1)混乱(obscura)的和(2)清楚的(clara)的,清楚的知识又分为(2.1)模糊的(confusa)和(2.2)明确的(distincta)(与斯宾诺莎、笛卡尔、洛克和莱布尼茨对概念的分类都各有异同)。事物通过"明确的概念"能相互之间明确加以区分、并以严格推理的形式相互联系,反之则是清楚、但却模糊的概念。参见 *Psychologia empirica*,WW II,Bd. 5,§ 52 以下。沃尔夫哲学所要解决的首要问题,就是要为思考对象提供明确的概念。

② 例如 *Deutsche Metaphysik*,WW I,Bd. 2.1,Vorrede zur ersten Auflage。

③ 知性(Verstand)是"明确地表象可能事物的能力"(das Vermögen das Mögliche deutlich vorzustellen)。参见 *Deutsche Metaphysik*,WW I,Bd. 2.1,§ 277;理性(Vernunft)是"洞视诸真理之联系的能力"(das Vermögen den Zusammenhang der Wahrheiten einzusehen)。参见 *Deutsche Metaphysik*,WW I,Bd. 2.1,§ 368。但注意,无论知性、理性、还是感性、想象等,并不是不同的力量,而是同一个灵魂力量的不同程度的表象能力(Vorstellung)。

非不用推理,"推理只被用来确证那些源自事例的学说,然后他们又通过事例对经过深入分析的推理进行阐明,并且不厌其烦地从史书中旁征博引"(注释 105);中国人的证明方式就是历史知识、思考所得知识和个人经验三者结合的方式(注释 124,125);在中国人看来,只有"将实践与理论结合在一起"的才是哲学家(注释 106),"脱离了践行,就一定没有对道德事物的真正概念"(注释 111,152);他们认为清楚的概念就已足够(注释 136),这些概念"不可能仅仅通过言词就能传递给别人"(注释 152);如果这些概念"能通过言词在别人心中被激发出来,那么只能是因为别人之前已经具有这些概念、并已将这些概念与这些言词联系在一起了"(注释 168);不过沃尔夫最终认为,"而我则已经理解了他们的心灵,因为我已努力将这些概念展开、并化为其他更简单的概念"(注释 169)。

其实,如果抛开二者所处文明背景不看,关于是否应该先对实践概念进行明确定义这个问题,类似的讨论在中国传统中也有。例如在《知言疑义》中,朱熹就认为胡五峰所言"欲为仁,必先识仁之体"大为可疑,因为:

> 观孔子答门人问为仁者多矣,不过以求仁之方告之,使之从事于此而自得焉尔,初不必使先识仁体也。

所以说"圣门之教详于持养而略于体察"。在朱子看来,先定义"仁"并无必要,因为通过从事相应的活动,自然就能从中识得仁。大体而言,沃尔夫把握到了他和孔子的区别,只不过不是他所说的一个讲理性、一个讲经验。因为就沃尔夫所理解的理性和经验来讲,二者其实都讲理性与经验。换个方式讲,二者区别毋宁在于知、行相互关系不同:在沃尔夫哲学中,行只是为知提供印证,即便没有行,知仍然可以为真;而在孔子处,没有行,则知根本不能为真。

4. 小学和大学

如上所述，孔子把更多的思考放在了"如何行"这一更为复杂的问题之上，而沃尔夫则似乎仅仅满意于几条略显简单空乏的命题。但沃尔夫也清楚，中国人对践行的重视正是值得他学习的地方，"如何行"是个无论如何绕不开的问题：数学推理可以通过模仿学会，然而几条实践哲学原则则似乎对促进德性无济于事。针对这一质疑，沃尔夫的回答是："谁只要知道自由行为之动机以及已被他人成功运用的方式手段（mediis）和辅助手段（remediis），那么他就能更容易地践行德性，而不必在任何情形下都得独具慧眼"（注释 80）。沃尔夫在《德语伦理学》中简单提到过这些"方式手段"，比如通过（由理性设计的）榜样、仪式、具有象征意义的物件①等等来直接影响人的感官、情感和想象力，从而帮助人保持对自然法②的履行。

毫无疑问，朱熹在《大学章句序》和《小学》序（注释 92，103）中提到的古代小学、大学之区分③，以及《小学》和《大学》两部书针对不同年龄段的学生所写的不同内容，恰好为沃尔夫提供了一个理想的教育模式。并且，对于柏应理译本"竟对如此重要的东西略过不谈"，沃尔夫也表达了自己的惊讶（注释 92）。小学建立在灵魂低级部分（感官、想象力、感性欲求）之上，培养的是所有 8 至

---

① 参见 Deutsche Ethik，WW I, Bd. 4, § 167 以下。

② 也即"做那些令你和他人状态更加完满的事情；不要做那些令其更加不完满的事情"，参见前文注释。

③ 朱熹《四书章句集注·大学章句序》："人生八岁，则自王公以下，至于庶人之子弟，皆入小学，而教之以洒扫、应对、进退之节，礼乐、射御、书数之文；及其十有五年，则自天子之元子、众子，以至公、卿、大夫、元士之适子，与凡民之俊秀，皆入大学，而教之以穷理、正心、修己、治人之道。"《小学》原序："古者小学教人以洒扫、应对、进退之节，爱亲、敬长、隆师、亲友之道，皆所以为修身、齐家、治国、平天下之本。"

15岁的孩子,学生通过模仿榜样和遵从师长来养成生活必需的优良习常(注释93,100);大学则建立在灵魂高级部分(知性、理性、意志或理性欲求)之上,培养的是15至20岁、并能够使用自己理性的人,学生不再受治于人,因而要教之以穷理、正心、修己(注释94)、治人之道,最终都是以优良的国家治理为目标(注释101,110,151)。因此中国的教育建制具有三个优点:(1)一切以完满为目标(不诚无物,成己成物;止于至善)(注释108);(2)语人不语神,只关注于生活有益的真理(道德哲学和国家哲学)(注释109);(3)不只传授学说,还教人如何实践(注释111)。沃尔夫认为中国之所以有很多生性不驯者,也即愿意使用自己理性、进行自治的人,这都仰赖了儒家之功(注释97);甚至对那些不太能使用自己理性的人,简单的赏罚也没有很大的作用(注释100),治人者必须亲自做出表率、方能获得尊重(注释91,107,152);因而中国人所关心的是"让权威之先见能无害、而有益于人"(注释156)。此外,"懿行受到别人的承认时"所带来的荣耀也是一种促进人实现德性的重要方式(注释174);当然还有前文所说的"礼",它对于德行践行具有重要的意义,而中国人也尤为擅长制定与理性相符的礼。

不过,沃尔夫虽然注意到了"如何行"这个问题,但他对自然德性的简单化理解决定了他对"如何行"问题的回答只能停留于表面(他对中国史书和礼书的兴趣,反过来也说明了基督教哲学传统在这方面的缺乏)。沃尔夫认为自然德性就是让感性欲求受理性指引,也即感性欲求与理性欲求的一致(注释86),而这种一致无非建立于这样一种心理状态:排除当前感性的干扰,从而能对一个未来的状态进行预期(并要一直记住),也即"提前感知"到一个欲望或者痛苦(注释74)。沃尔夫也以这种一致来理解《中庸》的"发而皆中节,谓之和"(注释97及中译者注)和孔子的"从心所欲不逾矩"(注释80及中译者注)。而若以《大学》八条目的前五条目来说,沃尔夫顶多做到了"诚意"这一步(改善了欲望)。因为沃尔夫力求以客观道德性本身来引起欲望,但这对行为者来说其实还是有所矫强。行为者仍是怀有一个对未来利好的憧憬,这还不是一个当下自然而然的乐。就像张居正所说:

> 当喜而喜,当怒而怒,当哀而哀,当乐而乐,一一都合着当然的节度,无所乖戾,这叫做和。①

也就是说,一件事做与不做,原因不是向未来求,而是向当下求;不是扩大预期的跨度,而是缩小纠结的过程;不是通过压抑当下的感性欲望来换取对一个未来感性欲望的满足,而是努力让当下发动的欲望就是好的、就是乐的。所谓"君子坦荡荡,小人常戚戚"是也。

这里再以《知言疑议》中朱熹对胡五峰的类似质疑为例。首先,朱熹认为胡子所说"好恶,性也。小人好恶以己,君子好恶以道"实际上是否定了性本身有善恶之则,使得性只是个没有道的中立之性,道只是个性外之道。所以朱子将其改作:"好恶,性也,天理之公也。君子者,循其性者也。小人则以人欲乱之,而失其则矣。"这样一来,道就在性中。由此,如若胡子所说,心中刻意计算着要"本天道以应人事",这则是:

> 胸次先横了一物,临事之际,着意将来把持作弄,而天人之际终不合矣。

因为这其实仍是在贬低人事,人事只是天道之外的人事。所

---

① 张居正,《四书直解》,中庸卷"喜怒节"。

以朱子认为胡子其实是：

> 以其大者移于小物，作日用功夫，正是打成两截也。

因而朱子认为最好的状态应是：

> 尽日用酬酢之理，而天道变化行乎其中耳。

朱子也说《中庸》第一章"盖欲学者于此反求诸身而自得之，以去夫外诱之私，而充其本然之善"①。由此也可以看出沃尔夫与朱子所理解的孔子之间的差别，简单说来：一个是为了做到抑欲以顺理，一个是为了做到顺欲即顺理。因此在后者看来，至善也不是一个未来的目标，不是己德明、民德新之后的一个次第，而是就在它们之中。

5. 哲学德性与基督教德性

沃尔夫在《德语伦理学》中曾清楚地表达过，无论使用何种"方式手段"，包括基督宗教中上帝的赏罚②，其最终目的都应该是为了培养人自发地履行自然法、实现人的自然德性（或哲学德性、世俗正义），使人能避免感性干扰、更加迅速准确地对未来的善恶进行预期，使人最终不因外在的福祸、而只因人当下感受到的、内在的完满而行善。但或许是为了保留基督教德性在名义上相对于自然德性的优先性，沃尔夫在论述基督教德性时，又不得不把"外在的福祸"请回来。以上文所说的"提前感知"这一心理状态为基础，沃尔夫认为把这个方法再扩展下去，就可以得到基督教德性（也就是考虑到

---

① 朱熹，《四书章句集注》，中华书局，1983年，页十八。
② 参见 *Deutsche Ethik*, WW I, Bd. 4, § 30。

此生之后的状态)(注释70)。沃尔夫的这一步扩展,暴露了他的道德自主性学说和启示宗教至少在这一点上还根本无法取得一致。二者并非如他所说的那样可以相互协调。因为考虑此生以后的状态,这句话的前提是要相信有这个状态,这已经预设了对基督救赎的独断信仰。换句话说,经过理性解释的基督教德性(对未来善恶的预期)本质上仍然只能作为一种以实现自然德性(或者说哲学德性)为目的"方式手段",而绝不是真正意义上的人的德性。由此,我们也就可以理解,为什么沃尔夫又反复强调哲学德性和基督教德性有本质不同,不可混淆二者(注释53),原因有以下两点:

首先,至少在这篇演讲中,沃尔夫的目的并不在于要证明基督教德性对于哲学德性的优先性。他所提出的哲学德性、哲学虔敬和基督教德性三等级之说(注释51,52,53)并非新论。因为通过高低排序来调和世俗正义和基督教德性,这在神学中早已是通行的做法,我们可以在奥格斯堡信纲中找到比这更好的表达。如果沃尔夫花这么多力气只是为了证明一条已经在奥格斯堡信纲中取得的共识,那么他大可不必如此大费周章。所以这可以理解为一种演讲上的修辞。

其次,中国人那里既没有自然宗教①、也没有基督宗教,他们完全依靠一套基于自然理性发展而来的学说来实现自然德性,这是一个事实(注释57)。因而声称基督教德性的优先性,这对于不在演讲现场的中国人而言不具有任何意义,而且他们已经有许多有效的"方式手段",并不需要再借助基督教信仰来实现自然德性。沃尔夫如此强调基督教德性与自然德性的本质区别,其实是为了说服神学家接受哲学德性:恰恰因为不同,所以才不矛盾。其实他在演讲正文中已经说得很清楚,只要明白自然之力与神恩之力并

---

① 沃尔夫所说的自然宗教是指由自然神学知识所激发的对上帝的敬拜,而自然神学是指一门通过理性推理来认识上帝的存在及其属性的科学。

不相矛盾,"便没有什么会阻碍我们为智慧之诸原则打造或者设立试金石了,我们只需判断智慧之诸原则是否与人类心灵之自然相一致"("对反驳的回应")。换句话说,真理无论是通过理性、还是通过神恩获得,其判定标准都在人心之自然(注释42,47)。

所以,我们有理由说,在沃尔夫的道德哲学中,尽管基督教信仰在表面上仍被强调具有相对于自然德性的优先性,但是它其实已经被转化成了实现自然德性的"方式手段"。由此,当沃尔夫说"由神恩而来的认肯要强于由自然之光获取的认肯"(注释52)时,这也毫不奇怪,因为"方式手段"本就是直接作用于感官、想象力和感情,自然德性正因其难以直接获得、所以才需要有效的"方式手段"作为中介。当然,这一"方式手段"只是对于欧洲基督徒而言才是不可或缺的。

此外,沃尔夫所说的"哲学虔敬"(注释52)本质上仍是一种以上帝为认识对象的哲学德性,沃尔夫的《自然神学》便是要培养这种德性。所以我们也可以理解,为什么沃尔夫说,即便哲学虔敬和哲学德性在最大程度上相结合,它和基督教德性"也绝然是不一样的,而且二者间存在着很大、甚至最大程度的差别"(注释53)。但即便哲学虔敬和哲学德性属于同一阵营,沃尔夫还是表现出某种"困惑":"我想问的是,既然上帝属性及其作为一旦被确认无疑,就能最有效地提供动机,那么为什么孔子要与它们保持距离?"(注释54)对此,沃尔夫自己的回答是:"在我们这个时代,大多数自诩为基督徒的人都已严重偏离基督教德性,因而我们将会更加理解中国人的哲学",因为中国经典能让人"明确地、后天地"认识什么是自然之力所能通达的哲学德性,从而能让人免于市面上流行的虚假虔敬(注释55)。颇有意思的是,沃尔夫认为,中国人之所以没有创世者信仰,这是因为中国人对物理事物之确定知识采取了某种怀疑论立场,从而也就无意于去认识造物主的属性。沃尔夫对此并没有表示明确的赞同或反对,而是提醒读者这是一个值得思考的问题(注释54)。

6. 无神论问题

最后,我们再看看沃尔夫是如何看待礼仪之争的。礼仪之争的核心问题其实就是,中国人是不是无神论者,比如他们的拜孔活动到底是世俗性的、还是宗教性的,"天"是物质的天、还是人格的上帝。关于这个问题,传教士中有两派观点:(1)耶稣会士秉承利玛窦的做法,力图证明中国人不是无神论者,中国人说的"天"就是 Deus(上帝);(2)多明我和圣方济传教士则认为中国人是无神论者,"天"是物质的天,因而有损 Deus(上帝),福建宗座代牧颜珰(Magrottus)就曾下令撤掉康熙在南堂为耶稣会士题写的"敬天"匾额。

在沃尔夫看来,"中国人是不是无神论者"这个题目设置就根本是无效的。因为"无神论"是指一种对 Deus 之存在的否定态度,而中国人根本就没有 Deus 这一概念,也就从根本上无从谈起他们是不是否定 Deus 之存在的无神论者。中国人所说的"天法"就是自然法,不能将"天"理解为上帝,诸如老天有眼这样的拟人说法只是比喻(注释 54)。所以,无论是以柏应理为代表的耶稣会士、还是其论敌多明我教会,争论双方都共享着基督宗教这同一个基本立场和判断标准,差别只在于:前者认为拜孔(世俗性)和敬天(即上帝)与基督教不矛盾,而后者则认为拜孔(宗教性)和敬天(即物质的天)与基督教相抵牾。他们其实只是"在用词上会有差异,但在(所指)事物上则并无不同"(注释 54)。沃尔夫没有选择任何一方,也并不想做任何裁决,这不仅是因为他没有"亲眼目睹"或者因为某一方缺乏论证(注释 27),更重要的原因其实在于:这样的争论在他看来其实并无多大意义。因为敬拜只是个事实问题,但敬拜所依据的合法性基础则是另一个问题,同样一个敬拜行为,其背后的合法性基础可以使完全不同的(注释 28)。虽然沃尔夫自己就被指责竟将孔子与基督相提并论,而且沃尔夫似乎也花了不少笔墨(注释 27—31)为自己辩护,但是他真正想说的其实只是:

"究竟是将中国人的做法与这个抑或那个民族的做法进行比较,还是不做任何比较,这些其实都不是重点"(注释31)。

尽管有鉴于多明我教会的排儒立场、沃尔夫显得更加同情柏应理的亲儒立场,但沃尔夫并未掩饰自己对柏应理的批评:"所有试图从中国人那里找到超越此种德性[即哲学德性]者的举动,都是无谓的。所有以超越自然之力者加诸中国人的做法,都只是证明了他对哲学德性、哲学虔敬以及基督教德性间最大差别的无知"(注释57)。而且在某种程度上,柏应理和多明我教会、穆罕默德信徒以及批评沃尔夫的虔敬派神学家一样,都是"罔顾理性"(注释31)、只在情感冲动的驱使下对事物进行判断。显然在这一点上,无论是主张中国人有自然宗教的莱布尼茨、还是主张中国人是无神论者的法国启蒙哲学家,也都落入了沃尔夫批评的对象范围。至于沃尔夫的立场,诚然如他自己所说,他关心的只是"认识真理、改善自己和他人"(注释31)。

可以认为,沃尔夫的道德学说虽然具有独立于启示宗教的自主性,但启示宗教却被设计成一种建基于理性形而上学和实践哲学之上的公民宗教,也即一种可以将人引向自然德性的教育方式。因此,作为教育之方式手段的启示宗教对于自然道德的培养来说仍然是不可缺少的。正如他在前言中已明确地说道,他最终确信:"不仅自然法之第一原则在于人类行为以个体宇宙以及全体宇宙之完满为方向,而且教养之第一原则也在于此。"他对中国人实践哲学的解读也是在这样一个思想动机下进行的。在中国经典中,他看到的既有完全建基于人之自然力量的实践学说,也有丰富有效的实践经验。我们可以把沃尔夫的解读视为对儒家的各种诠释中的一种。因为经典的魅力就在于它总能为具有各种思想背景、甚至不同文明视域的人提供源源不断的思考动力。无疑,在沃尔夫长达40多年有关实践哲学的思考中,中国经典都是一个重要的参照系。

（四）版本及翻译说明

沃尔夫在 1721 年 7 月 12 日发表的中国演讲由拉丁语写成，历史上有 P,W,M 三种拉丁语版本。P 版于 1725 年出版，是一份未经沃尔夫允许而出版的演讲文本。P 版标题页信息为：

P POMUM ERIDIS,/HOC EST,/DE SAPIENTIA SINENSIUM/ORATIO,/IN SOLEMNI PANEGYRI,/QUUM/FASCES PRORECTORALES SUCCESSORI TRAD-ER-ET,/IN IPSO FRIDERICIANAE NATALI XXIIX./DIE XII. IVLII A. R. S. MDCCXXI./RECITATA/A/CHRISTIANO WOLFIO/POTENTISS. REG. BORUSSIAE CONSILIARIO AULICO,/MATHEMATUM ET NATURALIUM P. P. O. SOCIET. REG. BRIT. ET BOR. SODALI,/ROMAE,/Cum Censura & Approbatione S. Officii Inquisitorii/A. O. R. MDCCXXII./RECUSA TREVOLTII,/Cum Consense societatis Jesu/apud JOANNEM BOUDOT,/Bibliopolam Regium & Acad. Scientiarum Reg. Ordinarium./ANNO MDCCXXV.

厄里斯的苹果①,/即,/关于中国人智慧的/演讲,/于庆典之上,/当时/他将副校长一职/交给继任者,/暨腓特烈大学建校 28 周年/1721 年 7 月 12 日/由克里斯蒂安·沃尔夫发

---

① 出自古希腊神话，"厄里斯"(Ἐρις)原意即不和、纷争，"厄里斯的苹果"比喻纷争的源头、祸端。由于佩琉斯和忒提斯结婚未邀请厄里斯女神，厄里斯便来到婚礼现场留下一只写有"献给最美的人"的金苹果，结果引发一系列纷争。

表/伟大普鲁士王国宫廷参事,/数学及自然公共正教授,不列颠及普鲁士皇家科学院成员,/罗马,/经神圣调查公署审查和批准/神圣纪年1722年/再版于特雷武,/经耶稣会审查/让·布多出版,/皇家及皇家科学协会钦命书商/1725年（正文26页）

W版于1726年由沃尔夫亲自出版,包括演讲原文以及沃尔夫专门为此次出版撰写的前言和注释。演讲原文完整连续,仅在页边空白标注小标题,注释随页。W版标题页信息为:

W CHRISTIANI WOLFII,/CONSIL. AULICI HASSIACI, MA-/THEMATUM AC PHILOSOPHIAE PROFES-/SORIS PRIMARII IN ACADEMIA MARBURGENSI,/PROFESSORIS HONORAII IN ACAD. SCIENT. PE-/TROPOLITANA, SOCIET. REG. BRIT. & BOR. /SODALIS,/ORATIO/DE/SINARUM PHILOSOPHIA/PRACTICA,/IN SOLEMINI PANEGYRI RECITATA,/CUM/IN IPSO ACADEMIAE HALENSIS/NATALI XXVIII. d. XII. Julii A. O. R. 1721. /FASCES PRORECTORALES SUCCESSORI/TRADERET,/NOTIS UBERIORIBUS ILLUSTRATA. /FRANCOFURTI ad MOENUM, MDCCXXVI. /Apud Joh. B. Adreae & Henr. Hort.

克里斯蒂安·沃尔夫,/黑森宫廷参事,马堡大学首位数学及哲学教授,/圣彼得堡科学院荣誉教授,不列颠皇家科学院及普鲁士皇家科学院成员,/中国人实践哲学演讲,/发表于庆典之上,/也即于神圣纪年1721年7月12日、哈勒大学建校28周年之际,/他将副校长一职交予继任者,/备有详细注释。/美茵河畔的法兰克福,1726 年/约翰・本雅明・安德烈亚和海因里希・霍特出版(前言 6 页,正文 112 页)

M 版于 1755 年(沃尔夫去世后第二年)出版,对 W 版的许多印刷错误进行了校正(但又出现了新的印刷错误),收录于《数学-哲学研究集》(*Meletemata*)。M 版将 W 版中的页边空白小标题移至演讲正文中,从而演讲被截断成若干部分,注释仍然随页。M 版题目(题目未变)以及《研究集》标题页信息为:

M Christiani Wolfii, Consil. Aulici Hassiaci,/Mathematum Ac Philosophiae Professoris Primarii/in Academia Marburgensi, Professoris Honoraii in Acad. /Scient. Petropolitana, Societ. Reg. Brit. & Bor. Sodalis,/Oratio de Sinarum Philosophia Practica, in Solemini pane-/gyrirecitata, cum in ipso Academiae Halensis natali 28. d. /12. Julii A. O. R. 1721. fasces prorectorales successori/traderet, notis uberioribus illustrata.
CHRISTIANI L. B. DE WOLF/POTENTISSIMI BORUSSORUM REGIS CONSILIARII INTIMI/FRIDERICIANAE CANCELLARII ET SENIORIS, JURIS NATURAE ET/GENTIUM ATQUE MATHESEOS PROFESSORIS ORDINARII, PROFESSORIS/PETROPOLITANI HONORARII, ACADEMIAE REGIAE SCIENTIARUM/PARISINAE, LONDINENSIS AC BORUSSICAE ET INSTITUTI/BONONIENSIS MEMBRI/MELETEMATA/MATHEMATICO-PHILOSOPHICA/CUM ERUDITO ORBE LITERARUM COMMERCIO/COMMUNICATA/QUIBUS ACCEDUNT/DISSERTA-

TIONES/VARIAE EJUSDEM ARGUMENTI/ET/ COMPLURA/ OMNIS ERUDITIONIS ALIA/HINC IL-LINC DISPERSE OBVIA./HALAE MAGDEBURGI-CAE/IN BIBLIOPOLEO RENGERIANO/MDCCLV.

克里斯蒂安·沃尔夫,黑森宫廷参事,/马堡大学首位数学及哲学教授,圣彼得堡科学院荣誉教授,不列颠皇家科学院及普鲁士皇家科学院成员,/中国人实践哲学演讲,发表于庆典之上,/也即于神圣纪年1721年7月12日、哈勒大学建校28周年之际,/他将副校长一职交于继任者,/备有详细注释。

克里斯蒂安·沃尔夫/伟大普鲁士王国枢密参事/腓特烈大学校务长,自然法和/万民法及数学正教授,/彼得堡荣誉教授,巴黎、伦敦及普鲁士皇家科学院和/博洛尼亚研究院成员/数学-哲学研究集/在与学界的通信中所进行的交流/以及/有关这类讨论的各种论文/和/许多其他可以找到的、分散在各处的学术作品/哈勒-马格德堡/仁格出版社/1755

沃尔夫的中国演讲在欧洲有以下几个德译及法译版本①:

(1) 哈根(Gottlieb Friedrich Hagen)的德译本(依据W版),包括沃尔夫的前言和注释,出版于1740年: "Rede von der Sittenlehre der Chineser", 见 WW I, Bd. 21. 6, *Kleine philosophische Schrifften*, vol. VI, 页1—320。

(2) 福和美(Johann Heinrich Samuel Formey)的法译本(依据W版),不包括沃尔夫前言,对沃尔夫的注释进行了简要概括,出版于1741年: "Discours sur la morale des Chinois par Monsieur Wolff", 见 *La belle Wolffienne*, vol. II, La Haye, 1741,

---

① 前四种版本信息参见沃尔夫作品列表。关于前四种译本的翻译优劣,参见Albrecht, "Einleitung", 同上。

Hildesheim, Olms, 1983, 页 1—76。

(3) 雅尔果(Christoph Georg Jargow)的德译本(依据福和美的法译本),同样出版于 1741 年:"Herrn Wolfs Rede von der Sittenlehre der Chineser",见 *Die schöne Wolfiannerin*, Zweites Bändgen, Franckfurt und Leipzig, 1741, 页 77—168。

(4) 布吕格曼(Fritz Brüggemann)在其 1930 年出版的《德国启蒙运动时期的世界图景》(*Das Weltbild der deutschen Aufklärung*)收录了哈根的德译文(但去掉了前言、小标题、注释和演讲最后向继任者的致辞),并进行了正字法修改:Fritz Brüggemann(Hrsg.), *Das Weltbild der deutschen Aufklärung*, in: Kindermann, Deutsche Literatur in Entwicklungsreihen, Reihe Aufklärung, Band 2, (Leipzig, 1930), 页 174—195。

(5) 与以上德译本不同,德国近代哲学研究者阿尔布莱希特(Michael Albrecht)以沃尔夫亲自出版的 W 版为底本,对照 P 版和 M 版对 W 版进行重新校勘,以更为现代的德语对其进行了重译,并提供了详细的导论和注释。该拉-德对照本于 1985 年由德国费利克斯·迈纳出版社出版(简称 A 版):Christian Wolff: *Rede über die praktische Philosophie der Chinesen*, hrsg., übers. und eingel. von Michael Albrecht. Hamburg: Felix Meiner Verlag 1985。需要提及的是,根据阿尔布莱希特的研究,P 版标题中所提到的 1722 年的第一个版本其实并不存在。因此,1725 年的 P 版就是沃尔夫中国演讲的第一个出版版本。尽管 P 版并未获得沃尔夫同意,但是除了更多印刷错误以及一些用词差异以外,P 版比起 W 版在演讲内容上并没有大的出入。

(6) 夏瑞春(Adrian Hsia)在 1985 年编辑出版了一本《德国思想家论中国》(*Deutsche Denker über China*),其中收录了沃尔夫的中国演讲。所选版本仍然是哈根的德译本,参见(1),但去掉了前言、小标题、注释和演讲最后向继任者的致辞:Christian Wolff:

"Rede von der Sittenlehre der Chinesen", in: *Deutsche Denker über China*. Frankfurt am Main: Insel-Verlag 1985, S. 42—72。

沃尔夫中国演讲的中文译介历史则比较简单:

(1) 1986 年,中国社会科学院哲学研究所的薛华先生对 1985 年出版的阿尔布莱希特拉-德对照本写过一篇简短的介绍:"沃尔夫与中国伦理——《关于中国人的实践哲学的演讲》简介",《孔子研究》,1986 年第 2 期,页 112—113。

(2) 1995 年,夏瑞春编辑的《德国思想家论中国》由陈爱政等译为中文出版,其中包括了沃尔夫的中国演讲,和德文选本一样,去掉了前言、小标题、注释和演讲最后向继任者的致辞:"关于中国人道德学的演讲"(郶世红译),《德国思想家论中国》,夏瑞春编,陈爱政等译,江苏人民出版社,1995 年,页 29—45。该译本错误较多,在学术上的参考价值不高。

目前这本中文译本依据 A 版、由拉丁文直接译出,包括了前言、小标题,以及完整的演讲文本和注释文本①。这里,译者再对此次翻译以外的相关学术工作做一简要说明:

(1) 译者导言:阿尔布莱希特的德译本导言虽然详细,但有相当篇幅是向欧洲读者介绍并解释 18 世纪欧洲对中国思想的引介以及孔子学说的主要内容。而这些内容在已有的中文研究中都可以找到,因此中译者就未再译出德译本导言,而是以自己的研究为基础,独立撰写了一个较为符合中国读者知识架构与认知旨趣的导言。导言从整体介绍沃尔夫哲学在欧洲、尤其是德国启蒙运动

---

① 注释对于理解演讲文本不可或缺,正如沃尔夫自己在前言中说的:"我则在注释中对迄今为止并未得到充分理解的孔子实践哲学之诸原理进行了阐明,并指明了这些原理与我学说原理的一致;除此之外,我还揭示了诸种明白的原理,我们凭借这些原理,便能够在不违背我们的信仰经典和神学家意见的情况下,使那一直处于困境中的关于自然与神恩之区别的学说得到证明。"

中的地位与位置出发,再以沃尔夫相关作品和重要研究文献为基础对中国演讲历史背景进行介绍,最后紧贴演讲及注释文本对其主要内容进行重新建构、并进行了初步讨论。

(2) 译者注释:阿尔布莱希特的德译本注释基本全部译出,开头标以"A注"。但针对演讲及注释文本中出现的许多中国经典引文,阿尔布莱希特版本没有任何注释。中译者对每一处引用都查找了相应拉丁译文、并标出中文原文,并在沃尔夫有重大理解差别的地方对拉丁译文进行了解释和分析、标出了张居正的解释原文。沃尔夫的多处引用是他自己的总结,甚至有把自己的概念强加进去的情况,译注对此也有指明。此外,关于沃尔夫引证之中的错误(例如沃尔夫还搞错了朱熹《小学》的写作年代),译注也分析了出现错误的原因。中译者注释开头均标以"译者注"。

(3) 概念索引:译文之后提供了三个索引,"外国人名索引"、"重要概念索引"和"中国经典引用、书名、概念及人名索引"。其中在中国经典引用中,四书章节名称均采用张居正《四书直解》对相关章节的简称。其他如中国书名、概念和人名,文中出现次数不多,故而都放在同一个索引中。

(4) 沃尔夫作品列表、生平年表:译者也对沃尔夫作品和生平进行了录入,置于文后,希望能通过这本小书为读者提供有关沃尔夫哲学研究的有用信息。

最后再对翻译工作进行一个简要说明。译者在第一遍拉-中翻译结束后,比照阿尔布莱希特德译文对中译文进行了校对,在个别不确定的部分也同时比照了哈根的德译文,尽量确保文意理解的准确性。由于沃尔夫的文本本身就涉及了许多中西概念的转换,这种转换本身成功与否尚需考量。因此,译者在译名的选取上也力图避免用具有儒家色彩的词汇去牵强附会,而尽量使用更为平实的译名,并在许多概念之后以括号形式标注出原文。为了方便读者进行学术研究,译者在兼顾可读性的同时,也力求中译文能在最大程度上反映拉丁文文意。当然这样一来,译文也难免显得佶屈聱牙,在此尚祈读者见谅。译者才疏学浅,错误舛谬在所难免,还望读者不吝指出,这也将是对译者的最大帮助和鼓励。

李 鹃

2012 年 12 月写于马堡

译者导言参考文献

Albrecht, Michael: Einletung. In: Christian Wolff: Rede über praktische Philosophie der Chinesen, edited and translated by Michael Albrecht. Hamburg1985, pp. IX-LXXXIX.

Böning, Holger, and Reinhart Siegert: Volksaufklärung. Biobibliographisches Handbuch zur Popularisierung aufklärerischen Denkens im deutschen Sprachraum von den Anfängen bis 1850. Vol. I. Stuttgart-Bad Cannstatt 1990.

Biller, Gerhard: Die Wolff-Diskussion 1800 bis 1982. Eine Bibliographie. In: Christian Wolff 1679—1754. Interpretationen zu seiner Philosophie und deren Wirkung. Studien zum Achtzehnten Jahrhundert, edited by Werner Schneiders. Hamburg 1983, pp. 321—345.

Corr, Charles A: Did Wolff Follow Leibniz? In: Akten des 4. Internationalen Kant-Kongresses, Teil II1, edited by Gerhard Funke. Berlin 1974, pp. 11—21.

Cramer, Gustav: August Hermann Francke: ein Lebensbild. Halle 1880.

Hegel, G. W. F.: Vorlesungen über die Geschichte der Philosophie. Vol. 2. Frankfurt am Main 1979.

Hinske, Nobert: Wolffs Stellung in der deutschen Aufkl-ärung. In: Christian Wolff 1679—1754. Interpretationen zu seiner Philosophie und deren Wirkung. Studien zum Achtzehnten Jahrhundert, edited by Werner Schneiders. Hamburg 1983, pp. 306—319.

Israel, Jonathan: Radical Enlightenment. Philosophy and the Making of

Modernity 1650—1750. Oxford 2001.

Kant, Immanuel: Kritik der reinen Vernunft. Edited by Jens Timmermann. Hamburg 1998.

Kluge, Friedrich Wilhelm: Christian von Wolff, der Philosoph. Breslau 1831.

Lach, Donald F. : The Sinophilism of Christian Wolff(1679—1754). In: Journal of the History of Ideas 14(1953)pp. 561—574.

Lange, Joachim: Kurtzer Abriß derjenigen Lehr-Sätze, welche in der Wolffischen Philosophie der natürlichen und geoffenbahrten Religion nachtheilig sind, ja sie gar aufheben, und geraden Weges zur Atheisterey verleiten. 1736.

Ludovici, Carl Günther: Ausführlicher Entwurf einer vollständigen Historie der Wolffischen Philosophie(1737). Christian Wolff Gesammelte Werke. III. Abteilung. Hildesheim 1977.

Lundbaek, Knud: The Image of Neo-Confucianism in Confucius Sinarum Philosophus. In: Journal of the History of Ideas 44(1983)pp. 19—30.

Menzel, Wolfgang Walter: Vernakuläre Wissenschadft. Christian Wolffs Bedeutung für die Herausbildung und Durchsetzung des Deutschen als Wissenschaftssprache. Tübingen 1996.

Roetz, Heiner: Mensch und Natur im alten China. Zum Subjekt-Objekt-Gegensatz in der klassischen chinesischen Philosophie. Zugleich eine Kritik des Klischees vom chinesischen Universismus. Frankfurt am Main/Bern/New York 1984.

Schöffler, Herbert: Deutsches Geistesleben zwischen Reformation und Aufklärung. Von Martin Opitz zu Christian Wolff. Frankfurt am Main 1956.

Schneewind, J. B. : The invention of autonomy: A history of modern moral philosophy. Cambridge 1998.

Wolff, Christian: Christian Wolffs eigene Lebensbeschreibung. In: Christian Wolffs eigene Lebensbeschreibung, hrsg. von Heinrich Wuttke. Leipzig 1841.

——Vernünfftige Gedancken von den Kräfften des menschlichen Verstandes und ihrem richtigen Gebrauche in Erkänntniss der Wahrheit, Den Liebhabern der Wahrheit mitgetheilet(1712), hrsg. von Hans Werner Arndt. Christian Wolff Gesammelte Werke. I. Abteilung. Bd. 1. Hildesheim 1965.

——Vernünfftige Gedancken von Gott, der Welt und der Seele des Menschen, Auch allen Dingen überhaupt, Den Liebhabern der Wahrheit mitgetheilet(1720), hrsg. von Charles A. Corr. Christian Wolff Gesammelte Werke. I. Abteilung. Bd. 2. Hildesheim 2003.

——Vernünfftige Gedancken von der Menschen Thun und Lassen, zu Beförderung ihrer Glückseeligkeit, den Liebhabern der Wahrheit mitgetheilet (1720), hrsg. von Hans Werner Arndt. Christian Wolff Gesammelte Werke. I. Abteilung. Bd. 4. Hildes-heim 1976.

——Vernünfftige Gedancken von dem gesellschaftlichen Leben der Menschen und insonderheit der gemeinen Wesen zu Beför-derung der Glückseeligkeit des menschlichen Geschlechts, Den Liebhabern der Wahrheit mitgetheilet(1721), hrsg. von Hans Werner Arndt. Christian Wolff Gesammelte Werke. I. Abteilung. Bd. 5. Hildesheim 1975.

——Vernünfftige Gedancken von den Absichten der natürli-chen Dinge, Den Liebhabern der Wahrheit mitgetheilet(1723), hrsg. von Hans Werner Arndt. Christian Wolff Gesammelte Werke. I. Abteilung. Bd. 7. Hildesheim 1981.

——Ausführliche Nachricht von seinen eigenen Schrifften, die er in deutscher Sprache von den verschiedenen Theilen der Welt-Weisheit heraus gegeben, auf Verlangen ans Licht gestellet(1726), hrsg. von Hans Werner Arndt. Christian Wolff Gesammelte Werke. I. Abteilung. Bd. 9. Hildesheim 1973.

——Entdeckung der wahren Ursache von der wunderbahren Vermeyrung des Getreydes. Christian Wolff Gesammelte Werke. I. Abteilung. Bd. 24. Hildesheim 2001.

——Discursus praeliminaris de philosophia in genere. Einleitende Abhandlung über Philosophie im allgemeinen. Edited by Günter Gawlick and Lothar

Kreimendahl. Translated by Günter Gawlick and Lothar Kreimendahl. Stuttgart-Bad Cannstatt 1996.

——Psychologia empirica, methodo scientifica pertractata, quae ea, quae de anima huamana indubia experientiae fide constant, continentur et ad solidam universae philosophiae practicae ac theologiae naturalis tractationem via sternitur, Francofurti et Lipsiae(1732), hrsg. von Jean École. Christian Wolff Gesammelte Werke. II. Abteilung. Bd. 5. Hildesheim 1968.

——Theologia naturalis methodo scientifica pertractata. Pars posterior, qua existentia et attributa Dei ex notione entis perfectissimi et natura animae demonstrantur et Atheismi, Deismi, Fatalismi, Naturalismi, Spinosismi, aliarumque de Deo errorum fundamenta subvertuntur (1737), hrsg. von Jean École. Christian Wolff Gesammelte Werke. II. Abteilung. Bd. 8. Hildesheim 1981.

——Horae subsecivae, hrsg. Jean École. Christian Wolff Gesammelte Werke. II. Abteilung. Bd. 34. 1. Hildesheim 1983.

——Briefe von Christian Wolff aus den Jahren 1719—1752. Gesammelte Werke. I. Abteilung. hrsg. J. E. Hofmann. Bd. 16. Hildesheim 1971.

Wundt, Max: Christian Wolff und die deutsche Aufklärung. In: Das Deutsche in der deutuschen Philosophie, edited by Theodor Haering. Stuttgart und Berlin 1941, pp. 227—246.

——Die deutsche Schulmetaphysik des 17. Jahrhunderts. Tübingen 1939.

——Die deutsche Schulphilosophie im Zeitalter der Aufklär-ung. 2. Nachdruck der Ausgabe Tübingen 1945. Hildesheim 1992.

Wuttke, Heinrich: über Christian Wolff den Philosophen. In: Christian Wolffs eigene Lebensbeschreibung, edited by Heinrich Wuttke. Leipzig 1841, pp. 1—106.

Zeller, Eduard: Wolffs Vertreibung aus Halle; der Kampf des Pietismus mit der Philosophie. In: Vorträge und Abhandlungen geschichtlichen Inhalts, by Eduard Zeller. Leipzig 1865, pp. 108—139.

张居正, 进讲章疏, 长庚馆(影印本)。

朱熹,胡子知言疑义,胡宏《胡宏集》,中华书局,1987年,页328—337。
朱熹,四书章句集注,中华书局,1983年。
朱熹,御定小学集注,陈选注,钦定四库全书本(影印本)。

中国人实践哲学演讲

克里斯蒂安·沃尔夫,
黑森宫廷参事,马堡大学首位数学及哲学教授,圣彼得堡科学院荣誉教授,不列颠皇家科学院及普鲁士皇家科学院成员,

中国人实践哲学演讲,

发表于庆典之上,

也即于神圣纪年1721年7月12日、哈勒大学建校28周年之际,
他将副校长一职交予继任者,
备有详细注释。

美茵河畔的法兰克福,1726年
约翰·本雅明·安德烈亚和海因里希·霍特出版[i]

前　言

　　从小(Ab ineunte aetate)ⁱⁱ我就渴望明白地认识真理，所以在我步入青年之际，便寻根究底，想进一步找到数学家们所用方法的原因，并将这方法引入哲学领域。我年轻时在这项事业上取得过的进步，可以在我的第一篇学术资格论文《普遍实践哲学》ⁱⁱⁱ里清楚看到。这篇论文不仅获得了学者们的认可ⁱᵛ，还让我得到了莱布尼茨这位震烁古今之人的青睐ᵛ，这些都成为促使我不断钻研的动力。至于我在这方面又取得了哪些新的进步，则必须交给那些认真通读过我的数学及哲学作品、并能对我的方法进行评估的人来判断。我不止一次地想起，自己在年轻时便立志将来要全身心投入到实践哲学之研究中去ᵛⁱ。而在我开始这项艰难的事业之后，我方体会到：我们需要为方法之故在数学上做出巨大进步，并且还需要从灵魂学(Psychologia)、存有论(Ontologia)以及自然神学中找到[实践哲学的]原因，此外，人们若以正确的方式研究物理学，则不仅可以获得将观察与经验运用到诸门科学中的能力，而且还可以获得关于目的因的知识(rationum finalium notitiam)——这些目的因不仅规定了自然行为(actiones naturales)，而且也必然规定了道德行为(actiones morales)；因此，我认识到，整个哲学研究必须与数学研究相联结。为此目的，我投身于数学研究——

尤其是因为我被神意所命教授数学[viii]——并进而开始研究整个哲学。这条研究脉络在我的德语哲学作品中清晰可见,一俟有时间,我还会在我的拉丁语作品中对整个研究进行详细扩展。在对自由行为以个体宇宙之完满为方向进行研究之前,我先在存有论中发展出了一般完满之概念[viii],并在物理学中于研究目的因时[ix]通过大量试验[x]确证了"一切存在者皆完满"这条形而上学家们的命题[xi],又在形而上学中[xii]窥探到整个宇宙的完满,由此我才认识到:这一方向无非就是所有人一致认为由自然法(lege naturali)所规定的方向,它不仅导向个体宇宙之完满,同时也导向全体宇宙之完满。最终我确信,不仅自然法(juris naturalis)之第一原则在于人类行为以个体宇宙以及全体宇宙之完满为方向,而且教养(decori)[xiii]之第一原则也在于此。尤其在我仔细研读了中华帝国的经典[xiv]之后,我便毫不怀疑,那些非常古老的中国人、尤其是孔子,他们具有与此相同的概念;尽管这概念仍是复杂和晦涩的,似乎只有他们自己才能理解。当我追溯了那些在中国经典中出现的学说和事实的普遍原因之后,我看到:中国人的实践(praxin)和我的实践并无不同。由于大众尚未估量到中国人智慧的价值,以至于他们认为不必专门为此前往中国[xv]——还有那些专门研究道德事物(res morales)者也如此认为;因此,在我于1721年将副校长之职交予继任者之前、并按惯例应发表退职演说之际,我就想,若以中国实践哲学之内在理路及其与我见之略同作为演讲题目,这将于听众大有益处。而我现在之所以公开出版此篇演讲,则是因为有一位梁上君子在我不知情的情况下、违背我的意愿将一份并不准确的演讲副本公之于众,而其编造的所谓出版于"罗马,经神圣调查公署审查和批准,神圣纪年1722年;再版于特雷武,经耶稣会审查,让·布多出版,皇家及皇家科学协会钦命书商,1725年"则将其轻率暴露无遗。这位毫无礼数的先生显然是被气坏了,因为他看到,我为了自己形而上学体系中所增补的某些莱布尼茨命题[xvi]而在

《阐释》一文中向那些人神共愤的无事生非者指明:《特雷武论丛》(*Diarium Trevoltiense*)那些德才兼备的作者们很恰当地作出了判断,他们坚决反对把那已被莱布尼茨明确加以否定的[决定论]后果又强加给莱布尼茨(a)[xvii],还有著名的丰特奈尔先生也在为这位无可比拟之人所撰写的悼文中,对其神学知识和前定和谐之发现作出了不同于其论敌的评价(b)[xviii];尤其当这位梁上君子看到另外一处(c)[xix],在我说到哲学假设应该得到宽容的时候,我还指明了为什么罗马教廷即便抨击哥白尼世界体系之学说、却仍然允许使用该体系之假说[xx]的真正原因。为了方便更多读者,我通过大量注释对本身简短精悍的演讲内容进行了阐明。在引用中国经典时,我所使用的不是卫方济①译本、而是柏应理②及其同事的译本,因为使用前者的人显然很少,而大多数人读的都是后者。大部分历史事件均取自柏应理《孔子》③一书后附的年代表以及书首的绪论。我没有做年代研究,因为这不属于本演讲的主题范围。我对那些史实非常满意,因为它们均涉及我的主要论据。我毫不怀疑,笛维纽勒先生[xxi]作为这一研究领域最有建树的人物,将会解开那些已造成诸多困难的年代谜团,因为他曾立志要将中国年代解释清楚。我则在注释中对迄今为止并未得到充分理解的孔子实践哲学之诸原理进行了阐明,并指明了这些原理与我学说原理的一致;除此之外,我还揭示了诸种明白的原理,我们凭借这些原理,便能够在不违背我们的信仰经典和神学家意见的情况下,使那一直处于困境中的关于自然与神恩之区别的学说得到证明[xxii]。如果有人不喜欢我们的原理,那么我恳请他给出更好的答案;但如果

---

① 译者注:卫方济(FrançoisNoël),1651—1729。
② 译者注:柏应理(Philippe Couplet),1624—1692。
③ 译者注:即《中国哲人孔子》(*Confucius Sinarum Philosophus*)。参见下文。

有人实在太愚蠢,以致不能领会真理,那么他的意见就是有欠考虑、不值一提的:因为本书既非为夸夸其谈之辈(mataeologis)^{xxiii}而作,也非为那些全然不懂我们所推崇的孔子之诚的"凡僧们"(Bonziis)①所写。

神圣纪年1726年1月19日,写于马堡

---

① 译者注:Bonzius(凡僧)这个词就是对汉语"凡僧"(*Bonzen*)的音译——在汉语语境中,凡僧与圣僧相对,为未证圣果之平凡僧。沃尔夫借用这个词来讽刺虔敬派神学家。参见沃尔夫自己的演讲注释149。

(编注:本书中,凡译者注均以页下注形式出现;原注为罗马数字注释,列于正文之后,参"A本注释"。)

中国人实践哲学演讲(1721年)

中国人哲学之古老与闻名

尊敬的各位听众,尽管中国人的智慧自古(1)便闻名遐迩,他们在治国方面所具有的惊人明智也同样享有盛誉(2),然而就大家对这两方面通常的了解来看,他们似乎并不那么独特和卓越(3)。大家都说孔子是这一伟大智慧的创立者(4),但对于持这种认识的人,我只能说他对中国了解得实在太少(5)。

孔子不是中国哲学创立者

早在孔子之前,中国人的国家就凭借其优良的法律建制(optimislegum institutis)而盛极一时:因为君主们均通过自己的言谈和表率向臣民树立最高完满之规范;无论天子诸侯、还是大夫庶人,其子弟自幼便随传授道德的教师文士养习优良习常(bonos mores),及至成人,又教之以善恶之知识;君臣无不在追求德性之荣耀(virtutis gloria)①(6)。所以说,中国人之古先圣王同时也是

---

① 译者注:参见朱熹,《四书章句集注·大学章句序》:"人生(转下页注)

哲学家:无怪乎柏拉图认为,一个由哲学家、或者研究哲学的君主治理的国家才是幸福的(beatam)[i]!

中国哲学的创立者们

其中首屈一指便属伏羲(Fo hi)(7),中国人尊其为科学与帝国之奠基者。其后为神农(Xin num)(8)、黄帝(Hoam ti)(9)、尧(Yao)(10)和舜(Xun)[ii](11),他们使伏羲所立建制日臻完善,最后至夏(Hia)、商(Xam)、周(Cheu)(12)朝之列位帝王,他们则使政制和法律达至最高完满。

中国人的国家亦曾衰落

然而人类命运何其多舛[iii]!中国人的智慧及其在治国方面的明智几乎再未达至如此高度,二者自此便日渐式微、几乎消失殆尽:因为君主偏离德性之道,漠视先王苦心创制之法;学校教师也不复行教师之职;民皆尚不良之风,沦于罪恶之境①(13)。中华帝国其时之面貌不可不令人悲叹!君王丧失其本(optima sui parte),即德性和明智;法本为保障民生而立,却被彻底践踏;学校本为子弟学习优良道德、成人行正道所设,却也近乎败落;最后,民皆沦于惰情声色、堕入歧途——各位听众,面对这些,谁会不痛心?然而正是由于中国一度混乱至此,

---

(接上页注)八岁,则自王公以下,至于庶人之子弟,皆入小学,而教之以洒扫、应对、进退之节,礼乐、射御、书数之文;及其十有五年,则自天子之元子、众子,以至公、卿、大夫、元士之适子,与凡民之俊秀,皆入大学,而教之以穷理、正心、修己、治人之道。"

① 译者注:参见朱熹,《四书章句集注·大学章句序》:"及周之衰,圣贤之君不作,学校之政不修,教化夷陵,风俗颓败。"

孔子重建中国人衰落的国家

才有孔子(14),其德、学过人(15),应天命而生(16),始救苍生于乱世。孔子虽命中注定不能以帝王之声名(17)立治乱之国法、示民以所立之法、又使民守所示之法,但他却能克尽教师(18)之使命。因此,孔子虽不能行其所愿,却已行其所能。凡从其才智(ingenio)所发者,孔子无不践行,不仅为守教师之职、更为扬教师之道。

中国人的古代基本学说

当时之世,由身为天子和诸侯的古代哲学家们所牢固奠立的学说已经深深扎根于中国人的心中,因此天子诸侯之表率就是臣民的行为规范。正是由于古代天子诸侯挑选堪为表率的东西作为他们自己生活和治国的标准(vitae ac regiminis rationem),所以他们才凭借在道德方面的可亲可敬(morum suavitatem & elegentiam)和在治国方面的最高明智,至今都为人们所一致称颂。

孔子从何处吸收并创造了自己的学说

因此,孔子对古代天子诸侯的史书(19)进行了细致研究,并对他们在生活和治国的正确规范方面所制定、并且通过他们的表率所巩固的所有东西进行拣选,接着,孔子又对自己以极大努力所拣选出来的东西进行了一而再、再而三的思索,最后才将这获得充分考察和亲身验证的东西(20)教授给学生,从而传给后世。看,孔子不是中国智慧的创立者、而是重建者(21)!而这位哲学家也并没有造出生活和治国的新规范(22)——尽管他自己并非不具备才智

(23)——这是因为孔子不会被虚荣心(vana laudum libidine)所左右(24),而只会萦萦于民祉民福(25)。

孔子之威望

无论在当时、还是在今天,孔子都享有很高威望,在其讲学之时,有三千弟子投入其门下(26),至今他都受到中国人的尊敬(27),就像犹太人对摩西(28)、土耳其人对穆罕默德(29)一样,当然也像我们对基督(30)一样——就我们敬基督为(31)上帝派给我们的先知和教师而言。

孔子学说之命运

然而,孔子在当时并未能使优良的政制与道德在中国蔚然成风;并且在他生前身后,中国都曾经历过这样的时期:学者们在明敏与才智上远输孔子,在学问上也难以企及这位顶尖哲学家的高度和深度;帝王们不再钦仰经由孔子之才智发扬光大的古先圣王之懿范;全民皆不再行孔子这位高瞻远瞩的导师(32)所示之道,而步入歧路。但讨论这些兴衰更迭并非我们此刻的目的(33)。

作者的计划

为了开始我们这项令人荣幸的研究,并向诸位听众展示这一值得你们注意的研究,我们将深入考察中国哲学的秘密,并将那些隐藏着的、也许是任何人都难以达至的(34)道德和政制之最终原则挖掘出来,再对这些被挖掘出来的原则进行解释,最后对经过解释的原则进行评价。

敬请注意和关心

请注意,听众们,谢谢你们的耐心,请注意听,如果你们不相信我有胜任这项困难工作的才智,还请给出你们对我这份鞭策的依据,这样我才能一一作出回应。我们将要讲的这些东西,它们喜爱天生的美好(pulchritudine),通过这美好,好奇于高级事物的心灵便能得到快乐(35);它们无需语词的瑰丽奇崛去讨好心灵空洞者的耳朵。请原谅,如果我使用了鄙俗的说话方式,或者如果我模仿那些雕塑家在用石头雕塑美女之前先将其裸体描绘了出来,因为这都是为了将——自然在外形中所彰显的智慧之力量,与爱慕自然的技艺在模仿中所彰显的勤奋之力量——这二者以可见的方式相互联结起来,从而最终使聚精会神的双眼得到愉悦、使充满喜悦的灵魂得到满足。

中国人智慧的试金石[①]

中国人的智慧自古以来举世公认,为了对其诸原则(36)进行仔细地检验,听众们,我们需要一种试金石(Lapis Lydius),从而能够区分真原则和假原则,按照各自的价值对每条原则进行判定。你们知道,智慧无非就是幸福之科学(37),只有在最好的国家采用最好道德的人,才享受得到这样的幸福(38)。你们有谁会对此表示怀疑:智慧之诸原则若与人心灵之自然(mentis humanae naturae)相一致,则必被视为真;若与人心灵之自然相抵牾,则必被拒斥为虚假(39)?凡内在于事物者、或者以某种方式发端于事物者,

---

① 译者注:在沃尔夫的哲学体系中,智慧之诸原则须与人心之自然相一致,这不仅是中国人智慧的试金石,也是如逻辑等一切科学和智慧的试金石。

其原因必须从该事物之本质与自然中求得(40);与此相似,凡依赖于我们心灵者,其原因也无非从我们心灵之自然中被给出。如果有谁命令别人做某事,其原因却不能由人心灵之自然得以显明,那么就可以说,他强制别人做不可为之事。

对反驳的回应

我也不是不知道,有超人类的智慧之人,也即通常所谓神学家们(41),他们也并非无端地宣称:蒙受神恩(divina gratia)(42)者就能够做出超越自然之力(naturae viribus superiora)的事情(43)。然而无论如何,被神光照亮之人(divino lumine illustrati)(44)所洞视到的东西也必须与事物之真理(rei veritate)相一致(45):这也并不与我们的论断相抵牾(46)。由于人的灵魂能够接受神恩(47)——非此则不能接受外来的神恩于己身(in se admittere)(48);从而,人的灵魂之所以能够接受神恩于己身,其原因必然在人的灵魂之本质与自然当中——无论该原因为何(49)。因此,自然之力借神恩之力(vi gratiae)得到扩展、并被提升至更高的程度,这与人之自然是相和谐的(50)。这样,便没有什么会阻碍我们为智慧之诸原则打造或者设立试金石了,我们只需判断智慧之诸原则是否与人类心灵之自然相一致,如果我们能将原因追溯至心灵之自然中,这些原则便被接受为真,如果心灵中不包含其原因,这些原则便被拒斥为假。而中国智慧之诸原则则与此试金石完全符合。

中国人哲学之第一原则

首先必须强调的是:如果中国人为人的行为规定了什么,或者为德性与道德之践行确立了什么,那么只可能因为他们认识到这些与人心之自然是相一致的。因此毫不奇怪,他们付出的努力都换来了成功,因为他们不做任何有悖自然之事。但凡深入钻研道德事物的人,都能完全认识和观察到:即便人的诸种行为都与律法相符合,但它们各自的动机却仍是各种各样的。

诸懿行之区别与诸德性种类之区别

无疑,心灵要么对由行为引起的人内在及外在状态之变化进行表象;心灵要么将最高神意的诸属性、预见、甚至其权威作为行为动机;最后,或者是由神启示的、缺乏自然明证性(naturali evidentia)的诸真理给出动机,这些真理就是关于人类拯救者基督的诸真理,也即那些被我们认作是我们宗教之基础的真理。那些从行为结果来评价行为的人们,完全以理性来指导自己的行为,他们所养成的德性全凭自然之力(51)。而那些完全依靠理性之光来对上帝之属性和神意之预见进行思索的人们,以该思索来规定自己的行为,他们的德性则源于自然宗教(52)。最后,那些通过由上帝启示的、缺乏自然明证性的诸真理而做出行为的人们,他们的德性则有赖于神恩之力(53)。

中国人具有第一种程度的德性

我们所讨论的古代中国人,他们不知道创世者(54)、没有自然宗教,更是很少知道那些关于神圣启示的记载。所以,他们只能够使用脱离一切宗教的、纯粹的自然之力(55)以促进德性之践行(56)。然而,他们对自然之力的使用却卓有成效,这一点马上详述(57)。

中国人如何促进德性之践行

因此,中国人不理会人心之不完满——人心之不完满就是恶、亵渎和耻辱通常涌出的源头——转而将目光聚向人心之完满，以求认识自然所允许的力量，追求为该力量所能通达之所在（quodque iis non imperium existeret）(58)。也许有人会反驳(59)，认为中国人没有考虑到人的不完满，没有注意到要医治心灵之疾、以远离恶(60)。

对反驳的回应

然而，心灵之道理远不同于身体之道理，从身体的疾病并非总能做出心灵虚弱(61)的推论。凡学习德性者，也是在以同样的努力戒除恶：德性与恶正相反对，二者不可能同时出现(62)。德性存在之所，便不会存在与之相反的恶，正如对德性的知识愈增，对德性的无知则愈减(63)，反之，对恶的无知愈多，对恶的知识也愈损(64)。

为何中国人考虑得更多的是追求德性、而非避免恶

中国人不会偏离正确的道路，那是因为他们很少顾虑恶之污，而是竭尽所能促进对德性的追求、保持对恶（vitiorum）的不知。在这一点上，他们与知性的逻辑家们（Logicos intelligentes）相似，后者很少考虑避免偏见，而是追求知性之力量，并习惯于探求如何让它们服务于对真理的研究，因为他们确定，偏见在真假判然有别的地方绝无可能存在；而在追求真知之力量缺位的地方，也就绝无可能避免偏见(65)。人类心灵具有一些(66)追求懿行（actiones bonas）、避免与其相对之恶行的力量，对此我看无人会质疑(67)。

何谓自然之力？

在通常理解中，心灵之天性就是欲求其所认为好者、避免其所

认为坏者(68):由此早已有人注意到,会有以下情况发生(可悲的是这还经常发生):所选实为坏者,只因其显得好,而好者却被拒斥,只因其带有某种坏者的样子①。因为我们可以确定,执着于感官判断(sensuum judicio)的人会依充塞全身的欲望来评判好者、依侵蚀全身的痛苦与厌恶(dolore ac taedio)来评判坏者。由于感官仅仅表象现在,而未来则距之遥遥;因此这些人混淆了短暂者(transitoria)与永恒者(perennibus),从而钟情于表面的好者甚于真正的好者、并拒斥真正的好者,因为后者只有在将来才会生产欲望(69),而这欲望现在则难以被预见。那么,为了避免这些浅滩礁石,就必须提前看见将至之物,并能从中确定与人相关之行为与事物的价值(70)。心灵也具有这一能力,能区别好坏、能从心灵中驱散感官带来的迷雾(71)。当然,行为之好坏,取决于行为于我们的状态所引起的相应变化(72);然而经过正确养习的理性(73)则可预见到由行为或不行为带来的诸种变化。

道德实践之诸原则

由于好的事物不会使我们的状态不安、而是维持其平静与安宁,而坏的事物则扰乱一切、混淆最高者(summa)与最低者(imis)、甚至经常引起持续的不安;因此,预见到这两种事物的心灵就会为懿行感到喜悦;而心灵只要坚持理性之判断,它便会为恶行感到不快。既然我们识得善者、又辩得恶者之耻,因而我们具有行善、避恶之动力(74)。我们能记住、并坚持一个预期,这绝未逾越那互相洽和的记忆之力与理性之力:正如我在别处已详细阐释的那样(75)。既然使用自然之力的人能够区别善恶,能够体会善之甜蜜、厌恶恶之苦涩,也能够记住一个预期;那么我便难以理解,

---

① 译者注:例如《理想国》(Politeia),334 c。

为何还有人矢口否认,存在一些(76)能够践行德性(77)、避免恶的自然之力。而且中国人——他们那里只留有这样一种对自然之力的使用方式——正是因德性与明智而声名卓著;因此他们的例子充分地教导人们,对自然之力的使用并非徒劳(78)。

是否必须对德性设定限制

正如在研究真理时,我们认为对知性设置限度是件鲁莽灭裂、危害深重的事(79);同样,一个人若在行善时始终强加限制于自然之力,那么他也是个鲁莽灭裂的人(80)。当一个人已经获得了对人类心灵的知识(81),如果他能再仔细研读中国人那赞颂古先圣王行为举止的史书(82),那么他便能指出,中国人已经取得了多大进步;然而可以确定的是,他们还未达到最远的目标(83),谁敢肯定说,中国人所达至之地就是终点呢?所以还是回到现在的主题吧,与其花费大量精力追问究竟可前行多远,不如就尽其可能一直前行下去。这于古代中国人的习惯也并不陌生(84),他们在无论相似、还是不相似的状况下都以祖先为榜样,并告诉大家绝不要在达到最高完满(85)之前停步,换句话说,也就是永远不要停步。听众们,你们看,这就是中国人曾经从中导出智慧与明智之细流的源头(Fontem);来吧,让我们再来看看(这是我们的第一项计划)这细流,那么流水之清澈便可一览无遗。

道德实践之重要原则

灵魂的高级部分与低级部分之间的区分对于德性极为重要(86),一些古人已经注意到这一区别,但还未对其进行足够的理解和阐明。感官(sensus)、想象(imaginatio)和情感(affectus)被划作(87)低级部分,也就是那些存在于知觉中的混乱者、以及由混乱者决定的东西(88);而知性(为避免由于用词不一致而造成的歧义(89),也经常被称作纯粹(purus)知性[iv])、理性(ratio)以及自由意志则属于高级部分,也就是那些存在于知觉中的明确者、以及由明确者引起的东西。

貌似有德性的行懿行之习惯来自何处

谁若满足于对事物的混乱知识,并且其行为动机只由哲学家们所称的感性欲求和由此产生的情感构成,那么他要养成正确行为之习惯,就必须得通过对长上的畏敬(metu superioris)来维持,并且在任何情形下都不会出现相反的例外(90)。在这种情况下,人与野兽并无不同,因为尽管野兽之自然无法让其使用理性,但却并不拒绝感官和由此产生的欲求。正如野兽常被驯服来做某些特定的动作,人在这种情况下也被驯服来施行那些需要我们的意志来完成的行为。

真德性来自何处

然而,谁若使心灵上升至对事物的明确知识,并且通过哲学家们所称的理性欲求而被带往善(bonum);那么他便是因自由意志(voluntate libera)的规定而行善行,并且为了持续行善,他并不需要长上,因为他既知道好与坏的内在差别、也能够在必要时给别人进行充分的解释。在形塑人类道德的路上,谁还曾经比中国人更正确地观察到了这些?反正我是没听说过(91)!

中国人形塑道德的双制学校

由于中国在上所述及的帝王治下变得繁荣昌盛,因此中国各地都兴盛一种双制学校(duplex schola)(92)。其一称"小学"(孩童之学校)(93),建立在灵魂低级部分之基础之上;其二则称"大学"(成人之学校)(94),完全与灵魂高级部分有关。因此之故,孩子们在八至十五岁时上小学(95),也就是在他们还不能使用理性、仍需要感官牵引指导的时候;而只有当他们到十五至二十岁、从而能够自我训练使用理性、竿头日上之时,才可以进入大学。也正因同样的原因,自天子公卿大夫,及至庶人,其子弟皆入小学;而要进入大学,则除了是天子公卿大夫之子外,庶人子弟中在才智、判断力和勤奋上出类拔萃者才可入大学。

大学之必要性与原因

由于在小学中,子弟被教以优良习常(bonos mores),他们在这里所养成的向善之习惯只能通过对长上的惧怕来维持;因此,他们在小学所学到的内容既无法满足那些将来的治国者、也无法满足那些生性不驯者:就是说,前者再无任何长上,也就不受任何意志驱驰(96);后者更愿接受自己本性(genio)的治理,而不愿受他人命令(97)。那么,由于在大学中教授的是应当如何自我治理[修己],从而自发做(98)值得赞赏之事、自发避免(99)可恶可耻之事;因此,大学比较适合形塑这些人的道德,也就是治理他人、而不受他人统治者,或者虽受他人统治、但自发做长上规定或将规定之事者。而与此相反,那些生性顺服者则被排除在大学之外,这既是因为他们由于愚钝而理解不了那些为实现自我治理[修己]而做出的规定,也因为有些生活在别人治下的人惯于治于人而不需要自我治理[修己](100)。中国人的一切努力都以优良政制为目标(101),从而使任何一个生活在这个建设优良的国家中的人都能获得幸福(102)。

两种学校各自的建制

这样,小学为治于人(obsequium)做准备,大学则为治人(imperium)做准备,从而正如我们所说,生性顺服者服从帝王,帝王则施良政、做表率,而游于治外、属于臣民的学者则按自己的动机行与长上命令相谐和之事。因此,学生在小学首先被要求尊敬(103)父母师长,使幼小的心灵开始习惯温良恭俭之则(modestiae submissionisque legibus);而在大学,则示之以事物之原因[穷理](104),教之以修己、治人之道。在两种学校里,学生想从教师那里学到的都是于生活(105)有用的东西;教师也都不仅努力使学生能完全认识其当行之事,还尽心竭力、孜孜不倦地教导他们努力践行所识之事(106)。这两种学校就曾是这样,那是在中国人的黄金时代,其时国家鼎盛,王公臣民各司其职、各履其责(107)。

中国人的诸建制值得赞颂

在我看来,中国人值得大加赞颂之处在于,他们所有的学习纲目(omnem studiorum rationem)①都着眼于一个目的,并且只关心与此目的有关的东西(108)。我认为同样值得赞颂的地方还有,他们所有的学习纲目也是为了生活,并且只关心有助于达到幸福的东西(109):正因如此,在这鼎盛时期,只要才智允许、生活境况

---

① 译者注:ratio studiorum 指学校里的学习或教学计划、大纲或课程设置。15、16 世纪的人文主义者首先在他们接续古希腊而称为 Gymnasien 的学校里传习古代语言,这项复兴运动直到宗教改革时期才对学校教育产生了重大影响,比如路德就强调语言是"精神之剑的剑鞘"。梅朗士敦(Melachthon)于 1528 年专为教廷巡视员撰写的《教育手册》(Unterricht der Visitatoren an die Pfarrherren im Kurfürstentum Sachsen)则成为了许多国家的教会及学校课程设置的开创性榜样。斯特拉斯堡的希图姆(Johannes Sturm)也是众多受梅朗士敦影响而投入实践中的教育者之一,而耶稣会士为其学院所编订的著名的《学习纲目》(ratio atque institutio studiorum)(1599)则基本沿袭了希图姆编制的学习大纲(Schulplan)。参见 Meyer's Großem Konversations-Lexikon,Gymnasium 词条,第 8 卷,页 560—565。

所需,全中国无人不在努力学习(110)。当然,我觉得中国人还有一处值得赞颂,他们不仅仅只是传授道德学说,他们还训练学生践行德性、以形塑他们的道德(111)。只消看看,他们已经在善的知识上以及对善的践履上前进了多远!德高望重的卫方济神甫——他来自耶稣会,以博学见长(112),为人也极正派——他埋首研究中国经典逾二十载,终将其译为拉丁语(113),译本约十年前(114)于布拉格梓行于世。此书之首卷极具价值(115),为孔子所撰,由于此卷所含学说为成人(adulti)所必修,孔子便名其为"成人之学"[大学]。

中国人的诸实践原则

前文已说过,孔子并未另创新学,而是更新古学;因而在此卷中,你会发现中国智慧的真正原则。也就是说,中国人首先强调的便是,要正确地养习理性,因为人必须获得对善恶的明确知识,从而才无需因畏戒长上、希求长上奖赏而致力于追求德性(116),而只有在穷研事物之自然与原因之后,才可到达对善恶之完善知识;并且孔子最为出色的一位学生曾子(Tsem Tsu)就曾通过帝国史书证实过(117),智慧的先贤们总是致力于使理性日益(118)完善。

诸实践原则的原因

他们对这些原则的宣称并非平白无故:因为他们认识到,自由行事的人,要么是不服从别人的治理,要么是虽然已经不情愿地服从、但仍然不想服从别人的治理,这样的人如果事先没有将心灵中的欲求和与之相应的身体中的心动相协调,那么他就既不会行善、也不会避恶(119);如果人未能养成对善的真正热爱和对恶的真正厌恶,那么心灵中的欲求就不能和身体中的心动相协调(120);如果人没有获得关于善恶的完满知识——也即通过心灵之推理来获得,那么就不可能有对善的真正热爱和对恶的真正厌恶(121);如果不钻研事物之自然与原因,那么通过心灵之推理也无法得到关于善恶的完满知识(122)。

中国人的证明方式

尽管中国人并没有通过一长串论证来证明这些——因为他们缺少事物之明确知识①,这样的知识直到今天仍为很多人所拒绝(123)——但是,他们通过对长久经验的信赖来确证他们所理解到的东西,这些东西也就是他们凭借心灵之明敏(acumine)对那些以德性闻名的先贤们的例子进行思考、从而所理解到的东西(124),这同时也是他们在亲自追求德性之路上从自己身上(125)学到的东西。

中国人诸原则之确定性

谁会怀疑这些早已由丰富经验验证过的东西呢?而且我们已在上面展示过,在所有民族中,我们只能在古代中国人那里找到关于这些东西的可靠经验(126),他们没有任何宗教(127)——无论

---

① 译者注:在沃尔夫哲学中,知识(cognitio)或者概念(notio)分为:(1)混乱(obscura)的和(2)清楚的(clara)的,清楚的知识又分为(2.1)模糊的(confusa)和(2.2)明确的(distincta)(与斯宾诺莎、笛卡尔、洛克和莱布尼茨对概念的分类都各有异同)。事物通过"明确的概念"能相互之间明确加以区分、并以严格推理的形式相互联系,反之则是清楚、但却模糊的概念。沃尔夫哲学所要解决的首要问题,就是要为思想对象提供明确的概念。在沃尔夫看来,他的哲学乃是提供明确概念的创举。因此,沃尔夫的这句判词应首先从他自己的哲学关怀去理解。此外,沃尔夫看到的只是翻译成拉丁文字、从而每一个汉字意义已被切碎重组的中国经典,因而他无法理解其实每个字本身在每个经典解释者的学说体系中都有各自的定位。

是自然宗教、还是启示宗教——因而也就不需要任何外在动机。既然在中国人那里,只有来自人类行为之自然的内在动机,那么他们的例子本身已经清楚说明了这些动机具有多大力量。

作者在此项领域中的研究

我在还完全不知道中国智慧的时候(128),便自然而然地对人类幸福产生了兴趣,在非常年轻的时候(129)就开始汲汲思索道德事物,并且也颇受米涅瓦(Minerva)的垂爱(130)(绝非夸耀之词!)。我多年前(131)就在附近一处著名的缪斯女神之地(132)将学术资格论文(133)《普遍实践哲学》提交给学者们公开检验,这本书的内容就能证明我并非妄言。伴随着年龄的增长,我的判断也愈发成熟、心灵也愈发明敏(134),于是我更加深入地钻研了这些问题,并从心灵最深处推出了那些可以指导人类行为的智慧原则(135)。不过,尽管由于我那时并不知道中国智慧,因而中国智慧并未曾助于我的发现工作,但是我凭借自身才智所获得的东西却帮助我深刻洞悉了中国智慧(136)。

为什么作者对中国学说的看法不同于翻译者

前面所称赞过的中华帝国经典之翻译者,其人极为明敏、善于判断,深研经典二十余载,孜孜不倦以求经典之真义,正如他所坦承,以知性把握其真义并非易事;他最终在译文前言中ᵛ认为:这些经典中所包含的并非隐秘、悠远的学说①,而只是大众的伦理学、道德之秩序、家庭之准则以及出现最多的优良政制之技艺(bo-

---

① 译者注:所谓"子不语怪、力、乱、神"是也,参见译者对沃尔夫演讲注释106的译注。

ni regiminis artem),因此让他决心从事这项译业的原因并非其论证、论据之高明,而在于有如此众多之人研读这些经典,并且虽已有前人尝试翻译,但中国传教事起(137)已百余年,该译事却仍是未竟之业(138)。而与此相反,在我粗览此书之时,我却把握到了一种隐藏于其中的隐秘智慧(139),当然这需要一种发现她的技艺。我所认识到的就是:那些表面显得排列无序的内容其实是以一种极为美妙的联结方式相互联系在一起的(140),只要阅读再仔细一些即可;而那些毫无原因支撑的独断之语,在我的理解中其实也具有充分的原因,只要对之稍加检验即可(141)。我还发现,古人的看法极对:如果有谁只信赖自然之力,并且不是出于习惯和对长上的畏敬,而是出于自由意志(142)、并带着欲望投身于德性,那么他必定得从养习知性(ab intellectus cultura)开始;这条真理是我在思索人心之自然时遇到的。如果我没搞错的话,我已在前面(143)充分证明过,人心之自然就是道德真理之试金石。毫无疑问,尽管有德性的行为是通过身体被完成的,但德性却住存于心灵而非身体(144)。外在行为必须相应于灵魂之欲求(145);欲求产生自动机;当下的动机则来自对善恶的明确知识;由于善恶引起完满和不完满,因此善恶之区别在于我们状态的完满和不完满;对完满之感受(sensus perfectionis)引起欲望,对不完满之感受产生厌恶;从善中感受到欲望的人,也爱善;从恶中感受到厌恶的人,也恶恶。

完善意志的方式

一切最终都源自对善恶的明确知识,并且意志通过知性之明敏而得以完善,这一点还有谁未能看清? 这与心灵之自然相一致(146),也与中国人之原则相和谐(147),这也已由中国人非凡的经验得到确证(148),尽管还未得到所有人的认可(149),因为大众并不能将灵魂之高级部分与低级部分完全区分开来,然而中国人却已洞穿这一区分(150)。

养习德性时所行责任之顺序

中国人要求:一个人在成为一家之主之前,要先修治好自己的道德和生活[修身];在进入政府之前,要先管理好自己的家庭[齐家](151)。这要求在我看来完全没错。因为一个连自我治理都不能做到的人,如何能治理他的家庭? 一个不知道如何治理自己和自己家庭的人——也即治理更少和更熟悉的人——如何能够治理其他更多的人? 此外,一个人若想领导其他人,那么他就必须以身作则(152),既让大家知道如何能做到所规定之事,也让大家明白所规定之事是获得幸福的手段。

中国人努力改善他人

对于中国人而言,光是竭尽全力让自己走上德性之正途、远离恶之邪道,这是不够的:他们还要想尽办法让他人也走上德性之正途、远离恶之邪道。因此,一个在求善之路上取得进步的人也会尽力让他人变得像自己一样,这在中国人的诸智慧原则中也占有一席之地(153)。他们全心全意想让他人也一样能具有他们自己所获得的明敏;他们尽心竭力让令自己愉快的善恶之知识也能惠泽他人;他们殷切期望那令自己愉悦的欲望也能充溢他人;他们努力让自己的所爱所恶也成为别人的所爱所恶;最后,他们还不遗余力要使那令自己散发光芒的德性之荣耀也让他人光芒四射。正因如此,天子诸侯要为民做表率(154),家长要为家庭做表率,父母要为孩子做表率(155),这样他们便能对那些不能服从理性之治理的人有所帮助(156)。

中国人的最终目标

然而,不论是为改善自己、还是为改善他人,中国人都极为强调:只能止于最高完满[至善](157),也就是说,要永不止步,因为人无法达到最高完满[至善](158);人要不断前进,使自己和他人在德性上日益(159)精进。因此,中国人的所有行为都以自己和他人的最高完满为方向,这也是所有行为的最终目标(160);以此为方向,整个自然法权之根本内容(161)包含的无非是我们行为中的一切值得赞赏者(162),这我早已证明过(163)。尽管他们似乎对这一完满并没有明确的概念(164)——因为他们并未洞视到诸行为之间的那一姊妹式的链条,以人状态之完满为目的的诸行为正是通过这链条相互联结,我也(165)已经对这一链条做过阐明,所以他们似乎只将完满视为德性的某种特别程度(166);然而,当我们对中国人经典中到处可见的规则和道德之表率进行仔细衡量时,在我们看来,他们对完满至少还是有个模糊的观念(idea)(167)。甚至当他们在其他地方——正如我们已经详细给出的——也具有许多特别模糊的概念时,我们也不必惊讶。不过由此也能理解,为什么翻译者[vi]在付出如此多年努力之后也未能充分理解,中国哲学家的言词(verbis)背后究竟是什么。因为仅从光秃秃的言词(nudis ... verbis)也看不出①,与这些言词相联系的是哪些模糊的概念(168);而那些从模糊中清理出这些概念的人,多半是靠推测才发现了模糊概念

---

① 译者注:由于沃尔夫阅读的是拉丁译文,他读到的是一串串光秃秃拉丁单词,因而只能从他所在的欧洲视域出发去理解文意。文意固然能通过拉丁译文疏通,但显然每一个含义完整独立的汉字却被遮挡在此视域之外。沃尔夫由于不知每个汉字本身即体现了一种观念,当然也就根本无法从这一串串"光秃秃的"拉丁单词中看到任何明确的"概念"。

和明确概念之间的同一性(169)。

中国人的至善

人之至善就在于不断向日益增长的完满迈进之过程(170),这我已在别处(171)证明过。因为中国人如此之强调,要在德性之路上不断前行,在达至最高完满之前,绝不止步于任何程度的完满(172),而最高完满实际上是不可能达到的(173);因此在我的理解中,他们的哲学家们心中也秉持这样的观点:人之幸福莫过于,日日迈向更大的完满。

中国人的动机

然而为了持之以恒地坚持此一目标,他们需要激励(stimulo),学者们受此激励之鼓舞便能在各自的学业中实现卓越,这激励就是懿行之荣耀(174),即便困难重重,这一荣耀也能给予他们力量。由此我们看到,中国人借用天子圣贤之表率来给出规则(175),从而鼓舞他人也实现卓越:因为受荣耀鼓舞者,会试图向那些通过自己的成就获得赞扬的人看齐,甚至还要努力超越他们(176)。

产生动机的独特方式

但是我注意到一种非常独特的方式(177),中国哲学家们运用此种方式来鼓励学生们效仿卓越行止。关于那些成就卓著的人物,哲学家们常向学生们讲述他们的一些不合常理之事(paradoxa),从而让学生们在惊讶之余去思考,是什么促使这些人物如此行动的:当他们冥思苦想也不得其原因之时,哲学家们就会最后告诉他们个中道理,并鼓励他们在相似情况之下也如此效法。

中国人是否具有德性

我想我会听到一些严苛的(178)道德审查者们嘟囔说,中国人的行为是出于一种争心(ambitione),这样的行为只具有德性的外在样子(179),但还远未达到真正的德性(180),因此完全可以说他们的行为已经受到这光荣的恶(splendidorum vitiorum)(181)的沾染。但这些大善人们不知道的是,我们实在不能赞同他们(182)。因为不能将争心与荣耀相混淆,我们已经在别处证明过,二者之间有天壤之别(183)。我要问的是,如果一个人行善,并因善行之自知(benefactorum conscientia)而感到愉悦、并乐此不疲,那么谁能说对其进行指责是公正的呢(184)?如果一个人专注于自己的行为举止,从而令心怀恶意者无法找到把柄、并令其他人发现可赞赏可效仿之处,那么谁会去指责他呢(185)?如果德性因其美妙本身而令人快乐,从而我们一方面相信具有德性是令人称赞的事,而另一方面则会对缺乏德性进行批评,那么谁又会对此进行指责呢(186)?又,行为具有一种内在的善,这谁还会不知道呢?只要行为因其内在的善而受到喜爱、赏识和贯彻,那么这样的行为就没有污点,这谁又会不知道呢(187)?既然我们已经在前面阐述过,中国人致力于善行,因为他们深刻洞悉了行为之内在善;那么我们就没有理由说,对其进行指责是公正的(188);而且我已在前面指出,由行为引起的状态之变化正是中国人的行为动机(189)。又有谁会怀疑,是上帝在关注这一切,是他在命令某些确定的行为、而禁止其他行为呢(190)?谁会在对这些做过认真思考之后仍然不知羞耻地宣称,人必须受到惩罚,就因为他行为和不行为的原因正是那最智最善的神意行命令和禁止的原因呢(191)？

养习德性时礼的作用

至此，还有一条独特的中国智慧之原则，阐明这条原则也是此次计划的一部分。中国人曾非常热衷于礼(Ritibus)，其内容也相当多，他们得进入全国所有居民均需入读的孩童之学校学习礼。因此直到今天，《礼》仍位于古代圣贤的五经之列。卫方济并未翻译这本书(192)，尽管此书在已译为拉丁语的那些经典中经常被引用。但中国经典之翻译者们似乎认为此书不重要，既然他们并未翻译此书：但我真希望，面前能有个译本，因为我确信在其中(正如谚语所云)所能够发现的绝不只是孩子们在豆子里发现的东西ⅶ。仪式(ceremoniarum)对于德性之践行具有怎样的作用，这我已在别处(193)极为明确地证明过，那些仔细检查过我的所有相关出版物的人是知道的。不过，那些在拉丁译本中出现的引文也可证明，中国人的礼具有与其智慧相称的原因(194)。为了使我的话更可信，我举一个例子就够了。当时，也即中华帝国全盛之时，一个怀孕的妇女绝不敢视于邪色(objecta turpia)、听于淫声(195)。盲人乐师会在更容易辨听声音(196)的夜晚，为一旁聆听的孕妇吟唱两首《诗》中有关正确持家的诗歌(197)，并讲诵可赞之事①。这些都为了一个目的：使出生的孩子能才智过人ⅷ。此事之确凿已由刘向(Lieu Hiam)在一本书加以证实，此书为教育妇女而作、流传至

---

① 译者注：引自卫方济《小学》译本，见《中华帝国经典》(*Sinensis imperii libri classici*)，Prag 1711，页488。参见《御定小学集注》立教篇第一章："列女传曰'古者妇人妊子，寝不侧，坐不边，立不跸，不食邪味，割不正不食，席不正不坐，目不视于邪色，耳不听于淫声。夜则令瞽诵诗，道正事。如此，则生子形容端正，才德必过人矣。'"按照陈选注，胎教乃"教之本源也"，所诵之诗即《周南》、《召南》二南之诗，所道之正事也即"事之合礼者"。

今(198)①。我们对此礼进行解释,为的是表明,礼的背后有非常坚实的原因(199)。各位听众,你们知道,心灵与身体之间有着一种怎样的一致(200),胎儿在母体中发育之时,无论那些与心灵密切相关的器官在形状上发生任何变化,它都会在心灵中引起某种与发生在身体上的变化相一致的变化(201)。同样清楚的是,由于母亲和胎儿享有共同的血液循环,因而胎儿体内的液体流动与母亲体内的液体流动相一致。毫无疑问,心灵中的非物质性观念(ideis mentis immaterialibus)相对应于大脑中的某些物质性观念(ideae materiales),这些物质性观念存在于神经流之运动中,神经流则通过大脑的神经细管(202)以一种确定的速度流动;而正如心灵中的欲求由知觉引起,身体中与这些欲求相应的器官运动则由(大脑中的)物质性观念引起(203)。那么显然,母亲大脑中于妊娠期间所激发起的物质性观念,会在孩子大脑中引起在某种程度上相似的物质性观念(204),并且由此在孩子身上产生的运动也与在母亲那里产生的运动相似。由于大脑一旦被印入观念,这些观念便赋予了大脑一种倾向,能再次激发出这些观念、以及相应于这些观念的运动;因而也就能理解,孩子的大脑也同样会被赋予一种倾向,能够再产生这一种类的观念,并在身体上产生相应的运动、在心灵上产生相应的欲求。此外还可以确定,音乐和唱诵比演讲更容易使观念印入大脑(205)。那么,中国人曾经为孕妇制定的礼与理性完全相符,谁还会对此表示怀疑呢?

结 论

各位听众,我已经向你们展示了古代中国人(206)的智慧之诸

---

① 译者注:刘向《列女传》第二卷三母之一大任的故事。此外,参见《德语政治学》(*Deutsche Politik*),§ 379,页 354,沃尔夫在论证统治者应注重人民的健康与福祉时,也援引此例。

原则；这些原则与我的原则相一致，这一点我也在其他地方公开(207)主张过，并有幸在今天这个场合进行大致(208)阐明。我履行副校长(Pro-Rektoratus)一职至今，都尽可能以这些原则为指路星(209)：你们知道，大学副校长管理师生，不能依自己喜好，而要遵循法律规章，还要常常顺应教师们的意志。与其让别人批评自己，为什么我不能进行自我批评呢！当然我并不是说我不满意自己的管理，因为我相信我已经令大多数人满意，而且大学在我的管理下也获得了繁荣，登记在册的师生人数已大大多于前任副校长治校期间我们所知道(210)的人数，已逾七百人[x]。因此，我以最谦卑的心感谢万物之主上帝，因他的神恩，才有我治下的累累硕果——无论对我自身还是对大学而言。我还要感谢最有权力的(Potentissimus)普鲁士国王陛下、我们最仁慈的主人，他在这一年向哈勒大学以及我这个哈勒人施予了极大恩惠(211)。因最慈善的神意，才有最好的国王和王室，才有其治下日新月异的大学！最后我还要感谢所有对我的工作提供过建议和帮助的人，我不会忘记他们的名字，此外，也要感谢那些对我不太友好的人们，是他们给我提供了践行德性的机会。当然，我绝不能不提你们，最棒的青年人们，你们或是出身高贵、或是气禀过人，是你们的努力，才让我这副校长的工作多了份轻松愉悦。你们从未让我感到过厌恶，因为你们在学业之路未正之时听了我的课，就很快被引入正途，也许会有个别例外——不过学生这么多，也无可奇怪。尽管有某些人，头脑不清，缺少学生该有的礼数，惹出了风波(212)；我也只是以言语的力量平息了它们，你们也知道这些言语中只有爱、而不夹杂任何其他情感(213)。我不会抱怨其他令人厌恶的事，因为我已经将所有这些阻碍都转化成了最大限度的助益(214)，这些都成为我作出更大进步的契机。我从未感到有压力，因为职责于我而言并非负担。不过我希望，我的继任者在这一职位上承受的压力别大过我！

向新任副校长致辞

最有权力的国王陛下、我们最仁慈的主人,任命(215)极受人尊敬、也极为博学的朗格(Joachim Lange)[xi]先生于今日接任副校长一职,朗格先生是神圣神学博士和著名的高产(polygraphum)[xii]教授。他在经由全体教授一致同意(216)被选为下一年的副校长之后,便遵照我们的意愿允诺接任这一职务,最有权力的国王陛下、我们最仁慈的主人恩准了这一结果,并亲颁了手谕。不过,既然我们的习俗和规章均要求副校长接任者公开声明自己自愿接任这一职务;那么值此盛典,我要问您,极受人尊敬、也极为优秀和博学的约阿西姆·朗格先生,神圣神学博士和著名的教授,正如您已经在教授会议上向我们声明过的,你是否依然愿意在下一年担任这一大学要职?在此,我请您向在座的所有人大声宣告您心中的决定。

(此处是朗格就接任副校长一职所做声明)

副校长授予仪式

我们已经从您这位极受人尊敬的先生这里清楚知道,您仍坚持您的决定,接受腓特烈大学副校长这一荣誉;好吧!事情也会按照您的意志如此。请来到主席台前,职务授予典礼开始。

幸甚至哉!我腓特烈大学又添一美事!我,克里斯蒂安·沃尔夫,腓特烈大学现任副校长,任命并宣布您——约阿西姆·朗格,神圣神学博士和正教授,按照最有权力的普鲁士国王、我们最仁慈的主人的要求和授命,经由全体教授一致同意——成为腓特烈大学尊贵的副校长;并且我以我此刻尚拥有的国王授命希望并要求,所有人都要称您为副校长,尤其是我们的师生,他们要向您这位受法律承认的上级表示他们的顺从和尊敬。好,祝贺您,我们尊贵的大学副校长,我带着对您的祝福第一个称您为副校长,好让所有人都知道,校长之荣誉现已由我传递给您,好让其他人都像我一样如此称呼您,来吧!我愿意保证,我要向您表示顺从、对您表示尊敬。因为您现在已接任副校长一职,尊贵的先生,那么就让我脱下我肩上的紫袍、将其披在您身上,它是您下一年要担任的最高职务的象征,这样大家就能看到您已经贵为尊者,并且您自己也会认识到,担任您所荣升的这一艰辛的职位必须要有明智和灵魂的节制相伴,才不会使您的威望有分毫减损,当然这样也是为了让您的同事们记住,每个人都应按规章小心从事,避免使您的威望和地位受到损害。为了使这份荣誉光彩倍增,我将这顶校长礼冠戴在您的头上:看到它您就能想起,我们尊敬的大学创立者极为明智地在规章中考虑到,您越能以您的才智来增加这一荣誉的威望,您所作裁决的分量也就越重。请接下这两支我传于您的杖节,它们是地位的真正象征,凭此您获准对全校师生行使裁决权(jurisdictio),不过您要记住是谁准许了您这裁决权,因此,不要按您自己的喜好、而应按照我们最有权力的国王陛下颁布的法律规章来行使正义(justitiam)。鉴于此目的,我在此将诸法律、规章和特权(privilegia)移交给您,将它们委托给你小心行使,以使它们得到很好的保护和遵守。您当日以继夜对其加以研读,以使自己在任何情况下都不会有半点偏离。这样您也能知道,谁必须向您表示顺从,谁要服从大学的裁决,来吧!我交给您大学的登记名录,您必须认真登记老师和学生的名字,对于那些在我们中间学习、但在您那里却没有登记过名字的人,您必须惩罚他。在此,您还得到这几枚封印,您得用它们来确认所有以您和大学委员会(Senatus academici)的名义公开签发的谕令和文件。最后,我还要把钥匙移交给您,有了钥匙您便有权力打开讲堂大门,以及在必要的时候打开禁闭室的大门,以惩戒顽固学生和那些经警告也无法令其有丝毫改善的学生。那么对您,尊贵的先生,大学的副校长,我唯一还要说的就是祝贺您现在获得了如此高的荣誉,并且祈求最高神意,能让我们的腓特烈大学在您的治下繁荣昌盛!

言毕(DIXI)

中国人实践哲学演讲注释(1726年)

中国人哲学之古老与闻名

尊敬的各位听众,尽管中国人的智慧自古(1)便闻名遐迩、他们在治国方面所具有的惊人明智也同样享有盛誉(2),然而就大家对这两方面通常的了解来看,他们似乎并不那么独特和卓越(3)。大家都说孔子是这一伟大智慧的创立者(4),但对于持这种认识的人,我只能说他对中国了解得实在太少(5)。

注释(1)—(5)

(1) 中国人是世界上最古老的民族,这一点无可争议。实际上,这个帝国①的创立者——也即伏羲(Fo hi)——于基督前2952年开始统治天下,自是以降,历经数代帝王嬗替:这可在"中国朝代年代表"中清楚看到。该年代表列至1683年为止,由尊敬的柏应理神甫自汉语译成拉丁语,1686年出版于巴黎,后附于《中国哲人孔子,或中国科学,拉丁语本,经耶稣会神甫殷铎泽,恩理格,

---

① 译者注:耶稣会士以 imperium 译"天下",以 regnum 译"国"。

鲁日满①和柏应理研究整理》(*Confucius Sinarum Philosophus, sive Scientia Sinensis Latine exposita, studio & opera Prosperi Intorcetta, Christiani Herdtrich, Francisci Rougemont & Philippi Couplet, Patrum Societatis Jesu*)一书。然而中国人的国家学说和道德学说之初创也可上溯至中华帝国之建立,迄今也已4677年矣。尽管中国人的编年史可以追溯至比伏羲更早的时代;但是柏应理在"年代表"前言第一段(第3页)中说过,对于有些史家所提到的伏羲以前时代,连中国的注疏家以及重要的史家都指斥其大部分内容为不可信的伪说。不过,将中国科学历史追溯至伏羲以前也毫无必要:既然柏应理通过大量论证对年代表进行了证明,那么该年代表就至少具有一定准确性,那么就可以认为,没有任何哲学文献比中国人的哲学更为古老。

(2)中国有句流传至今的古老民谚,我不得不在此引用:"唯中国人目明,夷狄皆目瞽"②。柏应理于《孔子》绪论中(第十一、十二页)说过,传教士们以惊人的勤奋和毅力掌握了中国语言文化知识,他们甚至能够用汉字(typis)进行研究,并且以此向中国人证明,欧洲人并非完全目瞽。中国人当然并不像其他民族那样用表音的字母文字进行书写;而是使用直接指示事物本身的汉字,并习惯以一个特定的音读出每一个汉字。柏应理还确信(同上,第十一页),汉字的数量是如此庞大,以至于即便大多数中国人六岁起便开始识字、并且终生不辍,也还没有谁能够记住所有汉字。著名的傅尔蒙(Fourmontius)先生,巴黎的法兰西文学院(Academiae Regiae Inscriptionum)成员,在其论中国文字的论文中——1722

---

① 译者注:殷铎泽(Prosper Intorcetta),1625—1696,恩理格(Christian Herdtricht),1624—1684,鲁日满(François de Rougemont),1624—1676。关于在华耶稣会传教士生平,参见费赖之(Louis Pfister),《早期在华传教耶稣会士传略及书目》,中华书局,1995年。

② 译者注:引自柏应理,《中国哲人孔子》,绪论,第XII页,第6、7行。

年《特雷武论丛》第1577页起[ii]——统计出了80000个汉字,他将会在《汉语字典》(Lexico Sinico)中对这些汉字做进一步解释。这本《汉语字典》最早由中国人黄氏①于巴黎开始编纂[iii],黄氏去世后这一工作由傅尔蒙接替。傅尔蒙先生认识到:中国人在汉字构造中融入了一种哲学和几何学秩序,并且人类才智再无其他可与这一发明相媲美的产物了,再无任何一种物理系统(systema physicum)像汉字一样包含了如此多的关于自然的知识;我们通过汉字就能找到中国智慧和科学之确凿证据。此外,汉字发明于很早以前。柏应理在"年代表"前言(第20页)最后就说到,中华帝国创始人伏羲为文字或者汉字(文字发明之前人们使用结绳记事)制定了六书(fundamenta sex)②;他又在"年代表"里注解说[iv],黄帝(Hoam ti)于基督前2697年继天立极,汉字则发明于黄帝统治时期。

(3) 欧洲人并不非常了解和清楚中国科学。因为今天中国人用于纪年的六十甲子(cyclum sexagenarium)很早便由伏羲发明,后来黄帝——依照《中国朝代年代表》[v]——于基督前2697年在大挠(Ta nao)③的帮助下又对其做了进一步完善。然而不难证明:没有精密的天文学知识,六十甲子纪年之发明与完善便是不可能的。因此可以确定,中国人在上古时期就已经掌握了天文科学;

---

① 译者注:即黄嘉略,关于黄嘉略与中西早期交流之贡献,参见许明龙,《黄嘉略与早期法国汉学》,中华书局,2004年。

② 译者注:六书之名,初见《周礼·地官司徒·保氏》。六书无传,其义唯借许慎《说文解字》。参见郑樵,《通志·三皇纪》,中华书局,1987年,页31:伏羲"乃命子襄为飞龙氏,造六书,一曰象形、二曰指事、三曰会意、四曰转注、五曰谐声、六曰假借,使天下义理,必归文字,天下文字,必由六书。"

③ 译者注:《资治通鉴外纪·黄帝》曰:"其师大挠,探五行之情,占斗刚所建,始作甲子。甲乙谓之干,子丑谓之枝,枝干相配以明日。"引自蔡邕《月令章句》。

这一点还可从以下史实加以确认：是黄帝赋予了天文学以科学形式。然而无论如何，古代中国人的天文科学并没有流传到我们这里。赫维留斯（Hevelius）曾在《飞行机器》（Machina coelestis）第一卷前言中引用了卫匡国[vi]的相关叙述[vii]；但卫匡国只说到中国人天文研究非常古老，却没有明确揭示出中国人在该研究领域取得过哪些进步。尽管卡西尼（Dominicus Cassini）这位杰出的天文学家非常渴望从传教士那里获得对中国天文科学更详细的了解，但他的心愿并未达成——这已经在他那篇关于天文学起源与发展的文章里说得非常详细了。这篇文章已由著名的纽伦堡天文学家罗斯特（Joanes Leonhardus Rostius）从法文译为拉丁文、并收录在《天文学手册》第一部分[viii]。数学家们也非常清楚，天文科学离不开算术和几何学。因此，显然中国古人在算术和几何学领域也取得过进步；这一点还可从以下史实加以确认：黄帝曾发明了算盘[ix]，这无疑在天文学上有其应用①。但是今天的欧洲人并不知道这些就是中国人的算术和几何学。此外，伏羲还定立了音乐原理，后人以此为基础再进行细化。至于中国人的应用数学，我只能保持沉默：对此人们完全可以想见，对于中国人在应用数学领域的成就我们也所知甚少。"年代表"还提到，基督前2637年，在岐伯（Ki pe）、少俞（So ven）和雷公（Luy cum）的协助下②，黄帝还在许多部

---

① 译者注：算数与历法、天文本不可分。参见《资治通鉴外纪·黄帝》，页7，注曰："黄帝使羲和占日，常仪占月，臾区占星气，伶伦造律历，大挠作甲子，隶首作算数，容成综此六术而着调吕[……]《续汉书·律历志》及《晋志》皆曰：'黄帝使隶首作算数。'《说文》曰：'算长六寸，计历数者也。从弄竹，言长弄，乃不误也。'《汉书·律历志》曰：'数者，一、十、百、千、万也。所以算数事物，顺性命之理也。'盖历、算相通。故系本云，容成综此六术而制调历也。"

② 译者注：参见《帝王世纪辑存》，中华书局，页16："又使岐伯尝味草木，典医疾，今经方本草之书咸出焉。"《通鉴外纪》："咨于岐伯而作《内经》，夏命俞跗、岐伯、雷公察明堂，究息脉；巫彭、桐君处方饵，而人得以尽年。"

书中留下了脉象医术,中国人直到今天仍在使用这一医术;但我们对此也仍然一无所知,当然也就无法对中国人的医术做任何判断。正如前面所说,汉字之发明已经令人费解;但我们现在又多么盼望能获得对中医的清楚解释。多亏了前面提到的(注释 1)传教士们和尊敬的卫方济神甫,如若不是他们在《中国哲人孔子》和《中华帝国经典》中介绍了中国人的道德科学和国家科学(de scientia ipsorum morali atque civili),欧洲人恐怕到现在还对中国一无所知。但卫方济的《中华帝国经典》非常少见,只有极少数人才知道;所以学者们基本上只知道《孔子》这本书。但是即便这本书名为《孔子》,它其中所包含的也只是孔子作品的残篇。正是秦始皇(Xi Hoam ti)ˣ,他不仅修建长城以抵御鞑靼人入侵,而且同时也是儒生们的死敌,他下令活埋儒生,并于基督前 212 年将除了医书、法律书以外的所有书籍都付之一炬。包括孔子和他的注疏者们在内,古先圣王的作品几乎毁于一旦,关于他们的记载也无处可寻;直到基督前 139 年,焚书后几乎整整一个世纪,极具文韬武略的汉武帝(Vu ti)ˣⁱ 才下令搜集被焚书籍的残篇断章。正如柏应理在"绪论"(第二十三页)中讲到,人们使藏于壁中、冢中的残卷重见天日,然后又向老人征询,是否还能清楚忆起幼时记诵的内容。如今的中华帝国经典皆出自这些残卷遗篇,其中一部分已由柏应理及其同事译出,而卫方济则贡献了一个完整的译本。正如只有当一个技艺精湛的建筑师能以足够的专注付出百倍的艰辛,他才能够由一堆断壁残垣判断出建筑原貌;同样,只有当一个人既能深入到中国人道德科学和国家科学的核心、又能在研究中保持思维敏锐、并坚持不懈,他才能够对这一道德哲学和国家哲学之体系作出判断。

(4) 人们的这种看法无疑由此而来:在幅员辽阔的中华帝国,孔子的作品、言说和行为是当今所有学说的圭臬。

(5) 在中国,人人都知道,并非孔子独自创造了这一智慧,而是孔子传授了他从先贤那里继承下来的智慧。孔子自己就曾承认过(见柏应理译著,第三卷,第四部分,第三十六页)ⅹⅲ,他称自己是他所教授学说的传诵者、而非作者,还说道,他好古,并从古人作品中抽取能为自己所用的部分①。柏应理写道(见柏应理所撰"孔子生平"第一百一十七、一百一十八页)ⅹⅲ:"孔子十有五而志于读古书,删其无用,取其精粹,先亲身践行、后示范他人。"孔子尤为追求真理,但由于他不能通过推理(per rationes)确定真理,于是他就遁经验之路(viam experimentalem)、先在自己身上对欲教授的理论进行试验,以确保传授给他人的是牢不可破的学说。因此之故,孔子曾多次为官,以求通过亲身经验确定治国之策(regnandi praecepta)。

孔子不是中国哲学创立者

早在孔子之前,中国人的国家就凭借其优良的法律建制而盛极一时:因为君主们均通过自己的言谈和表率向臣民树立最高完满之规范;无论天子诸侯、还是大夫庶人,其子弟自幼便随传授道德的教师文士养习优良习常,及至成人,又教之以善恶之知识;君臣无不在追求德性之荣耀(6)。所以说,中国人之古先圣王同时也是哲学家:无怪乎柏拉图认为,一个由哲学家、或者研究哲学的君主治理的国家才是幸福的!

注释(6)

(6) 我在这里所说皆以卫方济文本为据,他在译文之前的导言部分对其所译中国经典的论述进行了结构梳理ⅹⅳ。下文中凡

---

① 译者注:此句是柏应理对《论语·述而》述而章"述而不作,信而好古"的转译,沃尔夫引用时稍有改动。

以史实为基础的内容,除部分引自中国注疏家为经典所写序言外,其他皆出自这里。

中国哲学的创立者们

其中首屈一指便属伏羲(7),中国人尊其为科学与帝国之奠基者。其后为神农(8)、黄帝(9)、尧(10)和舜(11),他们使伏羲所立建制日臻完善,最后至夏、商、周(12)朝之列位帝王,他们则使政制和法律达至最高完满。

注释(7)—(12)

(7)伏羲于基督前2952年[xv]创立帝国。既然所有中国科学之基础皆归功于他,那么如若人们能通过我的注释了解这位哲学王(Imperatoris Philosophi)之不凡,则我以下要说的就是切题的。伏羲视天下为一家[xvi],并希望君臣关系如同父子关系一般。这一关系就是一个常比(constans ratio),天下万物均可按照它被规定。伏羲运用"还原原则"(principium reductionis)——我们认为这一原则在以经验为基础的发明技艺方面具有极为重大的意义[xvii]——通过观天地亲自制定出能正确治理人民、国家的法度,参见柏应理"绪论"第七十六页[xviii]。柏应理在"绪论"第三十四、三十七页中也提到同样的内容,从中可知,伏羲惊叹于天象、地法,于是孜孜不倦、以求则而象之。如果你仔细研究一遍,我确信你一定会对伏羲思想中那出人意料的深度感到惊叹。伏羲既然熟知天文,也就认识到:日月星辰于永恒运动中往复,法象于运动中可见。日月星辰也就不是无规则地四处运动,天穹也具有确定的规律。至于上个世纪在我们这里由极为聪明的开普勒[xix]所发现的规律是否就是伏羲所观察到的规律,我则不确定;虽然伏羲似乎猜测到了某些相似的东西。尽管每一颗行星都有不同的运转周期,但这些周期都由恒常的法规定、从而也是不变的。由于所有行星受同一法则制约，因此在行星多样性中就存在一种和谐，因而这一运动系统就是完满的。为了使天下符合天道（normam coeli），伏羲努力将天下化为一个和谐的系统：他确信这样就可以使所有人的所有行为都遵从一种恒常的法。因此，伏羲就建立了这一最高的法（supremam ... legem），使上下、长幼、君臣、天子和天下之间都成为父子般的关系。如果你对中国人哲学中所强调的幼对长、弟对兄、下对上、臣对君、天下对天子的义务进行相互比较；那么如果我没弄错的话，你肯定会看到，这些关系皆从父子关系推演而来。因此，哪怕没有任何关于中国人的道德哲学和国家哲学的记忆流传下来，而只有我关于敏智过人的伏羲的伟大意图（intentione）①所说的这些；那么不可否认，只要人们将精要的知识与准确的方法结合起来，这些已完全足够重新构建中国人的道德哲学和国家哲学。这些同样也完全足够让人们去对真正的、中国人的学说和伪造的学说进行辨别，尤其当注释家们的解释显得模棱两可、或者卫方济与柏应理及其同事持不同意见的时候。我们将会在后文ˣˣ对此给出例子，以印证我说的话。立法者（legislator）伏羲扮演着父母的角色、从父母的眼界出发演出诸法，这些法迄今已维系庞大的帝国 4677 年，其人口总数据计已近五千九百万人。参见柏应理"年代表"末尾第一百零五页ˣˣⁱ。这样的结果已经充分证明，如果立法者在立法时保持着父母的角色，这些法会具有怎样的能量和效力。所以，那门令人昏昏欲睡的智慧（oscitans & dormitans sapientia）②可以休矣！那门智慧属于那些个半吊子和许多自以为

---

① 译者注：intentio 的词义除了"目的、意图"之外，还可以是逻辑三段论推论中的"大前提"。

② 译者注：直译即"令人打哈欠、打瞌睡的智慧"，指法律科学（iuris scientia），典出西塞罗《论修辞》（2.33.144）。法律科学与演说术正好相反，演说家让听众热血沸腾，而律师对法律条文的解释则令人昏昏欲睡。

是的人,他们为了有东西加以责难,肯定会装模作样地宣称:如果立法者扮演的是父母的角色,那么法律就不能再称其为法律了;整个国家也会衰落,因为道德的所有可赞性(morum honestas)都会失效。哦! 希望他们别是要在国家科学和道德学说的求证方式上效仿孔子——这些人如果不先通过经验求得确定,就无法对原因进行权衡!①

(8) 神农(Xin num)ˣˣⁱⁱ,生性温和、宽仁爱人、明敏绝伦,是伏羲的天下继位人。他满足了人们为天下之强大稳定而对伏羲继位人的心灵资质所寄予的所有要求。由于他与伏羲没有任何血缘关系,因此他似乎是通过这位王朝创立者的明智抉择才被立为继位人:这在我看来很有可能,因为神农的第五代继位人尧也做出了同样的抉择,他不顾自己的九个儿子、而完全出于德性的考虑立舜为继位人。这样的建制让人无可指摘。因为这些最早的帝王们殚精竭虑要以所能达到的最佳方式建设帝国,并且只有当这种方式通过了检验,他们才会奉之为圭臬,这样才不至于偏离正确的道路;因此,只有当他们每一位都能确定,自己的继位人既怀有与自己一样的想法、又具备完成艰巨事业的能力,他们才可能达到所追求的目标。

(9) 黄帝(Hoam ti)ˣˣⁱⁱⁱ,在伏羲和神农初定天下之后,于基督前2697年开始统治天下,并紧随先王们的足迹,为科学、技艺和交通往来的发展殚精竭虑。他十二岁时便被诸侯拥立为天子,在位达一百年之久。

(10) 尧,中国人的第五位帝王,于基督前2357年开始统治天

---

① 译者注:参见沃尔夫注释5。沃尔夫视经验论证和推理论证为两种求真之法,他认为孔子是通过经验求真理,而他自己则只需要通过正确的推理就能求得真理。但需注意的是,沃尔夫哲学其实恰恰最为强调两种方法的互不相离。此处,沃尔夫意在讽刺这些法律学家,因为他们无法看到伏羲所立之法的正确性。

下。当然在尧之前,即基督前2597年直至2365年帝喾去世,少皞(Xao hao)、颛顼(Chuen hio)和帝喾(Ti co)也曾继天立极,他们为国家之完善也倾尽了全力,因为——我们先不提他们为以最佳方式建设帝国所做出的其他贡献——少皞建立城邑、筑起城墙,颛顼很早便引入历法,帝喾立官师(publici praeceptores)以教化人民、作声乐以激励人民互相团结、崇尚德性;而尧则尤尽心力,以求通过最佳的法律来巩固由先王们以最佳方式建立起来的国家。尧不仅确立了延续至今的六宗,还作为立法者制定了五刑、以威慑住妄佞之人的作恶之念。参见"年代表"第二、三页。

(11) 因为尧完全清楚,自己需要的是一个与自己相似的继位人,所以他从田间请来舜——一个因孝(obedientia)而闻名的人——委以官职。尧通过三年的客观考察看到,舜有极高的天资禀赋;之后便命其摄行天子之政,立其为继位人。舜紧随尧的足迹,又补充制定了各项必须的法律。中华帝国的列位先皇古帝均不曾仓促立法:只有那些通过大量经验被证实有效的东西,他们才会立为法律。因此,立法者们也不会让自己置身法外;而是首先将法确立为自己的行为规范,然后才向臣民颁布。正因如此,中国人的早期立法者尧、舜才成为后世君王的规范和表率、至今仍被人称颂,并且孔子也是以他们的言行为基础才创立了自己的哲学。见"年代表"第三页和"孔子生平"第一百二十页。

(12) 夏、商、周这三个王朝——其谱系已由柏应理在一个备有注释的专门表格中列出——不论是在时间绵延、有效治理方面,还是在德性声望方面,都远远超过以后所有的朝代。见"年代表"第八页。依据卫方济的说法(注释6),我认为,中国人的皇帝们使政制和法律达到了他们所达到的最高完满,而且在"年代表"[xxiv]中也可找到支持这一观点的论证。夏朝由大禹(Yu cognomento Magnus)建立——大禹是颛顼第五支脉的后人,舜不顾自己的儿子而选择大禹作为其继位人。夏朝的统治自基督前2207年始,至基督前1766年终。第二个王朝商朝由第一帝黄帝的第七十代后人成汤(Chim tam)建立,商朝的统治持续至基督前1121年。最后,第三个王朝的建立者是武王(Vu vam),该朝的统治至基督前254年止。在所有位列于杰出统治者的帝王之中,夏朝除了有建立者禹以外,还有少康(Xao cam);商朝除了有建立者成汤以外,还有太甲(Tai kia)、祖乙(Zu ye)、盘庚(Puon kem),尤其还有武丁(Vu tim);周朝除了有建立者武王以外,还有成王(Chim vam)、康王(Cam vam)、宣王(Siuen vam)和灵王(Lim vam)。由于国家皆因前代帝王的腐败统治而衰落,所以他们的成就主要都集中在对国家的重建上。

中国人的国家亦曾衰落

然而人类命运何其多舛!中国人的智慧及其在治国方面的明智几乎再未达至如此高度,二者自此便日渐式微、几乎消失殆尽:因为君主偏离德性之道,漠视先王苦心创制之法;学校教师也不复行教师之职;民皆尚不良之风,沦于罪恶之境(13)。中华帝国其时之面貌不可不令人悲叹!君王丧失其本,即德性和明智;法本为保障民生而立,却被彻底践踏;学校本为子弟学习优良道德、成人行正道所设,却也近乎败落;最后,民皆沦于惰情声色、堕入歧途——各位听众们,面对这些,谁会不痛心?然而正是由于中国一度混乱至此,

注释(13)

(13) 从帝国第一位创立者(Conditor)伏羲到第一个王朝的建立者(fundator),之间相隔745年,这些时间全部花在了帝国的建设和稳固上,以此避免任何仓促的立法。要么是皇帝们在位时间长,要么是他们指定那些具备完成艰巨事业的能力的继位人,这些都是行之有效的方式。然而,自从天下稳固、禹之子夏后帝启(Ti ki)被诸侯拥立为天子后——被指定的继位人未经考察、而通

过世袭继位——许多皇帝身上都缺失以往的道德,人民也跟着他们学样。比如帝启之子太康——正如"年代表"第四页所写——耽于享受、狩猎,不问政事。堕落的帝相(Ti siam)将统治权交给诸侯羿(Y),羿又交给寒浞(Hanzo),羿最终又被寒浞篡杀。帝槐(Ti hoay)荒淫惰慢,政事任由群臣摆布。同样无道的还有帝廑(Ti kin)、孔甲(Cum kia)、帝皋(Ti cao),及至夏朝最后一位君主桀(Kie),更是集荒淫、残暴于一身。同样的状况又在商朝统治时期重演,小辛(Siao xin)耽于奢靡惰慢,其弟小乙(Siao ye)大有变本加厉之势。祖甲(Zu kia)及其子廪辛(Lin sin)的道德更是彻底败坏;武乙(Vu ye)甚至渎神亵天,及至商朝最后一位帝王纣(Cheu),则荒淫无度、残暴成性。第三个朝代周朝的第四位帝王昭王(Chao vam)耽于狩猎、不问国事;懿王(Ye vam)亦不理朝政。厉王(Li vam)则暴虐奢傲,以至于为了躲避愤民袭杀,竟不得不出奔。幽王(Yu vam)则是个堕落荒淫的君主。此后,诸侯纷争便导致天下崩坏。贞王(Kien vam)时期,出现了动摇道德科学(scientia morum)的各家流派:墨子(Me)打破了中国人基于明智所建立的义务等级,强调一种对父母也无等差的兼爱;杨朱(Yam)则主张重己①ˣˣᵛ。孔子正是出生在这个时期。见"年代表"第五页至第十三页对帝王作风(mores)、行为的简短描述。我毫不怀疑,如果我们手头有中国人的编年史,那么我们在该演讲中以卫方济为依据所讲的全部细节,便都可以通过例子被阐明、并被特别证实。

孔子重建中国人衰落的国家

才有孔子(14),其德、学过人(15),应天命而生(16),始救苍生

---

① 译者注:参见《孟子·尽心上》:"杨子取为我,拔一毛而利天下,不为也。墨子兼爱,摩顶放踵利天下,为之。"

于乱世。孔子虽命中注定不能以帝王之声名(17)立治乱之国法、示民以所立之法、又使民守所示之法,但他却能克尽教师(18)之使命。因此,孔子虽不能行其所愿,却已行其所能。凡从其才智所发者,孔子无不践行,不仅为守教师之职、更为扬教师之道。

注释(14)—(18)

(14) 孔子生平由柏应理撰写,置于《中国科学》之前,自第一百一十七页起。孔子于基督前551年出生于山东省,其父叔梁纥(Xo leam he),陬邑大夫,其时七十岁,孔子三岁丧父。孔子六岁时就已经不以儿童游戏为乐①,十五岁便有志于读书、思考(见注释5)。在学习了国礼(ritus civiles)之后,孔子于十九或二十岁娶妻,之后生一子,其子先孔子而亡。孔子在各地为官,均享有极高声誉。尽管时而有奸人构陷其生命,时而生活又陷入极端窘迫,但孔子仍孜孜不倦传播自己的学说。世人赞颂其德性有:矜②、克己、信、义、温和、轻财货名声、诲人不倦、谦虚、自省。孔子七十三岁梦后七日而卒③。孔子身极长,体硕,眼巨,声沉如雷。

(15) 通过对经典的仔细研读,可以看到孔子的德性,因为这些经典包含了他的学说、记录了他的许多言行。然而,如果我们想在这里对这些一一进行盘点、并通过文献加以证明,那就超出范围了。也许我们以后还有机会,来更好地完成这个工作。

---

① 译者注:《史记·孔子世家》:"孔子为儿嬉戏,常陈俎豆,设礼容。"

② 译者注:参见《论语·卫灵公》矜而章"君子矜而不争"(Philosophus est quidem severè retinens gravitatis, at non asper & intractabilis etc.),柏应理译本第三卷,页114。

③ 译者注:参见《史记·孔子世家》:"子因叹,歌曰:'太山坏乎!梁柱摧乎!哲人萎乎!'因以涕下。谓子贡曰:'天下无道久矣,莫能宗予。夏人殡于东阶,周人于西阶,殷人两柱闲。昨暮予梦坐奠两柱之闲,予始殷人也。'后七日卒。"

（16）我可以毫不迟疑地确定，孔子乃应天命降于中国人、以重建乱世。我已在《对上帝、灵魂和世界、以及一般存在者的形而上学思考》宇宙论一章中[xxvi]表明，宇宙万物不仅通过动力因（per causas efficientes）、而且还通过目的因相互联系。在自然神学中[xxvii]也已证明，上帝又使万物服从自己，并按照他所拥有的最高智慧，使由被造物之罪（creaturae vitium）引起的恶能朝向善的目的；上帝允许恶，即便他并不赞同恶。正是当天子、庶民的堕落道德（degeneres mores）使天下危在旦夕的时候，当杨朱、墨子推翻了实践哲学基础、提出导致道德败坏（mores pravos）之教义的时候（见注释13），孔子才恰好出生；因此，既然孔子具备了时代精神（seculi genium）对重建者所要求的一切心灵资质，我就将孔子之降生敬为天命之结果，这样我就从诸间接因（causae secundae）连续上升到了第一因（causa prima），并对万物间的智慧联系感到满意。

（17）孔子是中国人第一帝黄帝的直系后裔——夏、商、周三家也均是黄帝的后代，我们在前面讲过（注释12）。这在夏、商、周三朝"谱系表"中清楚可见，尤其是商朝谱系表，见第四页。在对此表的注释中，即第五页，柏应理指出，孔子的儿子及其后代直到现在还保有着家族荣誉（splendor familiae），截至1683年——也即柏应理写此书之时——孔子第67代传人仍袭衍圣公爵位（Ducis titulo）、并作为唯一被豁免税赋的中国人居住在孔子出生地山东省曲阜。"孔子生平"第118页也同样提到，孔子家族世世代代至今享有特殊的权力和声名。当然，统治者从其父继承而来的声名才是中国人中最高的——按照"年代表"，天子位为父死子继或兄终弟及。尽管孔子认为他将会拯救斯世，但孔子并没能像伏羲、尧和舜那样掌握权柄、统治天下。

（18）孔子竭尽所能，一心只为完成教师之使命。因此，孔子在任官时曾多次自愿离职，每次都是因为他看到有不可逾越的阻碍，使得他不能很好地造福民祉、传播其有利社稷的学说。最有名的例子就是柏应理在"生平"第118页所讲，当孔子在鲁国管理国家之时，鲁君却纵情于声色。

中国人的古代基本学说

当时之世，由身为天子和诸侯的古代哲学家们所牢固奠立的学说已经深深扎根于中国人的心中，因此天子诸侯之表率就是臣民的行为规范。正是由于古代天子诸侯挑选堪为表率的东西作为他们自己生活和治国的标准，所以他们才凭借在道德方面的可亲可敬和在治国方面的最高明智，至今都为人们所一致称颂。

孔子从何处吸收并创造了自己的学说

因此，孔子对古代天子诸侯的史书(19)进行了细致研究，并对他们在生活和治国的正确规范方面所制定、并且通过他们的表率所巩固的所有东西进行拣选，接着，孔子又对自己以极大努力所拣选出来的东西进行了一而再、再而三的思索，最后才将这获得充分考察和亲身验证的东西(20)教授给学生，从而传给后世。看，孔子不是中国智慧的创立者、而是重建者(21)！而这位哲学家也并没有造出生活和治国的新规范(22)——尽管他自己并非不具备才智(23)——这是因为孔子不会被虚荣心所左右(24)，而只会萦萦于民祉民福(25)：

注释(19)—(25)

(19) 中国人在史书撰写上投入了极为惊人的心力。柏应理在"前言"（第二部分，第四节，第69页）中说到，皇帝会亲自挑选史官，并委任他们将所有事件及时记入史册。当然，他们不会由于希求奖赏、或者畏戒(metu)惩罚而在记录事实时有所保留,因为这些记录要到这一朝代统治结束后才会被公之于众——此实乃明智之举。因此,中国人的史书具有极大的可靠性,并且在中国人当中享有极高的威信(auctoritas)。正是出于这个原因,柏应理想从帝国之建立出发为中国史书之可靠性进行辩护,尽管这一编年方式与我们这里通行的计算并不完全相符。而且传教士们也认识到,如果你想对中国人所确信无疑的东西提出质疑,那么你在中国宣传基督宗教也会遇到很多障碍。此外,因记录精细而令我们极为赞赏的中国史书还服务于道德科学和国家科学,因为人们可以从中明确把握到行为与后果之间的联系(factorum & eventuum nexus),而这则很难从我们通常意义上的历史中①通过推论得出。这样就可以理解,为什么孔子在研究道德科学和国家科学时,要花费如此多的心力去研究古代史书。而且,伏羲、神农、黄帝、少暭、颛顼、帝喾,尤其还有尧和舜,这些创建、并稳固帝国的帝王们都在德性和国家明智上垂范后世,所以人们才能够以他们的行为为基础,在道德哲学和国家哲学研究上取得长足进步。尤其对于孔子这样严谨细致的人而言,一种学说之成立更是必须以其在实践上能为人力所及(in potestate)为前提。

(20) 关于这位哲学家,柏应理在"孔子生平"第119页写道:"孔子以著述所授,无不首先在其道德和生活中得到体现。他的许多高徒都可为此作证,他们作为见证者将孔子的一言一行传于后世。"如果传教士们已经毫无保留地向欧洲人完整地描述了孔子生平的话,那么他们便做了件非常有价值的事情。因为这一展示了孔子所有言行的生平应当被视为道德科学和国家科学之宝库(thesaurus),而从希腊哲学家那里流传下来的文本则不能与之相

---

① 译者注:关于历史书,参见沃尔夫,《逻辑学》(*Logica*),Pars II, sectio III。

比。从中华经典中也可找到许多涉及孔子生平的段落。

（21）参见上文（注释 5）。此外，"孔子生平"第 120 页还提到，当时有人称孔子天赋智慧，孔子听说后并不乐意，并公开说道，他所教授并非一己之学问，而是古人之学问，尤其是他所赞赏的尧、舜之学问①。

（22）我们的哲学家②之所以受到赞扬，是因为他不会不经研究便摈弃古学（antiqua），凡通过验证者，他都会保留、并讲授给学生。如果你再看看中国人的心性和道德，还可找到更多具体的理由。古代在中国人心中具有重要意义；帝国的创建者和立法者都在他们当中享有极高威望。新学（nova）只有与古学相谐和，才予以接受。在他们看来，凡已多次被验证为可靠者，一定比其确定性尚需检验者更加牢靠。我感到遗憾的是，我们这里的人却打着"哲学自由"的旗号引入了一种与中国人之心性完全抵牾的道德，他们轻视古学，只因古学不是新学，古学还未接受检验便遭到这些哲学初学者们的嘲笑，他们急于打造出新哲学，以便能尽快挤入人师行列。无论如何，我很喜欢孔子的学问原则：在判定古学的价值之前，先要对其进行仔细衡量；对被把握为正确者，不会加以拒斥，而是加以保留、进行强调；新学只有与古学之真理相谐和，才予以接受。不应对哲学进行持续地更新；而应对其进行改善和进一步完善——无论是着眼于方法、还是着眼于事物本身。该原则亦会受到数学家欢迎，这也正是为什么数学学科取得持续进步的原因。

（23）我们的哲学家具有敏锐的判断力，有其言为证；他还具有与明敏（acumen）相结合的才智（ingenium），有其隐喻之言和洞

---

① 译者注：参见《论语·述而》我非章"我非生而知之者，好古，敏以求之者也。"

② 译者注："我们的哲学家"就是指孔子，就像经院哲学家在说"哲学家"时指的就是亚里士多德一样。

见之语为证,同样可以作证的还有他对其他人言语的模仿,尽管乍看之下并不相似。正如我在别处指出过,才智是一种观察相似之处的能力(similitudines observandi facilitas)[xxviii],当它不是用眼睛、而是用探究隐秘的心灵之判断力去发现相似之处时,它便与明敏相结合:而当才智与明敏结合,就不可能不产生敏锐的判断力。下面还会有很多关于孔子判断力和才智的例证。若有谁对这些内容不满意,可以自己去研读卫方济的《中华帝国经典》,或者传教士们的《孔子》,以兹补充。

(24)柏应理在"孔子生平"第119页提到:"我们的哲学家非常谦逊,他不仅在谈及自己和私事时表现谦卑,甚至还公开说道,他没有做到学而不厌和诲人不倦①,没有始终注意改善不足,也没有努力追求和践行德性②。"他并不借自己的学说追求赞颂,而是公开宣称自己不是所授学说的作者。在向其他人传授学说之前,他先以自己的道德去展示这学说,这也说明了他的谦逊(注释20)。与此相关的是,他努力强调,即使在野蛮和未开化的人们那里,即便那里的人们毫不重视德性的价值,也一刻不能放弃对德性的追求。见《中国人科学》第3卷,第7部分,第95页③。还有其他我们出于简短的考虑而省略掉的例子。我再补充一点,由于孔子不喜欢那些虚浮的赞扬,他曾明确否认自己在德性上达到了最完满和最高的程度。见柏应理"生平"第120页。

---

① 译者注:参见《论语·述而》默识章"默而识之,学而不厌,诲人不倦,何有于我哉?"柏应理文本采用的应是朱熹的解释,即"何有于我,言何者能有于我也。三者已非圣人之极至,而犹不敢当,则谦而又谦之辞也。"(《四书章句集注》述而第七)

② 译者注:参见《论语·述而》德之章"德之不修,学之不讲,闻义不能徙,不善不能改,是吾忧也。"

③ 译者注:此处引自《论语·子路》樊迟章"樊迟问仁。子曰:'居处恭,执事敬,与人忠。虽之夷狄,不可弃也。'"拉丁译文。

(25) 孔子是帝王后代(注释17),因此对他而言,在一国取得显赫地位、并以此终老算不得是什么难事。当然,正如柏应理在"生平"第118页提到,他曾几次出仕,成就斐然;但这完全是为了公众的利益和学说的推广。由于他未能克服障碍、达到他所设定的目标,所以他自愿请辞。柏应理以可信度极高的中国人史书为依据(注释19),证明了这一点,"他以极大的热情、不知疲倦地在整个帝国推广其济世之学,鞠躬尽瘁",由于他的"热情难以在祖国完全施展,他多次想周游列国"。如果这些还不足以让有些人相信,孔子心系人民的幸福;那么他们可以再认真仔细地读一读孔子的其他言行,这些均记载于《中华帝国经典》之中。这些不仅足以让我相信孔子确实心系人民;而且还让我确信,和他心系人民一样,他还心系整个人类(universum genus humanus)。我们的哲学家有想去列国讲学的愿望,这就足以证明这一点,尤其当你考虑到,中国人持有这样的观念,他们认为其他所有民族都是野蛮的、从而缺乏真理之光(注释2)。

孔子之威望

无论在当时、还是在今天,孔子都享有很高威望,在其讲学之时,有三千弟子投入其门下(26),至今他都受到中国人的尊敬(27),就像犹太人对摩西(28)、土耳其人对穆罕默德(29)一样,当然也像我们对基督(30)一样——就我们敬基督为(31)上帝派给我们的先知和教师而言。

注释(26)—(31)

(26) 孔门弟子之数量已在经典中给出,在我们这里也广为人知。柏应理在"生平"第119页提到,这其中有五百人曾在不同国家从政;在德行与文学上出类拔萃者有七十二人,其中又有十人尤为出色①。

(27) 孔子至今仍受到中国人的极大尊敬,这一点毫无疑问。柏应理在《孔子》绪论第13页说:"在欧洲人当中,没有一个哲学家像孔子在中国那样被赋予如此长久的威信,甚至连阿波罗之德尔菲神谕也未有此殊荣。"他还说,我们的哲学家甚至在中国人的邻邦也享有同样的威望。他在"生平"第121页提到:"在每个城镇都建有尊孔子为师的学校,每当士大夫②从学校门前经过,都会从一种那里通常抬举着的、高大威严的轿子里庄重地出来,步行走过这段路。"他说,在学校的匾额上都有鎏金大字称其为"先师"、"文宣王"、"至圣"等。汉、隋、唐、宋以及元代的皇帝都赋予孔子几乎"超越凡人的赞誉"(supra laudes humanas)。他还承认,中国人会在刻有孔子言语及其弟子姓名的碑前行跪拜礼。我们知道,在耶稣会传教士和多明我派传教士之间曾有过一场关于祭孔的争论,后者声称中国人对孔子的崇拜是宗教性的,前者则坚持认为,其只是世俗性的。布德乌斯在其《哲学史简述》xxix第6章,第41节,第93页中似乎是维护多明我派教士的立场,因为他坚称:"如今所有人对孔子是如此敬拜,以至于他们在一场崇拜中就像对待上帝一样对待孔子。"我的任务并不是解决争端,一是因为人们没有亲眼目睹,二是因为多明我派教士用于支持宗教性崇拜论断的证明也不够清楚,而另一方面则可以看到,柏应理在"孔子生平"第122页中给出了支持世俗性崇拜论断的证明。从经典中可以清楚看到,孔子是传授道德的学者,他称自己是传诵者(注释5)。从中当然也可以确定,孔子的弟子们在当时就已经引其为权威,那些为向求学问道者教授孔子言行而建立起来的学校,也足以证明,整个帝国的中国人都尊其为当今大家共同的老师。毫无疑问,由于人们当

---

① 译者注:孔子受弟子三千,身通六艺者七十有二,名列四科者十人。
② 译者注:此处"士大夫"对应原文直译为"学者出身的公职人员"。

今仍信任孔子的威望,因此若对孔子所说表示怀疑、或对其弟子以孔子为例所称进行批驳,就会被认为是不敬(nefas)。对此,永乐皇帝曾颁诏,柏应理在"生平"第123页对其进行过引用:"朕惟孔子帝王之师,帝王为生民之主,孔子立生民之道,三纲五常之理,治天下之大经大法,皆孔子明之以教万世。"①因此不必怀疑,中国人认为孔子是他们共同的、无误的(infallibilis)老师,他传授给中国人关于道德和国家治理的真正学说,并且以身作则,从而人们都引其为权威。孔子之于中国人,正如摩西之于犹太人、穆罕默德之于土耳其人;当然中国人赋予孔子之言行的威望,也同我们赋予基督之言行的威望一样。那些靠着讼棍伎俩的人四处造谣中伤我,说我将基督与孔子、穆罕默德和摩西等观,这就好比说布德乌斯其实是将孔子与上帝(愿这话没有亵渎神!)等观,就因为他称中国人在祭祀中像对上帝一样对待孔子。显然布德乌斯并不赞同中国人对孔子的崇拜,因此他也就根本谈不上是将孔子与上帝等观;同样,既然我们并不承认孔子的无误性(infallibilitas),那么我们也就根本谈不上是在将基督所具有的荣耀与中国人的孔子、或土耳其人的穆罕默德、或犹太人的摩西所具有的荣耀等量齐观。

(28)由圣经可确定,摩西不仅向犹太人授以道德训诫(praecepta morum),还授以世俗律法,此外还教给他们上帝在旧约中所希望获得的崇拜。所以,犹太人认摩西为他们唯一且无误的老师,人们必对其言、行感到满足,若有人所授与其相异,则绝不与闻。因此在我看来,中国人和犹太人的相同之处在于——希望我

---

① 译者注:拉丁译文直译为"我尊孔子为帝王之师。帝王乃人民之主。而孔子为人民立下正确建制(recta institutio),即三种纽带、五种普世德性之规范,以及中华帝国的大平衡与形式(magna symmetria & forma)。孔子展示了所有这些,就是为了教育后世。"原文应出自《明太宗宝训》第三卷"崇儒"一节,见"永乐四年三月辛卯朔。上幸太学先是勑礼部臣曰……"一条。参见《明实录》,中央研究院历史语言研究所影印版,附录之《明太宗宝训》,页196。

的断言不会被说成是偏离真实(ut a vero aberrasse dicendus non sim, ubi asserui)——中国人重视孔子,正如犹太人重视摩西。因为二者俱认为:他们的老师传授给他们正确生活之规范(recte vivendi normam);老师的所言、所行均无可指摘;若有人所授与其相异,则绝不与闻①。故而犹太人和中国人的表面做法(factum)一致。这里我说的是表面做法(de facto),而不是这种做法的合法性基础(non de jure)。我们将中国人的表面做法与犹太人的表面做法两相比较、并看出二者的相同之处,然而我们并不是在比较孔子与摩西,也不是在比较孔子的学说、行为与摩西的学说、行为,更没有说孔子之威望在中国人那里具有的合法性基础,与摩西之威望在犹太人那里具有的合法性基础一样。试问,谁竟会有如此弱的视力,以至于看不到这些?

(29) 土耳其人视穆罕默德为上帝所派遣的最后一位、也是最卓越的一位使者;他们宣称其已免于一切谬误与罪(peccatis);他们认为,即便亚当、诺亚、摩西以及基督所有这些先知——尽管他们的学说各异——都和穆罕默德拥有同一个宗教,但穆罕默德仍然废除了之前立下的一切律法;他们甚至声称,可兰经是由上帝从天上送给穆罕默德的,并且据说上帝许诺将亲自护佑可兰经,使其不被增删,因此他们将那些否定穆罕默德、或者怀疑其言说的人都视为不信之徒(infidelium)。这可在哈德良②这位精通阿拉伯文

---

① 译者注:孔子、摩西俱受到极大尊重是不假,但两种尊重的表现方式却不一样。前一种尊重以独立思考、亲身践行为前提,意在以圣贤为榜样,于己身开出內圣外王之道;而后一种尊重则只需信从。

② 译者注:Hadrianus Relandus(亦 Adrianus Reland, 1676—1718), 18 世纪初荷兰著名的拉丁语诗人和语言学家。少年时便展示出其语言天赋,立志学习希伯来语、阿拉伯语等东方语言,17 岁即获得乌特勒只大学神学博士。1701 年成为乌特勒只大学东方语言学教授,成名作即其《论穆罕默德宗教》(*De religione Mohammedica libri duo*)(Ultrecht 1705, 1717),当时即被翻译成荷、英、德、法诸民族文字,反响广泛。

献的人士所写的《论穆罕默德宗教》第 25,27,31,37,149 页中看到。显然,土耳其人视穆罕默德为他们唯一且无误的老师,赋予其言行以威望,就像中国人向孔子言行赋予的威望一样。我们比较中国人的表面做法和土耳其人的表面做法,则可确定二者的相同之处;但这也完全不是对穆罕默德和孔子的比较,更不是对穆罕默德的学说、行为和孔子的学说、行为的比较。

(30)我们追随基督的神圣学说,视其为我们唯一的老师,他不仅给了我们生活的训诫,还指明了追求永恒拯救的道路。我们坚信,基督是无误的,他的行为是免于一切堕落的。我们将基督的言行立为我们行动的圭臬,并在他的威望中感到满足;由此来看,中国人在对孔子的崇拜上也与我们一致。然而,我们不仅跟苏西尼ˣˣˣ门人一样视基督为我们的老师——因为他向我们授以道德训诫、是我们的德性榜样——而且我们还信基督是救世主和人类的救赎者,并把他作为真正的上帝来虔敬崇拜。这样一种威望并不会因犹太人的摩西、土耳其人的穆罕默德和中国人的孔子而有任何减损。诚然,所有这些不幸的民族都不知道世界之救世主和永恒救赎之计划。因此我加上了一个限定,说中国人重视孔子,正如我们重视基督,是指我们也把基督作为一个由上帝派给我们的老师来尊敬而言,而完全不是指我们把基督作为上帝唯一真正的儿子和我们的救赎者来敬拜和信仰而言。

(31)我加上这个限定,既是因为中国人的其他做法与我们的并不一致、从而该限定是必要的,也是为了避免给人造成不慎陷入苏西尼派谬误ˣˣˣⁱ的印象。此外,显而易见的是,我们是在如上提到的限定下来将中国人的做法同犹太人、穆罕默德信徒①和我们基督徒的做法进行比较的;按我的判断,没有人能够以正当理由来攻击这样一种比较。如果有人罔顾理性(praeter rationem)寻衅

---

① 译者注:Mohammedanus,也即通常所称穆斯林。

攻击,那么他就是无视我们的做法、无视犹太人的做法,而只是重复了穆罕默德信徒的做法。他甚至也会无视穆罕默德信徒的做法,而和柏应理一样认为(注释 25[xxxii]),还没有一个民族像中国人重视孔子那样去重视一个哲学家。我已经在演讲中补上了这个限定,为的是不给猜忌之人留下断章取义之把柄——如果没有什么特别的原因一定要将演讲按照原本的样子出版的话。著名神学家海涅基乌斯[xxxiii],我演讲时他在场,他认为任何一个具有不受情感冲动(affectuum impetus)左右之心的人,都无法攻击我所说的内容。然而,由于我不想引发争论、而宁愿把时间都花在认识真理、改善自己和他人上,所以我的文字都颇具善意。因此,究竟是将中国人的做法与这个抑或那个民族的做法进行比较,还是不做任何比较,这些其实都不是重点。

孔子学说之命运

然而,孔子在当时并未能使优良的政制与道德在中国蔚然成风;并且在他生前身后,中国都曾经历过这样的时期:学者们在明敏与才智上远输孔子,在学问上也难以企及这位顶尖哲学家的高度和深度;帝王们不再钦仰经由孔子之才智发扬光大的古先圣王之懿范;全民皆不再行孔子这位高瞻远瞩的导师(32)所示之道,而步入歧路。但讨论这些兴衰更迭并非我们此刻的目的(33)。

注释(32)—(33)

(32) 我说孔子高瞻远瞩,是因为孔子只向他人传授自己已亲身践行的道德(注释 5)。人们很难再找到像孔子一样的老师了!在我们的时代,老师们总是在还未慎重权衡的情况下,就急于对困难的事物下判断,以便对其价值进行判定;他们甚至在还未能理解双方论证的情况下,便因自己在裁决争端时的裁判官角色而洋洋得意起来:他们更不会亲自去检验那些传授给别人的道德教化之内容。凡研读过中华帝国经典的人,必从中找到许多原因,为什么人们会毫不吝惜地称孔子是高瞻远瞩的导师。

(33) 年代表对此有一些叙述。从中可看到,孔子去世后不过数年,贞定王(Chin tim vam)的儿子们便相互残杀以夺取王位,考王(Cao vam)以降诸侯之间的战争又持续近三百年;始皇帝生性残暴,不听劝谏,诛杀二十多名贵族,下令焚烧除医书、法律书以外的所有书籍,对学者暴虐残忍;惠帝(Hoei ti)的不明智使得政府落入其治国无方(per nefas imperanti)的母亲手中,惠帝死后,吕后(liu heu)(其父善相术)违犯所有法律(jura),实一凶狠狡猾的妇人。帝国的状况从孔子死后直到武帝——一位学问与帝国的复兴者——历经了近三百年的混乱。孔子早已知道,正如《中国科学》第二卷、第 84 页所写,为什么民如其君。因此,由公共状况(status publicus)便可对私人状况(status privatus)做出判断。

作者的计划

为了开始我们这项令人荣幸的研究,并向诸位听众展示这一值得你们注意的研究,我们将深入考察中国哲学的秘密,并将那些隐藏着的、也许是任何人都难以达至的(34)道德和政制之最终原则挖掘出来,再对这些被挖掘出来的原则进行解释,最后对经过解释的原则进行评价。

注释(34)

(34) 因为我发现大众认为中国人的学问不太重要、比较普通。有这样一些人,他们大胆宣称,不必为中国人智慧之故前往中国,这些智慧可以在我们的哲学家那里学得到;然而在这些哲学家所传授的道德哲学和国家哲学中,我仔细搜寻,也没发现任何能与中国人的学说相比的内容。甚至柏应理在绪论、第 13 页中也似乎将孔子列在苏格拉底、柏拉图、塞涅卡和普鲁塔克之后,在第 14 页中还称,相比于欧洲式的精致与美好(elegantia & venustas),孔子的作品显得粗糙、不精细(impolitum)。即便从方法来看是这样,但如果你追溯孔子言、行的普遍原因,则可把握到孔子学说本身的深刻性。孔子之言、行所指向的是普遍规则,孔子通过这些规则所表达的内容,就体现在其《中庸》(immutabile medium)一书之中。由以上可知,中国人努力让个体宇宙(microcosmus)相应于全体宇宙(macrocosmus)[xxxiv],让帝国可还原为天、地之法象(注释 7)。在全体宇宙中有诸规则,物体之运动便由这些规则得到规定,诸普遍原则就内在于这些规则之中,而诸普遍原则的最终原因则在神的智慧及其诸属性之中——这一点我将会另加证明。在个体宇宙中也有诸规则,具有理性的人便按这些规则来规定自由行为(actiones liberas),而这些规则便被名以"自然法"(leges naturales)。诸普遍原则也内在于个体宇宙中的诸规则之中,而诸普遍原则的最终原因则在作为首要可能者(prima possibilia)的各种神圣属性之中——这一点我们也必须加以详细阐明。中国人洞观到了(perviderunt)其中一些普遍原则,即便他们没有认识到它们的源头、没有前进到那些最普遍的原则。

敬请注意和关心

请注意,听众们,谢谢你们的耐心,请注意听,如果你们不相信我有胜任这项困难工作的才智,还请给出你们对我这份鞭策的依据,这样我才能一一作出回应。我们将要讲的这些东西,它们喜爱天生的美好,通过这美好,好奇于高级事物的心灵便能得到快乐(35);它们无需语词的瑰丽奇崛去讨好心灵空洞者的耳朵。请原谅,如果我使用了鄙俗的说话方式,或者如果我模仿那些雕塑家在用石头雕塑美女之前先将其裸体描绘了出来,因为这都是为了将——自然在外形中所彰显的智慧之力量,与爱慕自然的技艺在模仿中所彰显的勤奋之力量——这二者以可见的方式相互联结起来,从而最终使聚精会神的双眼得到愉悦、使充满喜悦的灵魂得到满足。

注释(35)

(35)我们处理的是具有重大意义的诸真理,也即这样一个民族的道德哲学及国家哲学之诸原则,这个民族繁荣至今、极为古老,自古以来便富有教养,并且由于她与其他民族没有任何交通往来,因此她具有相当独特的、存续数个世纪的道德和建制(moribus ac institutis),甚至为了使祖传的道德免受败坏,她还曾一度禁止对外交往。

中国人智慧的试金石

中国人的智慧自古以来举世公认,为了对其诸原则(36)进行仔细地检验,听众们,我们需要一种试金石,从而能够区分真原则和假原则,按照各自的价值对每条原则进行判定。你们知道,智慧无非就是幸福之科学(37),只有在最好的国家采用最好道德的人,才享受得到这样的幸福(38)。你们有谁会对此表示怀疑:智慧之诸原则若与人心灵之自然相一致,则必被视为真;若与人心灵之自然相抵牾,则必被拒斥为虚假(39)?凡内在于事物者、或者以某种方式发端于事物者,其原因必须从该事物之本质与自然中求得(40);与此相似,凡依赖于我们心灵者,其原因也无非从我们心灵之自然中被给出。如果有谁命令别人做某事,其原因却不能由人心灵之自然得以显明,那么就可以说,他强制别人做不可为之事。

注释(36)—(40)

(36)我们只考虑普遍原则,因为目前的写作计划还不允许我们下降到特殊原则。我们只讨论接下来的这些原则，一方面是因为中国人并未再进一步考察特殊原则，另一方面是因为对特殊原则进行解释会偏离目前的写作计划。

(37) 莱布尼茨曾在《万民法典》导言中[xxxv]给"智慧"(spaientiae)下过一个正式的定义，即：智慧是幸福之科学(felicitatis scientia)。实际上我也曾在《普遍实践哲学》论文中[xxxvi]将"智慧"定义为心灵之一种能力(potentiam mentis)，心灵凭此能力构建其行为之最终目的、运用达到该目的之确定且最优的手段、并能合理安排诸种中间目的以顺利导向最终目的。我在德语哲学作品中也使用了同样的定义，因为我发现该定义可以很好地用在哲学证明里。当然，我也在《道德哲学》第 325 节[xxxvii]里指出，莱布尼茨的定义能够从我们的定义推导出来，因此莱布尼茨的定义与我们的定义相一致，并且两种定义也都与真理相一致。

(38) 我们在这里说的是世俗幸福(felicitate civili)，此为国家之目的。按照柏应理在"绪论"第 72 页所说，除了尘世幸福以外，中国人并不知道其他需要全力追求的目的。

(39) 经院哲学家称行为内在的可赞性和可恶性为"客观道德性"(moralitatem objectivam)，并且这也是由最古老的哲学家所认识到、并被神学家极力维护的一种观点。这些我们都得承认，因为例子都摆在那儿。实际上可以确定的是，"客观道德性"正是通过行为与理性自然本身(cum ipsa natura rationali)之相一致或不一致来定义的。因此格劳秀斯(第 1 卷、第 1 章、第 10 节、我这里第 6 页)[xxxviii]将自然法(jus naturae)定义为"正确理性之命令(dictatum rectae rationis)，它表示某行为由于与理性自然本身之一致或不一致所具有的道德可恶性或道德必然性，从而该行为被创造自然者上帝禁止或允许"。我已经确认了这一正确的看法，并因此强调，凡道德科学所规定与理性相一致者，必须从其与人类自然之一致出发来对其进行判断。中国人的诸道德原则也不违背这一试金石。孔子自己就认识到，与理性自然相一致者就是行为之规范。他在《中庸》——即《中国科学》第二卷第 40 页——中明确宣布：与理性自然（naturae rationali）[性]相一致者，就是行为必须引以为准的规则（regulam）[道]，该规则与理性相一致，并且德性教育（virtutisdisciplinam）[教]即在于，我们按照该规则来引导自己和自己的行为①。因此，我们按照孔子自己推荐给我们的这个规范来检查中国人的实践哲学原则，而且孔子自己也遵守该准则，在他试图通过自身道德来展示古人之所定、所说与所行之前，他会先对其进行重新检查。

（40）哲学的开创者们已经知道：本质乃事物之第一被把握者（primum rei conceptum），从本质可得出其他内在于、或可能内在于事物者②之原因。然而，从诸事物之本质出发，只能知道那些必然或总是内在于、或可能内在于事物者。还有一些并非必然内在于事物者却也现实地内在于事物，那么当我们探究其原因时，就要追溯到自然之原因，也即主动力之原因，因为事物之本质或力本身也具有自己必须遵循的诸规则。已知物体之本质就是其结构（structura）或复合（compositio），借此可知物质可能发生哪些变化（accidere）。然而若有一个现实地发生的变化，则还要追溯到运动规则之原因，也即事物之力或自然所遵循的原因。同样，我们能够把握到关于心灵的第一被把握者（primus … conceptus），从中可得出内在于、或可能内在于心灵者之原因，而其主动力则遵循着与运动规则完全不同的规则——这些我已经在《关于上帝、灵魂和世界的思考》xxxix 中讲

---

① 译者注：此段引自《中庸》天命章"天命之谓性，率性之谓道，修道之谓教"拉丁译文，沃尔夫有改动。

② 译者注："其他内在于、或可能内在于事物者"即指依赖于事物之本质的事物之诸属性。

过。那些不会德语、或不想读德语的人,可以研读图密西先生《哲学教程》ˣˡ之"心理学教程"部分,即"形而上学教程"第三部分的第 171 节、第 160 页以下,他在那里对理性心理学进行了综述。指导认识能力的诸法则是逻辑法则;针对欲求能力的法则叫伦理法则或道德法则。然而我们不必要在这里先天地(a priori)对心灵之本质与自然预设任何东西,那些后天地(a posteriori)从一般经验中知道的东西、以及图密西先生在"经验心理学"里讲的东西,其实已经足够了。

对反驳的回应

我也不是不知道,有超人类的智慧之人,也即通常所谓神学家们(41),他们也并非无端地宣称:蒙受神恩(42)者就能够做出超越自然之力的事情(43)。然而无论如何,被神光照亮之人(44)所洞视到的东西也必须与事物之真理相一致(45);这也并不与我们的论断相抵牾(46)。由于人的灵魂能够接受神恩(47)——非此则不能接受外来的神恩于己身(48);从而,人的灵魂之所以能够接受神恩于己身,其原因必然在人的灵魂之本质与自然当中——无论该原因为何(49)。因此,自然之力借神恩之力得到扩展、并被提升至更高的程度,这与人之自然是相和谐的(50)。这样,便没有什么会阻碍我们为智慧之诸原则打造或者设立试金石了,我们只需判断智慧之诸原则是否与人类心灵之自然相一致,如果我们能将原因追溯至心灵之自然中,这些原则便被接受为真,如果心灵中不包含其原因,这些原则便被拒斥为假。而中国智慧之诸原则则与此试金石完全符合。

注释(41)—(50)

(41) 我已经在《政治学》第 367,439 节ˣⁱⁱ 讲过,应当在多大程度上予以神学家尊重,以及君王应该在多大程度上注意给神学家保留足够的尊严。

(42)我们将"神恩"(gratiam divinam)理解为神意在人灵魂中的作用,通过该作用,人的知性被照亮,人的意志被神圣化。与神恩相对的是人的自然力量,即通常所说"自然"。

(43)这里的例子有:认肯(assensus),即重生之人认可了由神启示、但缺乏理性之明证(evidentia)的真理;带来救赎的基督信仰;神学德性;或者愉悦上帝的善工等等。

(44)神学家们在论自由意志的文章中所教授的关于神恩的内容,只能借由启示之光可知,而不能为理性之光所通达。

(45)无论如何,与神圣启示相一致者,也与真理相合。因此,神学家关于神恩的学说无异于他们按照圣经所教授的真理:凡传授与此相反者,则偏离了真理之路。蒙受神恩者能做出超越自然之力的事情,这是与神圣启示相一致的,也是由重生者的实践(regenitorum praxis)[xiii]所证实的。那么,谁还敢否认,这一论断不是与真理相一致?

(46)我们强调诸道德原则与人之自然相一致,这是与理性相和谐的,并不偏离真理。在理性与启示之间,并不存在任何矛盾,因为一切真理都来自上帝,上帝要么通过理性之光向我们打开真理,要么通过启示之光向我们打开真理:那些评论理性与信仰相一致的人们,已经充分地阐释了这一点。

(47)灵魂具有知性,从而能够被照亮;灵魂还具有意志,因此能够被神圣化。缺少这些能力的存在者(ens)则接受不了神恩。这样的存在者就是非理性的被造物,在神恩之国也没有它们的一席之地。

(48)我特意说:灵魂接受神恩于己身。这样,那些断章取义之人就无法指控我让灵魂在皈依时(in conversione)具有了主动性、并犯了"贝拉基主义"[xiv](Pelagianismum)错误。

（49）为什么灵魂能够接受神恩于己身的普遍原因，我已经在注释 47 中给出。但是，其实还有特殊原因，如果你将神恩之作用与灵魂之诸能力相比较的话，就能看出来。由于我们不能说，在灵魂的诸种本质性能力与神恩之作用之间存在着矛盾——在不具备这些能力的被造物那里才存在着这样的矛盾；因此，我们完全可以接受二者间的调和；它并不违背司脱各说的服从能力[xliv]（potentiam obedientialem）。当然，对此还要有更加详细明确的解释，因为我们必须就具体步骤来对整个皈依过程（conversionis negatium）进行仔细考察，然后才能通过灵魂能力给出为什么神恩能在灵魂中起作用的原因。

（50）知性通过神恩而充满光，从而不仅能认识为理性之光所不能通达者，而且还能更加正确地认识由理性之光所能照见的有关上帝和德性者——这与知性并不相悖。我们将在下面详述此点。同样，通过神圣精神之恩，意志就能够好、恶那些借自然之力无法或者很难好、恶的东西——这也不与我们的意志相悖。此论也将在下面详细述及。这里的明证性则在于：任何首先追求自然可赞性、然后认识基督教义之人，都不得不主动承认，神恩令自然更加完满、将灵魂之力提升至更高的程度，本来超越自然之力的事情，也能凭借神恩之力得以发生。你们可以看看中国的例子！柏应理在"绪论"第 13 页提到，有一个人极具中国智慧，并借此获得极高声誉、仅次于皇帝，后来他皈依了基督的教义，当他被问及欧洲人的这种新学说有何作用时，他回答："它增益、并完善了我们的孔夫子、以及我们这些学者的哲学所缺乏的东西。"如果在哲学中以极度勤奋与最大细心去传授借理性可认知者，然后在神学中再去指出哲学所带有的缺陷、并给出通过神学进行弥补的方式，那么这在我看来总是有益处的；因此，哲学之不完满与不足、以及神学之卓越（praestantia）、优先（praerogativa）与必要也是显而易见的。

中国人哲学之第一原则

首先必须强调的是:如果中国人为人的行为规定了什么,或者为德性与道德之践行确立了什么,那么只可能因为他们认识到这些与人心之自然是相一致的。因此毫不奇怪,他们付出的努力都换来了成功,因为他们不做任何有悖自然之事。但凡深入钻研道德事物的人,都能完全认识和观察到:即便人的诸种行为都与律法相符合,但它们各自的动机却仍是各种各样的。

诸懿行之区别与诸德性种类之区别

无疑,心灵要么对由行为引起的人内在及外在状态之变化进行表象;心灵要么将最高神意的诸属性、预见、甚至其权威作为行为动机;最后,或者是由神启示的、缺乏自然明证性的诸真理给出动机,这些真理就是关于人类拯救者基督的诸真理,也即那些被我们认作是我们宗教之基础的真理。那些从行为结果来评价行为的人们,完全以理性来指导自己的行为,他们所养成的德性全凭自然之力(51)。而那些完全依靠理性之光来对上帝之属性和神意之预见进行思索的人们,以该思索来规定自己的行为,他们的德性则源自自然宗教(52)。最后,那些通过由上帝启示的、缺乏自然明证性的诸真理而做出行为的人们,他们的德性则有赖于神恩之力(53)。

注释(51)—(53)

(51) 那种通过由自然之光所认识的内在道德性而让行为与自然法相适的"品质"(habitum),我称之为"哲学德性"(virtutem philosophicam)。然而,哲学德性只是第一种程度的德性:正如哲学虔敬(pietas philosophica)和神学德性(virtus theologica)所证实的那样。

(52) 那种通过由(仅借理性之光认识的)神圣属性和神意预见(providentia Numinis)所激发的动机而让行为与自然法相适的"品质",我习惯称之为"哲学虔敬"。当哲学虔敬与哲学德性相结合时,德性之程度便得到提升,正如我在《伦理学》第 673 节 ⁿⁱᵛ 中展示过的。

(53) 那种通过由神圣启示真理引发的动机而让行为与自然法和神圣意志(voluntati divinae)相适的"品质",我称之为"神学德性"或"基督教德性"。因为我们对神意启示的真理所给予的认肯不是自然之功,而是神恩之功(见注释 43);因此,当我们将这些真理作为动机运用在我们的行为上时,我们就不能将"认肯"算作自然之力的作用,而应算作是神恩的作用。因而,基督教德性也被神学家正确地称为由圣灵之功产生的功效:人类离开圣灵之功便无法追求这一德性。此外还需注意,在诸启示真理中,不仅有针对拯救之功和救赎计划的真理,也有可通过理性之光认识的真理,也即关于上帝及其属性、创世和保存的真理,甚至还有关于自然可恶性和可赞性的真理:神学家称它们为"混合真理"(veritates mixtas),或者——如果你愿意——也可叫做"混合信条"(articulos mixtos),因为它们既可借理性之光、也可借启示之光得到认识。当一个通过神恩重生之人凭神圣信仰所坚定相信的东西,与一个基督社团(coetum Christi)之外的人通过自然之光所追求的东西一样,那么即使二者有着相同的动机,二者间也存在着很大区别。因为由神恩而来的认肯要强于(firmior)由自然之光获取的认肯。一个更强的认肯可产生更强的动机,而更强的动机则产生更强的愿力(propositum),从而你就不会那么容易偏离认肯。无疑,如果有人凭神圣信仰坚定地认为,比如酗酒——如使徒强调过的——会导致一种无序的生活;那么他就会注意到酗酒之恶的内在可恶性,并在任何情况下都绝不酗酒,因为他极为确定地相信,如果酗酒在某些情况下是允许的话,那个受神意启发之人是不会说出这样的话的。然而,如果有人借自然之光认识到不可酗酒,那么在某些特殊情况下,他可能会相信,酗酒并不会破坏有序的生活、或者他能够避免这样的破坏。因而,即便二者具有相同的、由行为之内在可恶性产生的动机,但一个只具有自然之力以追求哲学德性、或神学家所说的世俗正义[xlvi]的人就会做下恶(vitio),而一个有神恩之力相助的人就能抵御这一恶。在哲学虔敬和神学或基督教德性之间,也存在着这样的区别,因为尽管二者的动机都可以由神圣属性和神意预见之功在自然之国(in regno naturae)产生,但是由于这两种德性在认肯方式上的差异,它们具有的强度(firmitatem)就不是一样的。因此,即便哲学虔敬和哲学德性在最大程度上相结合,然而信基督的重生之人的德性,和在基督社团之外了此一生、或虽在基督徒社团生活但却未达神恩之人的德性,这两种德性(译者:即哲学虔敬和基督教德性)也绝然是不一样的,而且二者间存在着很大、甚至最大程度的差别——即便是当(尽管这实际上不可能发生)信基督之人仅仅运用另一个信自然宗教之人所运用的动机。既然对神恩的认肯不是自然之功,而是神恩之功,那么一个重生之人的行为也就不是自然之功,而是通过圣灵才产生的——即便当我们假设,他运用另一个借自然宗教来调和行为与外在自然法之人所运用的动机。需要注意的是,重生之人也不可能只运用在自然之国中由行为之客观道德性和上帝之预见产生的动机,他只会一直运用在神恩之国中由拯救之功和预见产生的动机,从而他因对基督的信仰而做善工。因此,基督教德性也远不同于哲学德性。即便二者的外在行动是一样的,并且都与神法(lege divina)相一致——当然不仅身体上的外在运动(motus in corpore externi)属于人类行为,而且心灵的内在活动(mentis actus interni)也属于人类行为;因此,如果你比较的是其心灵内在行为的原因、甚至心灵的整个内在状态的原因的话,那么两种外在相同的行为也可能有着天壤之别。如果有人以平和中立之心思考我到目前为止所清楚表明的内容,那么他就会发现神学家关于神恩和善工的学说与我们的学说完全不矛盾;而且他还会发现二者是相一致的,从而我在上面(注释 43)所指出的就十分明了了。当然下面还会再详细讲到。关于我在哲学德性和基督教德性之间所做的区别,也可查阅《伦理学》[XVII],在那里该区别是从诸基本伦理原则推导出来的。

中国人具有第一种程度的德性

我们所讨论的古代中国人,他们不知道创世者(54)、没有自然宗教,更是很少知道那些关于神圣启示的记载。所以,他们只能够使用脱离一切宗教的、纯粹的自然之力(55)以促进德性之践行(56)。然而,他们对自然之力的使用却卓有成效,这一点马上详述(57)。

注释(54)—(57)

(54) 对于古代中国人是否是无神论者、是否具有关于 Deus 的某种知识,耶稣会传教士与多明我教会之间有着极大的争论。耶稣会的人要为古代中国人洗脱无神论的污点。柏应理在"绪论"第 2 部分、第 54 页以下竭尽全力要证明,中国人从一开始就不缺少对真正神意的知识和敬拜,并且这些知识和敬拜很可能已经保存了许多世纪。然而,即便那些为数世纪前古代典籍作注的中国注释家自己都声称中国人没有这种知识,柏应理仍然追随中国传教先驱利玛窦,他认为不必听从当代、甚至今后世代注释家的话,因为他觉得他们并没有理解古代典籍。他坚称,不能将中国词语 tien(天)——意即天(coelum)——理解为物质的天,而应理解为天的创造者 Deus。因而,耶稣会教士们也将写有词语(或相应于中国人习惯的汉字) Kiem tien(敬天)——意即尊敬天、祈求天——二字的匾牌挂在了他们的神庙前面,这是皇帝于 1675 年 7 月 12 日在北京耶稣会庙亲笔题写的两个字①。他们迫切宣称,这些词在古代中国人心灵中具有"尊敬天父"的意思——而这正是多明我会和方济各会传教士要反对的解释,因为他们确信,中国人反而会从中得到证明,基督徒和中国人的帝王以及学者们一样敬仰物质的天(coelum materiale)。本世纪初期在福建省之所以发生了这些争斗,就是因为福建宗座代牧颜珰(Magrottus)要求从耶稣会教士庙宇中撤去这些匾牌;此事可参见《特雷武论丛》增刊第 1 卷、第 3 页以下,1702 年出版于阿姆斯特丹。依照中国史书可以确定,第三位中国帝王、或者说帝国创立者伏羲和舜②之后的第一位帝王黄帝,他为"上帝"(Xam ti)建造了一座宫殿或庙宇。既然"帝"(ti)的意思是帝王(Imperatorem)或者掌管者(moderatorem)和主(Dominium),中国人至今都以此名称呼他们的帝王,而"上"(Xam)的意思则是上面(supremum);因此利玛窦已经确定,必须将 Xam ti 二字理解为上天的帝王或主、也即真正的 Deus,从而他坚称,正是出于对作为万物最高创造者和掌管者的真神的尊敬,黄帝才建造了这座庙宇。此外我得说,我写这篇演讲的时候,我还没有看到、因而也就没读过柏应理的"绪论"。当时我手头上所有关于中国的文献就只是卫方济翻译的拉丁文版《中华帝国经典》。既然在这些书中,没有任何关于 Deus 及其神圣属性的字眼,孔子或者其他注释者也没有明确要求任何对 Deus 的责任(officia),比如热爱(amorem)、畏惧(timorem)、信赖(fiduciam)等等;那么,我估

---

① 译者注:此庙为南堂,始建于 1601 年,为明神宗批给耶稣会传教士的住地。康熙皇帝曾于 1675 年 7 月 12 日亲临南堂,手书"万有真源"与"敬天"两块匾额,命悬挂于南堂。

② 译者注:此处应是神农,沃尔夫应是混淆了神农(Xin num)和舜(Xun)两个名字。

计古代中国人并不知道创世者(Autorem universi)。虽然孔子所称的"天法"(legem coeli)就是我们这里所说的"自然法"(legem naturae);但我从中、或也因此并不愿意推论出,必须将"天"理解为上帝或者天主,因为可以肯定的是,这一命名完全可能有其他的原因。正如我们所称的"自然法",就并不源自于上帝,而是通过事物之自然建立的,就像在西塞罗那里说的[xlviii];因此,中国人也可能称自然法为"天法",因为他们也认识到,该法是通过事物之自然建立的,并且他们通过天法达到他们所追求的东西,也即让天的秩序(coeli ordo)成为治理人民和国家的正确规范(注释 7)。当然,也有一些不能归于物质天之属性的东西,例如,不要做任何你希望天不知道的事情;然而这在我看来,并不足以说明中国人那里有对神意的真正概念和对真正神意的敬拜,因为这种比喻的说法可以按照修辞技艺(artis Oratoriae)之规则来理解。对于我来说,更具重要性的是,经典注释家并不使用 Deus 一词;由此我得出结论,中国人并不把天当作 Deus 来理解。而这实际上就是为什么卫方济追求译文忠实而保留 coelum 这一译名之原因,它对应的乃是中国汉字"天"。而我之所以得说古代中国人由于不知道创世者而没有自然宗教,其主要原因则在于:在他们每人都必须研习的经典之中,凡所提到之责任,均无针对 Deus 者,而全都涉及此生之用。而且我也看不出有何理由可以让我不这样认为。自然宗教就在于对真正上帝的敬拜,且该敬拜是从通过理性之光认识的上帝属性及作为(Operibus)中推论得出的。如果没有任何对神圣知识的推求,如果热爱(amor)、畏惧(timor)、尊奉(reverentia)以及对神意的呼求(invocatio)和信赖(fiducia)都并无必要;那么也就没有自然宗教。谁若研读了所有中国经典——她包含了一切形成中国人道德的学说,那么他就会发现,其中无一与神圣知识有关,无一与热爱、畏惧、尊奉有关,也无一与呼求、信赖神意有关。我们在孔子教授完满之最高规范的《大学》(*Schola adultorum*)里未见到对这些责任的传授;在同样按照孔子想法教授小孩子的《小学》(Schola parvulorum)里也未见到。真希望有人告诉我对这些责任的忽视不是因为不知创世者!当然,因为孔子为正义与德性之故极深研几,以求发现适合引导意志的动机,而他都仍不满意;我想问的是,既然上帝属性及其作为一旦被确认无疑,就能最有效地提供动机,那么为什么孔子要与它们保持距离?我当然认为,古代中国人和孔子都不是无神论者。因为否定上帝存在者才是无神论者;而尚未明确地认识何为上帝者,则不能否认上帝。尚未明确地认识任何与上帝有关之事物者,其对神意也就全然不知。我毫不怀疑,无论古代中国人还是孔子,他们都知道有某种创世者(universi autorem);然而我确定,他们并不知上帝的属性。所以,他们有某种关于神意的模糊概念,但还不是明确的概念。而自然宗教需要的是明确的神意概念,因为神圣属性及作为乃是敬拜神意之行为的动机;谁若不知创世者之属性是什么,那么他就没有以这些属性作为其动机的行为。异教徒(Pagani)也如中国人一样不知何为真正的上帝,而且他们还犯了一个有害的错误,将最完满存在者转化为只具有不完满性的偶像。因此,异教徒也如中国人一样没有对上帝的自然敬拜(cultu naturali),但他们还错误地将其转化为相应的迷信敬拜(cultum superstitiosum)。相反,中国人对于偶像以及对偶像的迷信敬拜则是陌生的,这些直到基督后65年才从印度传到中国①。因此,比起其他民族,中国人的罪更少,因为他们只是由于不知神意才没有对神意的真正敬拜,而其他民族则以不恰

---

① 译者注:佛教传入中国的时间历来说法不一,现在通常认为始于汉明帝的遣使求法(公元64年),参见赵朴初《佛教常识问答》,2003年。但也有以楚王刘英尚浮屠之术(公元65年)先于汉明帝建白马寺(公元67年),而以65年为开端。此说出自《后汉书·光武十王列传》之楚王英传,参见《后汉书》第五册,卷四十二,中华书局,页1428,英"学为浮屠斋戒祭祀。八年,诏令天下死罪皆入缣赎。"

当的方式敬拜上帝,甚至将本该给予上帝的敬拜献给了偶像。无可否认,那些在疏忽之罪(peccato omissionis)上再加以故犯之罪(peccatum commissionis)的人,比起那些只有疏忽之罪的人,其罪更甚。前者否认有上帝及最完满存在者,后者不知何为创世者之属性,你若辨别二者差异,也许便不难与耶稣会、多明我及方济各会的传教士达成一致,虽然他们在用词上(verbis)会有差异,但在所指事物上(re)则并无不同。而我们对此事所说完全值得愿意思考者的注意,没有对自然作品(operum naturae)的仔细思索,便不能借自然之光明确地认识神圣属性,而这种思索对于古代中国人则是陌生的,因为他们怀疑有关于自然事物的确定知识(de rerum physicarum cognitione certa)。

(55) 显然,中国人只具有自然之力(naturae vires);它们并未从自然宗教或者对真正神意之敬拜那里获得任何增益,由此可知,中国人没有自然宗教和对真正神意之敬拜。但同时他们的自然之力也就免于任何虚假宗教(religionem falsam)的损害,因为他们没有对偶像的迷信敬拜。而在所有民族中,也就只有中国人完整地保留了作为神圣复品之遗产(imaginis divinae reliquias)的自然之力。因此,为了明确地、后天地(a posteriori)认识什么是"世俗正义"(justitia civilia)——神学家认为世俗正义为自然之力所能通达——就需要思考古代中国人的所言、所行,它们都包含在中华帝国的经典之中。实际上,我认为这也是神圣预见的一部分:在我们这个时代,正是由于大多数自诩为基督徒的人都已严重偏离基督教德性,因而我们将会更加理解中国人的哲学;也即,如果你从孔子的所言、所行中认识到那些属于第一种程度的、不完满的德性——因为该程度只基于对客观道德性或者说人类行为之内在可赞性和可恶性的知识——那么你就不会遭受某些人的欺骗,他们为了谋求利益以满足野心,把那与基督教义相悖的虚假虔敬说得天花乱坠;而孔子已经批评过这样的行为,即便他还不曾见过属于高级程度的基督教德性(注释53)。

(56) 柏应理在"绪论"第69页中详细地证明说,中国人在开始的两千年中与其他民族没有交往。他们所有的建制都全凭自己,并且至今在道德、品质以及学术上完全区别于其他所有民族。而为了认识所有这一切、为了形塑道德,他们只有凭借人类堕落之后所留存的理性之光。

(57) 中国人尽其可能地使用自然之力,以求达到哲学德性(注释51)、或者神学家所乐意叫的"世俗正义"。因而他们对自然之力的使用也极为成功——对其使用越是尽其可能、便越是成功。所有试图从中国人那里找到超越此种德性者的举动,都是无谓的。所有以超越自然之力者加诸中国人的做法,都只是证明了他对哲学德性、哲学虔敬以及基督教德性间最大差别的无知。

中国人如何促进德性之践行

因此,中国人不理会人心之不完满——人心之不完满就是恶、亵渎和耻辱通常涌出的源头——转而将目光聚向人心之完满,以求认识自然所允许的力量,追求为该力量所能通达之所在(58)。也许有人会反驳(59),认为中国人没有考虑到人的不完满,没有注意到要医治心灵之疾、以远离恶(60)。

注释(58)—(60)

(58) 为了在《大学》中将道德规定推至普遍规则,孔子要求人们首先通过尽可能地完善知性来养习理性(rationem excolas)。因为孔子知道万物都有其原因(见《中国科学》第2卷、第46页)①,并

---

① 译者注:此处出自《中庸》费隐章"君子之道费而隐"一章的拉丁译文。按照张居正对"费"的解释,"道无所不在矣。故就其大处说,(转下页注)

且要求人们努力看清万物的原因。当这些都被认识以后,他再教人们诚实其意(rectificandam...intentionem),以远离一切虚假;意诚之后,还必须节制欲求(moderandos...appetitus),以使一切行为与理性完全和谐。见《大学》,即《中国科学》第1卷,第1页以下①。

(59)之所以有人批驳中国人,那是因为这些人混淆了完全不同的事物。有罪之人借以皈依基督的方法,与人们在理性之光可允许的范围内借以追求德性的方法,此二者全然不同。为皈依基督,人必须知道自然之堕落与自然力之缺乏,以认识到拯救者(Salvatore)之必要性,并寻求神恩;而对于只具有自然力的人来说,他则必须学习:这些自然力是如何的,以及该怎样使用它们。当然,只要人在己身之范围内使用自然力,他就会认识到,他达到不了那由理性本身要求必须达到的完满。连孔子自己也承认(《中国科学》第2卷第48页),对于他通过灵魂所把握到的、并一再向别人强调的完满人之观念,他自己也不能达到,而只停留于模仿②。将人之皈依

(接上页注)其大无外……就其小处说,其小无内。"柏应理译本将"道"译作ratio,也照此说,"事物再大,其中也有原因;事物再小,其中也有原因。"(nulla res adeo magna est, in qua ratio non insit; nulla item adeo exigua, quae ratione quadam careat.)从此也能看出些差别:本来其大无外、其小无内,讲得都是道之"费",即"其用之广大而无穷",而"其所以然者,则隐而莫之见也",张居正说此章"重费不重隐",强调愚夫愚妇皆可与知、与行;而柏应理译文则恰巧相反,发挥得却是道之"隐"这一面,ratio一词必然首先是作为"所以然者"的道,译文也强调ratio只能为很少人所认识。

① 译者注:此即《大学》八条目之格物、致知、诚意、正心、修身,拉丁译文基本按照张居正的解释:"天下事物的道理——都穷究到极处,然后心里通明洞达、无少亏蔽,而知于是乎可至……知既到了至处,然后善恶真妄、见得分明,心上发出来的念虑都是真实、无些虚假,而意于是乎可诚……意诚然后能去得私欲,还得天理……心正然后能检束其身、以就规矩,凡所举动、皆合道理,而身无不修。"参见张居正《四书直解》大学卷。

② 译者注:此处引自《中庸》道不章"君子之道四,丘未能一也"一节的拉丁译文。

(conversio hominis)与道德之实践(praxi morum)作比较是不恰当的,因为对于以努力追求善工为目标的基督徒来说,他必须学习的是:在皈依中所获得的神恩之力是如何的,以及该怎样使用它们以完成善工。道德神学之实践也正在于此,正如拜耳(Baier)在其《道德神学纲要》中所示 xlix。

(60)中国人不知皈依之功(opus conversionis),因此他们对于医治心灵之疾(aegritudine mentis)所能知道的唯一目的就是避免恶。而为了远离恶,并不需要明确地认识恶。只要明确地认识与之相对的德性、诚实其意(intentionem esse rectificatam)、不以理性相异者为乐,这便足够。至于若有人想戒除他沉溺其中的恶,那倒是另一回事:因为这样他就必须去认识恶的可恶性;但为获得对恶的知识,他所凭借的则完全是自己的经验。然而这并未偏离真理,因为在这种情况下德性之可赞性常常强于恶之可恶性。当然,如果你有可能使沉溺于恶的人通过对德性的热爱来远离恶,那么比起通过由恶之可恶性而产生的厌恶感来抑制从可恶行为获得的满足感,对德性的热爱则更能达到避免恶这一目的。

对反驳的回应

然而,心灵之道理远不同于身体之道理,从身体的疾病并非总能做出心灵虚弱(61)的推论。凡学习德性者,也是在以同样的努力戒除恶:德性与恶正相反对,二者不可能同时出现(62)。德性存在之所,便不会存在与之相反的恶,正如对德性的知识愈增,对德性的无知则愈减(63),反之,对恶的无知愈多,对恶的知识也愈损(64)。

注释(61)—(64)

(61)健康对于身体而言是自然的,但习得的品质则不是,比如德性。因此,从身体出发所进行的比较在这里是失效的,这样的推论也并不确实。对于道德真理,最好从其本己的概念来对其进行解释,这样我们便不会因为让比较僭越其所应确定的中点(tertium)而偏离真理之路,或者说出有欠考虑的话。

(62) 这一使人通过追求德性以远离恶的方式极为有效,因为人在不知不觉中就被带离恶,还显得是自发地离开恶。让对德性的热爱来引导自己,也就是远离恶。由此也可以知道,对上帝的畏惧之所以在呵退恶方面也被认为有效,恰是因为它来自对上帝的热爱、从而也被称为孝亲的畏惧(filialem)。所以,为了将该方法运用于实践,还必须知道诸德性间的亲缘关系(cognationem)。因此,通过证明方法来研究道德哲学,这有助于发现德性与恶之间的相互依赖性。这也是众多激励我投身此项研究的原因之一。

(63) 不知善好行为(actiones bonae)者,也就不会做出本可做出的行为。尽管孔子的确没有我们所称的那种对上帝的哲学虔敬(注释52),因为他不知道那种出类拔萃的德性(注释52);但是毫无疑问的是,既然孔子在追求德性之路上是如此不知疲倦,那么如果他知道这种德性,他也同样会追求它。

(64) 那些我们不知道的恶,我们是无法施行的,因为我们不会欲求我们不知道的东西(ignoti nulla sit cupido)"。按照古代历史家的说法,追求德性对一些民族有效,而不知恶则对另一民族更有效。也就是说,因不知恶而不行恶,比面对恶仍行所知之懿行更加容易。因此,我建议,我们要防止让应当接受良好道德教育的孩子们看到可耻的行为。

为何中国人考虑得更多的是追求德性、而非避免恶

中国人不会偏离正确的道路,那是因为他们很少顾虑恶之污,而是竭尽所能促进对德性的追求、保持对恶的不知。在这一点上,他们与知性的逻辑家们相似,后者很少考虑避免偏见、而是追求知性之力

量,并习惯于探求如何让它们服务于对真理的研究,因为他们确定,偏见在真假判然有别的地方绝无可能存在;而在追求真知之力量缺位的地方,也就绝无可能避免偏见(65)。人类心灵具有一些(66)追求懿行、避免与其相对之恶行的力量,对此我看无人会质疑(67)。

注释(65)—(67)

(65) 数学家们就是个例子,他们在接受真理时从不给偏见留下任何空隙,因为他们能够分析各种论证。而另一些人则是相反的例子,他们虽强硬规定必须避免偏见,但却毫不审慎、从来只依据偏见进行判断。

(66) 我说,人具有一些施行懿行、避免恶的力量,但这些力量还不足以使人达到自然法所要求的任何完满,更不必说使人达到第一种程度(注释51)的哲学德性了。就我们所知,再没有人像孔子那样孜孜不倦地追求哲学德性了。然而他却公开坦承(《中国科学》第二卷、第48页)自己并未能达到他对别人所教诲的那种完满。他说:"君子之道四,丘未能一焉:所求乎子,以事父未能也;所求乎臣,以事君未能也;所求乎弟,以事兄未能也;所求乎朋友,先施之未能也。庸德之行……有所不足,不敢不勉……言顾行,行顾言,君子胡不慥慥尔!"①此外我注意到,孔子描述完满之人[君子]

---

① 译者注:见《中庸》道不章。此句拉丁译文之直译为:"完满的人有四种准则;而我却未能(尽管我付出了许多努力)获得四者中的任何一种。1.我要求我的儿子孝顺我,但我自己都未能如此待我的父亲。2.我要求我的臣属对我忠诚,但我自己都未能如此待我的君王。3.我要求我的弟弟尊重我,但我自己都未能如此待我的哥哥。4.我要求我的同伴朋友看重我、信任我,但我自己都未能如此待我的同伴朋友。而完满的人则毫无矫饰地践行这些普通日常的德性……如果他由于缺乏某种东西而未能完成自己的责任(officium),那么他也不敢不努力最终完成……他严格检视自己、努力做到言顾行、行顾言。这人(完满之人)便是我努力模仿的对象,我要追随他的足迹,虽然相距遥远,但还是要追随。"沃尔夫对此段译文的引用并不完整,他略去了"庸言之谨……有余不敢尽"的译文。

的观念时,没有提到任何有关神意的责任——而这些责任本来应该优先于其他责任,因为它们是通往其他责任的中介。这些我们已在前文(注释54)清楚提及。

(67)初学者能从《神学纲要》中学习到与经验相一致的东西,谁会对此表示怀疑呢?所以,胡特(Hutterus)在《神学纲要》(*Compendium Theologicum*)第9节、"论自由意志"第3问中说[Ⅲ]:"人的意志在堕落之后具有某种自由,可以施行世俗正义、选择那些服从理性的事物。人能够以某种方式谈说上帝,能够通过外在事工向上帝展示特别的敬拜,能够顺从君主和父母,也能够使双手远离谋杀、通奸、偷盗等等。因为在人之自然中留存有理性和对那些服从感性的事物进行判断的能力;其中还以某种方式留存有对这些事物进行抉择的能力,以及施行世俗正义的自由和能力。"还有贝希曼在《〈神学纲要〉详注》第258页也表达了胡特的这一观点:"未皈依之人在堕落之后也具有行为之自由或自然力量,他可做这或做那、选择这个或那个,只要这些对象服从人类理性,也就是说,这些对象无需神圣精神的特殊恩典,而只在自然之光的指引下便能为知性所认识。若如此,那么这些对象要么是自然的,比如那些对于度过此生是有用、或必要的对象;要么是道德的,比如十诫中所规定的德性之行为。鉴于这些对象,非重生之人的意志也具有选择或不选择、选择这个或那个的自由。"与此相关,著名的改革宗教会神学家图勒蒂尼也在《反驳神学阶梯》(*Institutio Theologica elenctica*)第1部分、第10节、"论自由意志"第4问、第3段、第724页写道:"我们并不否认,在堕落之后,人身上仍留有一些与外在事工和世俗利益相关的力量,从而在上帝的协作与其普遍帮助之下,人可以施行正义和节制、能够做出同情与慈善之举,还能够使双手远离偷盗和谋杀,以及施行其他类似的德性之行为。"

何谓自然之力?

在通常理解中,心灵之天性就是欲求其所认为好者、避免其所认为坏者(68);由此早已有人注意到,会有以下情况发生(可悲的是这还经常发生):所选实为坏者,只因其显得好,而好者却被拒斥,只因其带有某种坏者的样子。因为我们可以确定,执着于感官判断的人会依充塞全身的欲望来评判好者、依侵蚀全身的痛苦与厌恶来评判坏者。由于感官仅仅表象现在,而未来则距之遥遥;因此这些人混淆了短暂者与永恒者,从而钟情于表面的好者甚于真正的好者,并拒斥真正的好者,因为后者只有在将来才会生产欲望(69),而这欲望现在则难以被预见。那么,为了避免这些浅滩礁石,就必须提前看见将至之物,并能从中确定与人相关之行为与事物的价值(70)。心灵也具有这一能力,能区别好坏、能从心灵中驱散感官带来的迷雾(71)。当然,行为之好坏,取决于行为于我们的状态所引起的相应变化(72);然而经过正确养习的理性(73)则可预见到由行为或不行为带来的诸种变化。

注释(68)—(73)

(68) 按照扬布里柯(Jamblicho)在《论神秘》[IV] 中(第 1 部分、第 3 章、第 4 页以下)的说法,欲求之法则(legem appetitus)[IV] 早已为埃及人所知。而比埃及人更为古老的中国人也对此知之甚多。因此,他们开始通过养习理性来改善意志,以求能够区分善恶、判别真假。参见《大学》或《中国科学》第 1 卷、第 31 页。

(69) 我采用笛卡尔给出的意义(书信 6,第一部分,我手上的版本第 13、14 页[VI])来理解"欲望"一词,也即:欲望就是对真正的、或表象的完满之感受。我在其他地方也讲过(《德语形而上学》第 404 节以下)[VII],该意义不仅与日常用法相一致,而且还有着广泛的用途。这一概念还在道德事物上尤其有用:只要仔细阅读我们那本《关于人类行为的道德思考》[viii],大家就能明白。

(70)这不仅在中国人所唯一培养的哲学德性上有价值,而且在基督教德性上也有价值。只努力追求哲学德性的人,只从行为的内在可赞性及可恶性(注释51)中获得动机。因此,希望确定行为之价值的人,就必须考虑该行为会产生哪些必然后果、哪些偶然后果、或者在相应的可能前提之下会产生哪些后果。然而基督徒关心得更远,他们还得关注此生之后的未来状态,这是基督所尤为强调的,也是聆听其言语的使徒们所关切的。我已在《形而上学》中阐释过[ix],人能够认识自然光之力,人类命运取决于神圣预见(providentia divina);在《伦理学》中我又接着推导出[x],可以将人类命运视为惩罚和奖赏,它们以不同方式影响人的行为。因而,如果在哲学德性上再加上哲学虔敬,那么人在考虑未来的同时就还要注意服从神圣指引(directioni divinae)的命运,不过这样的人不如基督徒那么信赖上帝,后者完全服膺于神圣的善、而无任何顾虑,因为唯有启示宗教能够消除为自然宗教所难以消除的顾虑。

(71)因此,自然法被称为人心中所铭刻之法[xi],从而人自己就可以看到什么是更好的东西。我们说中国人只使用这一能力,至于这一能力有多强,我们可从他们的经典中了解到。

(72)我们这里所说的变化是指发生在我们身、心之内在状态上和发生在我们外在状态上的变化。一切运气上的好东西都属于外在状态,比如财富、名声和朋友;身、心上的好东西则属于身、心之内在状态。而我已在《伦理学》中[xii]证明,自由行为必须如此被确定,以使得自由行为与必然行为相一致,并使得身、心之内在状态和我们的外在状态始终保持一致:这样便产生完满,因为诸行为必须被导向完满。我完全相信,孔子洞视到了诸行为的这一方向,虽然他由于没有对这一方向的明确知识而未能用言词将其表达出来、以使其为大家所知晓①。

----

① 译者注:沃尔夫的意思是,没有看到孔子对"完满"给出一个明确的定义。

(73)我将理性定义为洞视诸真理间联系的能力。因而,养习理性之人便能洞视到诸行为与其结果之间的联系,从而能够从行为推断出其结果、又从结果推断出引起该结果的行为。经验也会有助于理性,只要我们注意到,行为产生那些结果,并追问为什么会产生这样的结果,那么我们就能区分,哪些结果总是出现,而哪些结果只在特定条件下才出现。这一点无论是从我们自己的例子、还是从别人的例子都可以看到。我已在别处讲过[lxiii],人身上的理性并非总是纯粹的,而是常常与经验相联系的。如果经验能够在理性不足的情况下替代理性去工作,那么我们也将此算作理性之养习。孔子便是个例子,显然他就是通过在自己身上进行实验、并同时注意不同人的情况来对理性进行养习的。

道德实践之诸原则

由于好的事物不会使我们的状态不安、而是维持其平静与安宁,而坏的事物则扰乱一切、混淆最高者与最低者、甚至经常引起持续的不安;因此,预见到这两种事物的心灵就会为懿行感到喜悦;而心灵只要坚持理性之判断,它便会为恶行感到不快。既然我们识得善者、又辩得恶者之耻,因而我们具有行善、避恶之动力(74)。我们能记住、并坚持一个预期,这绝未逾越那互相洽和的记忆之力与理性之力:正如我在别处已详细阐释的那样(75)。既然使用自然之力的人能够区别善恶,能够体会善之甜蜜、厌恶恶之苦涩,也能够记住一个预期:那么我便难以理解,为何还有人矢口否认,存在一些(76)能够践行德性(77)、避免恶的自然之力。而且中国人——他们那里只留有这样一种对自然之力的使用方式——正是因德性与明智而声名卓著;因此他们的例子充分地教导人们,对自然之力的使用并非徒劳(78)。

注释(74)—(78)

(74)当人实际感觉到、或提前预料和提前感受到一个欲望,该欲望就会产生施行行为的动力;而厌恶和痛苦则会产生不行为的动力。从那些让灵魂充满欲望、或者让灵魂产生厌恶和痛苦的东西当中,我们便获得动机。使全身充塞欲望者会令人愉快,而产生厌恶及痛苦者则使人不快,这对于人而言也极自然。

(75) 也即《普遍实践哲学》第 23 命题[lxiv]和《关于人类行为的道德沉思》第 173 节以下[lxv]。

(76) 参见上文注释(73)[lxvi]。

(77) 我们说的是哲学德性,也即神学家们所称的世俗正义(注释(51))。

(78) 柏应理已在《孔子生平》第 119 页努力证明了我们的哲学家具有德性,而非只具有德性之样子和矫饰。为使我们不至于盲目乱战,我们必须使德性一词摆脱歧义性。从前文首先可知,我只将德性理解为哲学德性,而不是神学或基督教德性。如果外在行为虽与律法相符、但却与内在行为相左,那么这便只是德性之样子。没有外在行为与内在行为的相互一致,便没有德性。这样一种相互一致既为孔子所注重,也为中国人当中那些德高望重之人和史家们所强调。按照柏应理在"绪论"第 86、87 页的观察,最为他们所经常强调的正是:"效仿古先圣王恳行诸事,所有言行皆从本心发出"。无论如何,孔子(《中国科学》第 2 卷、第 48 页)视完满之人[君子]的理念与完善德性的理念为必须,从而人才会有"庸德之行",并努力使"言顾行、行顾言"①。他还要求(第 3 卷、第 3 部分、第 32 页),外在的仪文(externus cultus)要与自然之内在的质朴和正直相联结,使得二者相互间既保持适当的区别、又维持和谐的比例②。孔子还在此处指出,如果我们施行与自然法相一致的行为,只是因为我们认识这些行为的内在道德性,或者如果我们只

---

① 译者注:《中庸》道不章,参见沃尔夫注释 66。
② 译者注:此句为《论语·雍也》质胜章"文质彬彬"四字的译文。

是热爱德性、并从中感觉到欲望,那么光这样则是不够的;我们还必须要求自己愉快地履行我们的责任,为每一次践行德性的机会欣喜不已①。因此在第 3 卷、第 1 部分、第 13 页中他视乐意、持久与灵魂及身体的热切为达到德性所必需②,他还教导我们不能从外在的作为、而必须从灵魂内在的状态来判断德性。因此毫不奇怪,他对如何推断别人的道德进行了规定:1. 观察其行为,检查其是否符合律法;2. 追问单个行为之目的,并由此判断其以何种心理、以何种意图行正义、可赞之事;3. 最后我们要试图了解,当一个人以忠诚正义、以良善的目的和意图行事时,他究竟为何而满意,我们还要判断,他是否可能并不情愿、而只是受强迫才行此事,或者他是否实际上由于德性本身和行为之可赞性而产生了欲望。我们的哲学家给出了进行这一检查的原因:当人们未能达到这些要求时,德性就不能说是完善的、并且也不能持续下去③。孔子所做的这些规定,还由古代中国人推至实践(praxin)中,这在许多文献中都能得到证实。我来引用柏应理在《中国科学》第 1 卷、第 12、13 页批注中讲的几条为法官探查诉讼之真实性而规定的准则,也即:1. 观察诉讼人的言语组织与说话习惯,2. 及其整个面部表情,

---

① 译者注:此段改写自《论语·雍也》知之章"知之者不如好之者,好之者不如乐之者"一章的译文。

② 译者注:此句引用自《论语·为政》色难章"子夏问孝。子曰:'色难。有事弟子服其劳,有酒食先生馔,曾是以为孝乎?'"的译文。原拉丁译文使用乐意(promptitudo)、持久(constantia)和热切(alacritas)几个词用来解释"色",即子弟服侍父母应有愉色婉容,才是孝。

③ 译者注:此段改写自《论语·为政》视其章"视其所以,观其所由,察其所安。人焉廋哉?人焉廋哉?"的拉丁译文。此孔子所教知人之法。张居正直解亦为:"必须先看他所为的何……而所为善者,亦未知其出于诚实否也。故又当观其意之所从来者何……而所谓善者,亦未知其出于自然否也。故又当察其心之所乐者何。如果中心好之而无所矫强者欤,抑或畏威怀利而有不得不然者欤。果出于心之所乐则善矣,不然则亦暂为之耳,岂能久而不变哉。"

3. 以及当他提起诉讼时的呼吸方式，4. 他是否耳聪，也即他在回答法官提问时是否混乱不清、或者含糊其辞，5. 他是否眼神游移、目光闪烁，是否有包藏祸心、颠倒是非之嫌①。由于中国人既不敬拜上帝、也排斥与理性相抵牾的偶像崇拜，因而他们并不仰赖宣誓，也因此他们必须通过对诉讼人的言词、脸色、呼吸、听力和眼神进行仔细全面的考察，来判断他究竟是诚恳真实、还是虚伪狡诈。到现在，我完全有理由认为这一方法是可能的，因为我已经在《伦理学》lxvii中给出了推测他人道德的一般方法、并以此填补了一项研究空白。因此我很高兴，因为我知道古代中国人已经洞视到这一方法、并已将其卓有成效地推至实践中。而在所有科学与技艺领域中，还有许多伟大、且有益于人类的事物尚待发明，所以我特别希望有些人能多考虑如何促进、支持科学与技艺，而非如何挑起争讼，因为他们依靠无知幼稚之徒的拥护、仰仗有权有势之人的庇护，图谋掌控学者共和国(Rep. literaria)，把他们自己也享用的哲学自由转变为一种暴政。好，还是回到我们的中国人那儿吧！你们要知道，孔子不仅规定他人、也要求自己努力追求诚实其意，从而能像（按照其弟子曾子的解释，见《中国科学》第 1 卷、页 13）厌恶恶臭一样厌恶罪恶(mala & vitiosa)，像好好色一样欢喜善好(bona & honesta)，并在其中感到满意②，这也是我在《伦理学》中lxviii所着重阐述过的。就算有人不愿相信他所说的话，但孔子的

---

① 译者注：这几条准则为拉丁语译者在《大学》传四章"子曰：'听讼，吾犹人也，必也使无讼乎！'无情者不得尽其辞。大畏民志"译文之批注中所提及。至晚明，讼师现象已十分普遍，因常被认为行唆讼、包讼，而颇为地方官员所憎恶。关于明清讼师现象，可参见夫马进"明清时代的讼师与诉讼制度"一文，载于《明清时期的民事审判与民间契约》，王亚新、梁治平编，北京：法律出版社，1998 年，页 389—430。

② 译者注：此处引自《大学》传六章"所谓诚其意者：毋自欺也，如恶恶臭，如好好色，此之谓自谦"的拉丁译文。

行止也已充分说明了这点。比如,如果有人称他遍知一切、或者认为唯有他达到了灵魂之完满,那么孔子会倍感困扰。参见《中国科学》第 3 卷、第 4 部分、页 41、44①。甚至当有人断言孔子在全天下无人能及、更无人能超越之时,我们的哲学家的回答却是,西方有一位圣人远胜自己;这也使得汉明帝于基督后 65 年遣使西域寻找圣人及圣人之法,可惜使者们从那里带回中国的却是印度的佛(Foe),一同带回的还有偶像崇拜、毕达哥拉斯式的灵魂轮回(metempsychosi)ˡˣⁱˣ,以及许多神话和迷信。参见柏应理"孔子生平"第 120 页以及"绪论"第 27 页。孔子对细小微末之事也极为在意,这可在《中国科学》第 3 卷、第 5 部分、第 66 页中找到例证②,我也已在别处证明过,在追求德性的过程中,这对于达到真诚有极大帮助。他善于运用才智从身边的事物中找寻机会,去思考如何追求德性;这也可在《中国科学》同上、第 57 页中找到例证③。当他亲见其时代之不幸、对改良丧失希望时,当他厌恶其时代而渴望离开祖国、客居夷狄时,他哀叹不已,似乎这都是他的学说惹来的一样。参见《中国科学》同上、页 55、57④。当然孔子还有许多其他事例,我这里就不再列举。不过,我们还可在其他人物身上看到和孔子一样的品质。根据柏应理《中国科学》第 1 卷、第 21 页的解释,帝舜下令广集英才(viros sapientes)、甚至为此不惜重金,为的只是

---

① 译者注:此处引自《论语·述而》我非章"我非生而知之者"以及若圣章"若圣与仁,则吾岂敢?"的拉丁译文。

② 译者注:此处引自《论语·乡党》席不节"席不正,不坐"的拉丁译文。

③ 译者注:此处引自《论语·子罕》逝者章"子在川上,曰:'逝者如斯夫!不舍昼夜'"的拉丁译文。

④ 译者注:此句前后段"当他亲见其时代之不幸、对改良丧失希望时……他哀叹不已,似乎这都是他的学说惹来的一样"引自《论语·子罕》凤鸟章"子曰:'凤鸟不至,河不出图,吾已矣夫!'"的拉丁译文,此句中段"当他厌恶其时代而渴望离开祖国、客居夷狄时"则改写自《论语·子罕》九夷章"子欲居九夷"的拉丁译文。

从与他们的交往中获得教益;不仅如此,更值得记住的是他立碑(见"年代表"第4页)以广开言路,任何人见他作恶,都可在其上记下。他为正确的政制倾注心血,认为政制之最为重要者,便是要成为臣子的表率。同样,其前任尧也是富而不骄、荣而不奢、诚而不伪,他勤勉治国,以民饥为己饥、以民罪为己罪,参见柏应理《中国科学》同上、第21页①。我也不再列举,以免偏题。

是否必须对德性设定限制

正如在研究真理时,我们认为对知性设置限度是件鲁莽灭裂、危害深重的事(79);同样,一个人若在行善时始终强加限制于自然之力,那么他也是个鲁莽灭裂的人(80)。当一个人已经获得了对人类心灵的知识(81),如果他能再仔细研读中国人那赞颂古先圣王行为举止的史书(82),那么他便能指出,中国人已经取得了多大进步:然而可以确定的是,他们还未达到最远的目标(83),谁敢肯定说,中国人所达至之地就是终点呢?所以还是回到现在的主题吧,与其花费大量精力追问究竟可前行多远,不如就尽其可能一直前行下去。这于古代中国人的习惯也并不陌生(84),他们在无论相似、还是不相似的状况下都以祖先为榜样,并告诉大家绝不要在达到最高完满(85)之前停步,换句话说,也就是永远不要停步。听众们,你们看,这就是中国人曾经从中导出智慧与明智之细流的源头:来吧,让我们再来看看(这是我们的第一项计划)这细流,那么流水之清澈便可一览无遗。

注释(79)—(85)

(79) 数学家们的例子足以说明这点。天文学家们更是一直

---

① 译者注:以上尧舜事迹均引自对《大学》传九章"尧、舜率天下以仁,而民从之"一句译文的拉丁文注释。

远离这样的偏见:凡为某些人所未能发现者,便必再无人能发现,凡在某些地方让人徒劳而不能获者,也再无任何可能被发现。因为与此相反的例子随手可得,天文学家们也知道为什么后来者能成他们所未能成之事。因此,他们将星象之科学带入日臻完善之地,至今不止。而那些钻研纯粹数学的人们,在相当长的一段时间内都未能给科学带来任何创新,正因为他们相信,阿基米得(Archimedes)和阿波罗尼(Apollonios)[lxx]之聪敏无人能及;许多人甚至由于不相信自己的才智,竟从未曾接触阿基米得和阿波罗尼的学说。这一偏见直到上世纪初才消失,之后纯粹数学便通过许多伟大创新得到极大扩展,以至于如果阿基米得和阿波罗尼可以复生、并看到现代几何学家的作品,这两位伟大的几何学家作为他们的老师,恐怕连初试都通过不了。但是我的意图并非是要抹杀先贤们应得的声誉:我并未忽略,虽然有些事物之发现需要极高的才智和明敏,但那些洞视到这些事物的人却能够在天资不够的情况下、凭借对前人技艺的模仿、通过运用他们的创新与法则而取得新的进步。其他学科也证明,在我们的时代,勤奋聪明的人们获得了远超前人的成就:毫无疑问,只要人们能比那些研究者更加勤奋地运用真正的哲学方法,那么这些学科还会日臻完善、并通过新内容得到扩展。

(80) 对此,孔子已给出了绝好的例子,因为他只使用自然之力来努力追求哲学德性(注释55)。我们意诚的哲学家曾坦承,虽然他整个一生在追求德性上取得了极大进步,但都未曾达到终点。无疑,《中国科学》第3卷、第1部分、第10页显示了他在实践哲学研究上取得的这一进步。孔子十五岁时便有志于学习古人的仪轨(instituta),为的是重新弄清他们的言行。三十岁时,他仍然执着于对德性和智慧的追求,任何外物都无法转移其志向。四十岁时,他达到了心敏(mentis aciem),能够在任何情况下辨识内在的可赞性,以前不时困扰其灵魂的怀疑也消失不见。五十岁时,他洞视到,内在可赞性之诸原因在于诸事物之自然。六十岁时,他的听力灵敏完好,能够听从理性,正如反感感性欲求一样。七十岁时,他终于从长期思考和战胜自己中尝到果实,让欲求与自然法相一致①。孔子的道白与我的《普遍实践哲学》之诸原则[lxxi]完全一致,因此从这些原则出发,我不难推出明白的原因;但这里并不是合适的地方,让我们留待合适的机会再讲。然而,有人可能怀疑,这种从知性到意志的推论方式并不正确。也就是说,虽然一个人的知性之完满对于其他有志于养习知性的人们极有帮助,因为我们能够将他人的发现当作原则来使用,并对他们的发现技艺进行模仿;但与此相反,当我们要完善意志时,别人的德性却提供不了这样的帮助。之所以会有这样的怀疑,是因为我们还不知道,意志取决于动机,德性之践行取决于方式手段。谁只要知道自由行为之动机以及已被他人成功运用的方式手段和辅助手段,那么他就能更容易地践行德性,而不必在任何情形下都得独具慧眼。此外,榜样还以其他方式有助于道德实践:正如我在其他地方讲过的[lxxii],不过这里无法用三言两语说清。

(81)懿行与心之自然相一致,非懿行则与之相悖。因此,为

---

① 译者注:以上改写自《论语·为政》吾十章"吾十有五而志于学,三十而立,四十而不惑,五十而知天命,六十而耳顺,七十而从心所欲,不逾矩"一章的拉丁译文。拉丁译文基本按照张居正直解:"我从十五岁的时节就有志于圣贤大学之道,凡致知力行之序,修己治人之方,都着是用功。……到三十的时节,学既有得,自家把捉得定,世间外物都动摇我不得,盖守之固而无所事志矣。进而至于四十,则于事物当然之理,表里精粗,了然明白,无所疑惑,盖见之明而无所事守矣。进而至于五十,则于天所赋性命之理,有以究其精微,探其本原,而知乎所以然之故矣。又进而至于六十,涵养愈久而知能通微,闻人之言方入耳,而所言之理即契于心……又进之至于七十,则功夫愈熟而行能入妙,凡有所为,随其心之所欲,不待检点,无所持循,而自然不越于规矩法度之外。"沃尔夫的改写从"六十岁"开始出现明显偏差,添加了"正如反感感性欲求",又把七十岁时高妙境界简单地理解为欲求终于能受理性束缚。可以看出,在一些重要方面,沃尔夫基本是从自己的实践哲学出发来理解拉丁译文的。

了给出为什么前者是懿行、而后者是非懿行的原因,就必须洞视到人类心灵之自然。同样,如果谁要致力于追求哲学德性,也即中国人所唯一养习的德性,那么他也必须从心灵之自然出发给出这一实践的原因:只有当人们认识到某一行为通过该原因而可能发生,那么该行为才会发生。从这一源头出发,我先天地推出了道德理论及实践[lxxiii],并将该原则运用于中国人的哲学,从而我发现中国人的哲学具有某种牢固的基础。

(82)因为中国人的史书都是谨慎之作,人们可以通过这些史书在实践哲学和国家哲学上取得极大进步(注释5①)。因此,为了研究道德哲学及国家哲学,孔子也重视研读史书(注释5)。既然他缺乏对心灵的知识,他也就无法研究原因:因此孔子想通过亲身试验来找出古人言行中根本的东西(注释同上),在付出万般艰辛后,他终于以后天的方式获得了我们以先天的方式所轻松获得的东西。请看看上文(注释80)所说即可。因此,如果传教士们将孔子从中大获助益的古代史书也译为拉丁文的话,那就真是功德一件②。

(83)如果仔细考虑一下,孔子因其特出的德性而获得了多少荣誉(注释27及以下),那么毋庸置疑的就是,孔子在中国人当中无人能及、更无人能超越;如果再考虑到,孔子为做到意诚(animo sincero)有多么孜孜不倦,这一点还将获得更多人的赞同。由于只有中国人使用自然之纯粹力量(注释55),并且他们没有任何东西需

---

① 译者注:疑为"注释19"。
② 译者注:显然,如果沃尔夫仅仅是为先天方式比后天方式更轻松而洋洋自得的话,那就没有必要期盼中国史书的拉丁译本了。事实上,沃尔夫对中国史书所承载功能的关注以及他迫切了解中国史书的愿望,都展示出了他对经验与理性关系问题的思考维度。所以,这绝不是简单地比较两种方法的优劣。当然,沃尔夫在这里所面对的问题并不在于探究更深刻的差异,他囿于有限的文本和汉语知识也无法做这样的研究,他所感兴趣的首先只是在中国文本中寻求支撑自己理论的证据。参见译者导言"经验与理性"一节。

要通过与其他民族交往来获得(注释56);因此我们并没有特别清楚的例子能够表明,作为神圣复品之遗产的自然之力究竟有多大:这也是我们赞赏传教士所做工作的另一个理由,如果他们确实对孔子生平进行了完整的描述,那么这便无可争议地展示出,人之自然究竟能力几何。参见注释20。既然孔子是从古代史书中汲取养料,又尤效法尧舜,那么理应期望,他们在孔子生平之外能再加上从伏羲至舜的史书,或者至少加上尧舜二帝的生平。如果谁担心这有损神恩;哎呀,那他可真是低估神恩了!也就是说,由自然之力所能达到的哲学德性,无论其程度有多高,自然最终也不会在追求德性的过程中变得同神恩一样,这不仅是因为在哲学德性与神学德性之间存在巨大的差异(注释51、53),而且也是由于二者在达到德性的方式上存在着显著区别。神恩对于自然的优先权可以从实践中的各个方面看到,因此不必我多说,通过神恩能够产生超越自然的东西。只要我们能明确地洞视自然之力,那么便能明确地证明这一优先权。我毫不怀疑,这一证明将会对向自然之力赋予过多的中国人产生不小的益处。因为对自然之力与世俗正义或者哲学德性的明确知识会使所有人——也包括许多自称基督徒的人们——感到脸红,因为他们远未达到哲学德性之完满、也更不具有特出的基督教德性,不仅如此,那进而被认识到的神恩之优先权还会让那些由对德性之热爱所引领的人们将基督教德性置于较哲学德性更重要的位置①。当然,尽管孔子在追求哲学德性的道路上取得了惊人的进步(注释80);然而他却仍然承认,自己仍未达到哲学德性的最高程度,不过他也相信,别人能够取得更大的进步(注释66)。

---

① 译者注:自然(哲学德性)和神恩(基督教德性)的区别与其说是神恩高于自然,不如说二者在本质上就不是一回事儿。这里须注意,沃尔夫是在希望打消一些人对于翻译中国史书的戒惧心理时才做了这一简要论证,也即:翻译史书(并从中认识人之自然或理性的力量)不仅不会损害神恩,反而还会让热爱德性的人认识到基督教德性的优先性。

(84) 请仔细考虑一下前文（注释 80）关于孔子所说的话，他从十五岁到八十岁、甚至直到生命终结都在孜孜不倦地完善自己〔成己〕，他不仅只记录取得的进步，还严格考察自己当时与完满〔诚〕距离多远，因为他已经借自然之光认识到，人可以具有完满，从而个体宇宙（microcosmo）中诸行为间的一致通过这完满彰显出来（eluceat），同时这种一致也是我们在全体宇宙（macrocosmo）中所把握到的。在《中庸》或《中国科学》第 2 卷、第 74 页中，孔子就明确要求诸行为应以此为方向，即："使这世界中的万物达到最完满的和谐、使万物达到与其自然相一致的目的。"①孔子按照他从伏羲那里继承的观念（注释 7）——见中国注释家的说法，同上第 2 卷、第 42 页——认为人乃世界之一部分，因此为达到人之完满就必须在我们行为之自由规定中使个体宇宙与全体宇宙相一致。这样，孔子同他之前的中国人一样抵达了自然法的源头，正如我们已经揭示的那样，为了既达到人或个体宇宙之完满、又达到世界或全体宇宙之完满，必须通过普遍原因来规定自由行为，同时自然行为也由这些一般原因得到规定。

(85) 孔子在卫方济所译《大学》首章便指明了这一点。不过，柏应理和他的同事们（《中国科学》第 1 卷、第 1 页）是将卫方济译本中的 perfectio 译作 summum bonum②。但如果关注一下前文

---

① 译者注：此处引自《中庸》诚者章"诚者（perfectus）非自成（perficiat）己而已也，所以成物也。成己，仁也；成物，知也。性之德也，合外内之道也，故时措之宜也"的拉丁译文的最后一句解释，这句话相当于张居正解所说"物我一理，成不独成"，物和我（即万物）都达到了成（即完满）。

② 译者注："大学之道，在明明德，在新民，在止于至善"一句，卫方济将"至善"译为 perfectio（完满），柏应理译本则将其译为 summum bonum（最高善）。就沃尔夫对柏应理的话的引用来看，沃尔夫应该知道 summum bonum 在字面上更贴切原文。但在沃尔夫看来，既然 summum bonum 在意义上指人心与天理的和谐一致（而不是某个实体），那么 perfectio 显然更能表现和谐一致这一意义，而且也符合沃尔夫自己的术语使用：他将"完满"（Vollkommenheit）定义为杂多之和谐（Übereinstimmung des mannigfaltigen）。

所说,尤其是上条注释讲过的,再回想一下我们在更前面(注释7)说的,那么便无法否认,卫方济版本较柏应理版本更优。此外,中国注释家也支持此点,柏应理自己也赞同、并写道:注释家们将summum bonum(至善)理解为一切行为与天理的最高和谐。那么其中就蕴涵有人之 perfectio,也就是说,只要人成为自己行为的主人,使一切行为都通过理性得到规定,那么不仅是诸行为之间相互一致,而且诸行为还与自然行为(既是个体宇宙的、也是全体宇宙的自然行为)相一致(注释84)。

道德实践之重要原则

灵魂的高级部分与低级部分之间的区分对于德性极为重要(86),一些古人已经注意到这一区别,但还未对其进行足够的理解和阐明。感官、想象和情感被划作(87)低级部分,也就是那些存在于知觉中的混乱者、以及由混乱者决定的东西(88);而知性(为避免由于用词不一致而造成的歧义(89),也经常被称作纯粹知性)、理性以及自由意志则属于高级部分,也就是那些存在于知觉中的明确者、以及由明确者引起的东西。

注释(86)—(89)

(86) 这已在《伦理学》中[lxxiv]得到充分展示,孔子也非常清楚,因为他投入如此多努力,就是为了使他的感性欲求自发地与理性欲求相一致:他坦承自己是在七十岁、也即他去世前三年才做到这样(注释80)。

(87) 我已在《心理学》中[lxxv]清楚讲过灵魂之高级部分与低级部分之间的区别,并且《经验心理学》和《理性心理学》正是以该区分为基础才得以建立。这可从图密西先生所撰《沃尔夫哲学教程》(*Institutiones philosophiae Wolffianae*)中清楚看到,图密西先生清楚地展示了经验心理学和理性心理学,他按章节逐个解释了认识能力和欲求能力的低级部分以及高级部分。

(88) 中国人对灵魂之高级部分与低级部分做过明确区分——只要你能理解他们的术语,而且先王尧舜早在孔子之前就已经把这一区分作为道德之重要原则来强调,孔子都认为自己必须首先追随他们。他们称一般意义上的 appetitus(欲求)为 cor(心),称 appetitus sensitivus(感性欲求)为 cor hominis(人心),而称 appetitus rationalis(理性欲求)为 cor rationis(道心),并且他们还强调道德实践就在于将感性欲求还原为(reducatur)理性欲求。参见《中国科学》第 2 卷、第 41 页①。毫无疑问,孔子的所有言行

---

① 译者注:沃尔夫此处参考的是《中庸》喜怒节"喜怒哀乐之未发,谓之中;发而皆中节,谓之和;中也者,天下之大本也;和也者,天下之达道也"一节译文的批注部分:"*Doctrinam de tenendo medio, veluti fontem omnis Sapientiae Sinicae, per omnia retrò saecula manantem, jam mille sexcentis & amplius annis ante* Confucium *inter alia commendavit* Yaô *Imperator successori suo* Xún; &*hic rursùs magno* Yù, *dum haeredem Imperii eum constituit. Continet autem sexdecim litteras, quas multò pluribus & exponunt & extollunt Interpretes. Nos hic eam verbis* Cham-colai, *sed in compendium redactis explicabimus. Sic igitur* Xu-kim lib. 2. F. 10. ait: Cor honimi unicum est; hoc dum privato affectu ducitur, vocatur *Gîn sin*, id est hominis cor, cum ex rectae legis dictamine agit, *Taô-sin*, id est, rationis cor nuncupatur; hominis cor, *seu voluntas, cum sit varium quid & facile à quovis objecto moveri & flecti*, res est periculis *semper obnoxia: idem cor verò seu voluntas ad* bonum &. virtutis normam conformata est quid excellens ac reconditum; unde oportet, ut serio examine cor illud identidem depures *à pravis* & *privatis, quae tacitè sese infinuant, affectionibus* etc."批注中提示了"执中"之说是所有中国智慧的源头,对理学家所热衷讨论的出自《书经》中(即《古文尚书·大禹谟》)的十六字尧舜心传"人心惟危,道心惟微,惟精惟一,允执厥中"进行了解释。显然,拉丁译文尽量用多个词汇来解释何为 *Gîn sin* 和 *Taô-sin*,而且也没有使用感性欲求和理性欲求这两个词,而沃尔夫则径直将人心和道心对应于他自己学说中感性欲求和理性欲求。而且,沃尔夫的意思正是要是指出,中国人所使用的术语虽然与己不同,但所要表达的主要区分相同。但也正因术语不同,沃尔夫在这个转化过程中已丧失了原本关于人心、道心讨论的一些更细致的术语分别和问题面向。

都以此为目的,尤其在我们的哲学家对其追求德性之历程所做的告白中(注释80),我们便可以认识到这一点。

(89) 这也是我在普遍哲学中最关注的问题,为的就是让我们使用的所有语词远离歧义,因为歧义会带来用语不一致。

貌似有德性的行懿行之习惯来自何处

谁若满足于对事物的混乱知识,并且其行为动机只由哲学家们所称的感性欲求和由此产生的情感构成;那么他要养成正确行为之习惯,就必须得通过对长上的畏敬来维持,并且在任何情形下都不会出现相反的例外(90)。在这种情况下,人与野兽并无不同,因为尽管野兽之自然无法让其使用理性,但却并不拒绝感官和由此产生的欲求。正如野兽常被驯服来做某些特定的动作,人在这种情况下也被驯服来施行那些需要我们的意志来完成的行为。

注释(90)

(90) 这一点可由经验本身得到证实。可悲的是,多年以来,我天天都看到无数这样的事情!那些不合时宜的道德形塑者们(formatoribus)真叫人诧异[lxxvi],因为他们的工作根本就不起作用,其原因就在于:他们由于拒绝使用理性而根本不知道恶的原因。

真德性来自何处

然而,谁若使心灵上升至对事物的明确知识,并且通过哲学家们所称的理性欲求而被带往善;那么他便是因自由意志的规定而行善行,并且为了持续行善,他并不需要长上,因为他既知道好与坏的内在差别,也能够在必要时给别人进行充分的解释。在形塑人类道德的路上,谁还曾经比中国人更正确地观察到了这些? 反正我是没听说过(91)!

注释(91)

(91) 在中国人的史书中,立法者帝尧备受推崇(参见柏应理《中国科学》第 1 卷、第 21 页),因为他完全赢得了臣民的心(voluntates),他们之所以顺从他,不是因畏戒惩罚、希求奖赏,而是完全出于自愿,就像对父亲一样。这位中国人的立法者所做的这些也符合帝国首位创立者的意图(注释 7)。孔子(《中国科学》第 3 卷、第 1 部分、第 10 页)将一些人比为"恶奴"(servo improbo),这些人只有"通过震慑与惩罚才会履行责任(officio)",只出于对长上的畏敬才行合法之事,因为他们缺乏"羞耻心和对犯罪的真正厌恶"。由惩罚引起的畏戒被孔子称为"奴性的畏戒",也被称为"责任之坏导师"(malum officii magistrum),因为那些"受奴性的畏惧所迫才远离深重罪孽"的人们,他们"对责任的履行也不会持久"。在这里,他还称赞了由对长上的爱而产生的"孝亲的畏敬"(metum filialem),他称这种畏敬引领人走向真正且长久的德性①。在第

---

① 译者注:沃尔夫从柏应理译本第 10 页所引用的部分多为译者意译添加,所以所谓孔子所说"恶奴"、"奴性的畏戒"、"孝亲的畏敬"等在中文原文以及张居正直解中均无对应概念。此段引自《论语·为政》道之章"道之以政,齐之以刑,民免而无耻;道之以德,齐之以礼,有耻且格"一段的拉丁译文,例如其中"民免而无耻"被译为"人民[民]受奴性的畏戒所迫远离[免]深重罪孽,但[而]实际上却是以恶奴的习惯、没有羞耻心[无耻]和对犯罪的真正厌恶,因此他们对责任的履行也不会持久;只有通过强制和对主人的畏戒才会持久,这一畏惧才是责任之坏导师"(populus⁹ tunc quidem servili metu compulsus abstinebit¹⁰ sese a delictis gravioribus; sed¹¹ profecto more improbi cuiusdam servi, sine¹² pudore¹³ scilicet ac vero criminum odio; atque adeo non diu in officio persistet; persistet enim violenter & timore magistro, qui utique malus officii magister est)。显然,原文本来所强调的"政刑—德礼"(转下页注)

12页,孔子还将另一些人比为野兽,因为他们并非出于爱才行善行①,在第13页指出只有自发、而非被迫行事才算是德性②。因此在第3卷、第2部分、第11页,他强调,应当"通过正义和仁慈"、而"绝不应通过震慑"来使臣民履行责任,因此他责备学生以"错误的解释"激起鲁哀公的严酷之意,而严酷二字对于古代中国人之明智时代而言则是完全陌生的③。

(接上页注)和"无耻—有耻"这样两对概念在译文中已被肢解稀释,结果导致沃尔夫通过断章取义得到了"奴性的畏戒"和"孝亲的畏敬"这样一对概念。关于原文主旨,朱子注曰,政刑德礼二者"相为终始,虽不可以偏废,然政刑能使民远罪而已,德礼之效,则有以使民日迁善而不自知"。而从沃尔夫基于柏应理译文的误读则可看到,基督教影响下的西方人更愿意对以上帝的"畏惧"(timor)这一概念出发来解释行为的不同动机。但也不排除沃尔夫在这里故意以生造的"孝亲的畏敬"(metus)来比附对上帝的"孝亲的畏惧"(filialis timor)这一典型的基督教概念,以此来表示自己对基督教德性的重视。可比较沃尔夫注释62。

① 译者注:沃尔夫此处理解有误。此处引自《论语·为政》子游章"子游问孝。子曰:今之孝者,是谓能养。至于犬马,皆能有养;不敬,何以别乎"一章的拉丁译文,即:"在我们的时代,顺者被大众理解为是能够养父母的人;而实际上所要求的无非是,人从野兽那里就能获得顺者之名誉;当然如果我们养的是犬马,它们皆能够有人养自己;因此如果不敬,就是说对扶养父母的关注并非来自爱和孝敬,那么养父母和养犬马之间还能指望有什么区别呢?"(Hac⁷ aetate nostra obedientes⁸ vulgo hi⁹ dicuntur¹⁰, qui possunt¹¹ alere¹² parentes suos; sed profecto si nihil praeterea requiritur, à brutis quoque animantibus obedientis nomen ac laudem petere quis poterit: quippe si agamus¹³ de¹⁴ canibus¹⁵ & equis¹⁶, hi quoque omnes¹⁷ possunt¹⁸ habere¹⁹ qui eos alant²⁰; atque adeo si²¹ desit reverentia²²; si inquam cura ista sustentandorum parentum non ab amore proficiscatur & honore filiali, ecquid²³ erit unde²⁴ petatur discrimen²⁵ inter sustentationem patris, & domestici canis vel equ?)显然,"人从野兽那里就能获得顺者之名誉"作为下句"至于犬马,皆能有养"的导引,并非将赡养父母之人与野兽相比。

② 译者注:此处引自《论语·为政》视其章"子曰:视其所以,观其所由,察其所安"一段的拉丁译文。

③ 译者注:此处引自《论语·八佾》哀公章"哀公问社于宰我。宰我对曰:夏后氏以松,殷人以柏,周人以栗,曰使民战栗。子闻之曰:成事不说,遂事不谏,既往不咎"一章的拉丁译文。

中国人形塑道德的双制学校

由于中国在上所述及的帝王治下变得繁荣昌盛,因此中国各地都兴盛一种双制学校(92)。其一称"小学"(孩童之学校)(93),建立在灵魂低级部分之基础之上;其二则称"大学"(成人之学校)(94),完全与灵魂高级部分有关。因此之故,孩子们在八至十五岁时上小学(95),也就是在他们还不能使用理性、仍需要感官牵引指导的时候;而只有当他们到十五至二十岁、从而能够自我训练使用理性、竿头日上之时,才可以进入大学。也正因同样的原因,自天子公卿大夫,及至庶人,其子弟皆入小学;而要进入大学,则除了是天子公卿大夫之子外,庶人子弟中在才智、判断力和勤奋上出类拔萃者才可入大学。

注释(92)—(95)

(92) 我关于双制学校所说的,在卫方济那里都有很清楚的表述[lxxvii]。因此我很惊讶,那些比卫方济更早向我们介绍孔子的尊敬的传教神甫们(注释1),竟对如此重要的东西略过不谈。

(93) 在卫方济所翻译的中华帝国经典中有一部名为《小学》。其内容为小学所授课业。而中国人不仅是道德之教师、而且还是道德之形塑者。他们不仅言传、而且身教,对学生以身作则。谁若仔细阅读《小学》所授内容,他便能清楚见到,在小学里仅关注灵魂的低级部分。这一点也可从小学学生入读年龄上看出来。

(94) 在这些经典中还有一部书,也就是在卫方济那里名为《大学》的那部书;而在柏应理及其同事那里则被去掉书名,被他们称为《中国科学》第一卷。其内容为大学所授课业。谁若认真阅读其内容,他便能清楚见到,在大学里关注的是灵魂的高级部分。这一点也可从大学学生入读年龄上看出来。

(95) 现在我们便知道,为什么孔子是十五岁时有志于哲学研究(注释5)。

大学之必要性与原因

由于在小学中,子弟被教以优良习常,他们在这里所养成的向善之习惯只能通过对长上的惧怕来维持;因此,他们在小学所学到的内容既无法满足那些将来的治国者、也无法满足那些生性不驯者:就是说,前者再无任何长上,也就不受任何意志驱驰(96);后者更愿接受自己本性的治理,而不愿受他人命令(97)。那么,由于在大学中教授的是应当如何自我治理[修己],从而自发做(98)值得赞赏之事、自发避免(99)可恶可耻之事;因此,大学比较适合形塑这些人的道德,也就是治理他人、而不受他人统治者,或者虽受他人统治、但自发做长上规定或将规定之事者。而与此相反,那些生性顺服者则被排除在大学之外,这既是因为他们由于愚钝而理解不了那些为实现自我治理[修己]而做出的规定,也因为有些生活在别人治下的人惯于治于人而不需要自我治理[修己](100)。中国人的一切努力都以优良政制为目标(101),从而使任何一个生活在这个建设优良的国家中的人都能获得幸福(102)。

注释(96)—(102)

(96) 中国人的天子诸侯再没有令其畏敬的长上,因为他们并不知道最高的造物主和引路人(Moderatoris)(注释54);在我们这里,有些人虽然在尘世没有令其畏敬的长上,但对造物主的畏敬能令其不行违背自然法之事。

(97) 中国人更愿接受自己本性(suo genio)的治理,而不愿受他人命令,这一观念经由孔子不遗余力的推广已经深入人心:首先,德性绝非可由长上的赏赐或者由对长上的畏敬而得来,因而天子自己也宁愿通过亲自作表率来赢得民心,而不愿通过惩罚带来的畏戒来驾驭人民(注释91),其次,要努力在追求德性之路上取得进步,直到感性欲求能自发地与理性欲求相一致(注释88)。这里可参见《中国科学》第2卷、第41页中所要求的情感与理性之谐和①。

(98)也即来自对德性本身的爱,从而人能像欢喜美观漂亮一样欢喜善好(注释78)。

(99)也即来自对恶本身的厌恶,从而人能像厌恶恶臭一样厌恶罪恶(注释同上)。

(100)治理者的表率和学者的遵从能对不能自我治理之人起到极大的示范作用,从而使其乐意顺服。无论是强调对长上和智者(sapientes)的尊敬,还是长上和智者努力使自己值得被人尊敬,也都是为了这一目的。

(101)孔子在《大学》(或《中国科学》第1卷、第3页)中教到②,古天子诸侯自我养成的第一种品质便是修治己身(corpus suum dirigendi)[修身],这样便能获得治理家庭这一观念。然后,他们自我习得的第二种品质便是正确建设家庭(familiam recte instituendi)[齐家],这样便能获得治理国家[治国]这一观念(regni administrandi ideam)。最后,他们以极大的努力治理国家,这样便能获得治理天下(imeprii administrandi)[平天下]这一观念。

---

① 译者注:此处"情感与理性之谐和"来自对《中庸》喜怒节"喜怒哀乐之未发,谓之中;发而皆中节,谓之和"里"和"的翻译。"和"的拉丁文原译是"诸情感之间以及情感与理性之间的和谐"(quidam passionum inter se & cum ipsa ratione concentus),张居正直解为:"当喜而喜,当怒而怒,当哀而哀,当乐而乐,——都合着当然的节度,无所乖戾,这叫做和",这也是朱子的解释:"发皆中节,情之正也,无所乖戾,故谓之和。"显然,区别在于:沃尔夫的解释强调抑情、以使其顺理;而张居正的解释则强调凡所发动之情、自然就是理。

② 译者注:即《大学》八条目。

因此，他们努力按照所有行为之同形性，运用自己的才智让每一个行为都以优良的国家治理为目标。

（102）我们已于前文（注释66）①讲过，所有中国人都渴望尘世幸福，并不知有最高神意（Numinis supremi）（注释54）和来生。

两种学校各自的建制

这样，小学为治于人做准备，大学则为治人做准备，从而正如我们所说，生性顺服者服从帝王，帝王则施良政、做表率，而游于治外、属于臣民的学者则按自己的动机行与长上命令相谐和之事。因此，学生在小学首先被要求尊敬（103）父母师长，使幼小的心灵开始习惯温良恭俭之则；而在大学，则示之以事物之原因［穷理］（104），教之以修己、治人之道。在两种学校里，学生想从教师那里学到的都是于生活（105）有用的东西；教师也都不仅努力使学生能完全认识其当行之事，还尽心竭力、孜孜不倦地教导他们努力践行所识之事（106）。这两种学校就曾是这样，那是在中国人的黄金时代，其时国家鼎盛，王公臣民各司其职、各履其责（107）。

注释（103）—（107）

（103）参见卫方济译本中名为《小学》的经典②。

（104）这可从中华帝国经典中清楚推断出来，也即卫方济译本中名为《大学》的那一卷。

（105）柏应理在"绪论"第34页清楚说道："早期中国人是智

---

① 译者注：还可参见沃尔夫注释38。
② 译者注：参见《御定小学集注》小学原序首句："古者小学教人以洒扫、应对、进退之节，爱亲、敬长、隆师、亲友之道，皆所以为修身、齐家、治国、平天下之本。"

慧、明智以及其他德性的真诚崇拜者和传播者,他们总惊叹于天地之伟大秩序与恒常,并倾力对之进行精心模仿。因此他们追求君主政制,迄今 4000 年矣;他们追求的也是以中治下、以上治中这样一种简单合适的治理模式;他们的帝王和圣贤(Sapientes)看来也是全身心投入其中;而希腊哲学家所关注的那种高高在上、远离感官之物,则不曾让他们感到有任何趣味,即便亚里士多德、或者斯多各或漫步学派的某位机敏的智者从希腊迁移来中国,也许他们也不会感兴趣,而且不仅是不听,恐怕连城门都不开。他们所希求的只是和平,以及道德法律之常理、公理。"因此,孔子只教授亲身验证成功的东西(注释 20),他以极大的诚意(candore)向其弟子展示自己在追求德性上的进步(注释 80)、以及在最高完满上的不足(注释 66),如果有人过分称赞他的德性和真诚,他会推不敢当(注释 78),这样一来,对于如何能获得德性,弟子们就不会匆匆下判断,也不会被表象迷惑,更不会错把云彩当成朱诺(Juno)来追求①。因此,在他们那里,推理只被用来确证那些源自事例的学说,然后他们又通过事例对经过深入分析的推理进行阐明,并且不厌其繁地从史书中旁征博引(注释 19),为的就是让教育能有合适的事例作材料。参见《中国科学》第 3 卷、第 4 部分、第 40、41 页②。

---

① 译者注:形容玉石不分,典出希腊神话,国王伊克西翁(Ixion)追求赫拉(亦称朱诺)令宙斯不满,后者使云朵幻化作朱诺,成功引诱伊克西翁,并产下半人半马,宙斯借此惩罚伊克西翁。

② 译者注:沃尔夫在此处可能是将《论语·述而》雅言章"子所雅言,诗、书、执礼,皆雅言也"和《论语·述而》不语章"子不语怪、力、乱、神"的拉丁译文合在一起做了个总结。孔子不说"任何远离人感官(ab humano sensu remota)"的东西,他所经常说的只是三种:"诗歌(Odae),也即古先圣王的合于韵律的话;史书(Chronica),也即诸侯大夫所做的正确、或不当之事(res ... vel recte vel perperam gestae);最后是君王所认真遵守、践行的责任和礼节(officia & ritus)"。从中也可看到张居正直解的影子:"盖诗之所言有美有刺……盖书之所载有治有乱……盖礼主恭敬而有节文",强调"此记(转下页注)

（106）因此毫不奇怪，孔子只传授自己亲身验证过的东西（注释20），只将那些将实践[行]与理论[知]结合在一起的人敬为哲学家[君子]。一个人越是善于实践、德性出众，就越称得上是个哲学家[君子]。难怪孔子说（《中国科学》第3卷、第2部分、第14页）："真正的哲学家哪怕在身体舒缓之片刻也不行任何违背德性与正确理性的事；即便遇到突发情况，也坚持这一德性之目标。甚至就算有灾祸使其颠沛，也仍然坚守这一德性之根基。"①他还以不同的话表达过同样的意思（同上，第1部分、第15页），践行（exercitatio）[学]若不与思辨（meditationi）[思]相结合，我们就会遭遇谬误与混乱[殆]，所得到的只是事物之幻影和虚妄的想象②。在回答弟子提问时，孔子回答道（第1部分、第14、15页），完满的哲学家应如此："他首先以事物本身和自己的行为来实现自己想对别人说的教导之语，然后再按照自己的行为和例子去教导别人。显然，欲意教人，必先做到。"③

（107）基于对古人史书以及切身经验的深信不疑，孔子在《大学》或《中国科学》第1卷、第20页中坚称，只有君王首先做到恪尽职守，臣民才可能恪尽职守，因为他认为在王公之表率与人民之效仿之间有密不可分的联系。他以立法君王尧舜与暴君桀纣为例来

（接上页注）夫子以经学垂世"。朱子注曰："诗以理情性，书以道政事，礼以谨节文，皆切于日用之实，故常言之。"沃尔夫所希望读到的"事例"其实就是这三经，所以他抱怨耶稣会士们没有将它们翻译过来。反过来说，中国的"经学"若在沃尔夫看来，实乃一门以理性为基础的大学问。

① 译者注：此处引自《论语·里仁》富贵章"君子无终食之间违仁，造次必于是，颠沛必于是"的拉丁译文。

② 译者注：此句摘引自《论语·为政》学而章"学而不思则罔，思而不学则殆"的拉丁译文，沃尔夫略有改动。拉丁译文亦能看到张居正直解的影响："若徒知思索而不用力于学，则功不究其实，其所思者不过想象之虚见"。

③ 译者注：此句摘引自《论语·为政》子贡章"子贡问君子。子曰：先行其言而后从之"的拉丁译文。

印证他所说的话。因为尧通过自己的德性使得"人民不是因畏戒惩罚和希求奖赏、而是心甘情愿像顺从父亲一样顺从他",而舜也和尧一样,他通过自己的德性使帝之威名远披荒服,四海之内咸戴其功,参见柏应理从中国史书所引(同上第 21 页)①。与此相反,桀则以暴力治国,以暴虐百姓为能,甚至对谏言大臣施以重刑、毫不手软,因此他也通过自己的暴戾将人民推向无耻堕落,而纣之暴虐则与其如出一辙、甚至变本加厉,他从酷刑之残忍中享受施暴乐趣,对轻犯滥用酷刑、毫不心软,而他拥有的也就是无耻堕落的臣民。

中国人的诸建制值得赞颂

在我看来,中国人值得大加赞颂之处在于,他们所有的学习纲目都着眼于一个目的,并且只关心与此目的有关的东西(108)。我认为同样值得赞颂的地方还有,他们所有的学习纲目也是为了生活,并且只关心有助于达到幸福的东西(109);正因如此,在这鼎盛时期,只要才智允许、生活境况所需,全中国无人不在努力学习(110)。当然,我觉得中国人还有一处值得赞颂,他们不仅仅只是传授道德学说,他们还训练学生践行德性、以形塑他们的道德(111)。只消看看,他们已经在善的知识上以及对善的践履上前进了多远!德高望重的卫方济神甫——他来自耶稣会,以博学见长(112),为人也极正派——他埋首研究中国经典逾二十载,终将其译为拉丁语(113),译本约十年前(114)于布拉格梓行于世。此书

---

① 译者注:以上内容均节引自《大学》传九章"尧、舜率天下以仁,而民从之;桀、纣率天下以暴,而民从之。其所令反其所好,而民不从。是故君子有诸己而后求诸人,无诸己而后非诸人。所藏乎身不恕,而能喻诸人者,未之有也。故治国在齐其家。"一段的拉丁译文及解释。

之首卷极具价值(115),为孔子所撰,由于此卷所含学说为成人所必修,孔子便名其为"成人之学"[大学]。

注释(108)—(115)

(108) 中国人竭尽全力追求身修、家齐、国治、天下平(注释101),因为一切存在者皆完满,按照孔子在《中国科学》第2卷、第74页的判断,没有完满,存在者便不成其为存在者[不诚无物]①,人也必须努力变得完满[自诚];从而孔子在第1卷、第1页强调,只能停止于最高完满[止于至善]。

(109) 中国人之所以如此重视完善他们的道德哲学和国家哲学,其原因就在于,只有如此才能确保他们达到有益于生活的真理(注释106),而幽微的东西则不受重视,因为它们会引起太多争议。参见《中国科学》第3卷、第4部分、第41页②。

(110) 无疑,对所有人的道德进行形塑,都是为了实现这些已得到清楚排序的目的(注释108),这一顺序与大学、小学正相对应(注释93,94)。

(111) 无疑,中国人认为偏离实践的理论配不上拥有哲学之

---

① 译者注:"诚者,物之始终,不诚无物"一句的拉丁译文为"这一真且固的原因、或者完满,就是万物之目的与原则。如果物缺少这一真且固的原因、或完满,那么就没有物"(Haec vera solidaque ratio, sive perfectio, est rerum omnium finis & principium. Si desit rebus haec vera solidaque ratio, sive perfectio, non erunt res)。沃尔夫引用时有改动。

② 译者注:此处来自《论语·述而》不语章"子不语怪、力、乱、神"拉丁译文中对"神"的解释:"最后是不语鬼神,因为它们的力量、影响和自然太幽远,远离人的感官,言之则危"(Denique de spiritibus, quod eorum virtus, efficacitas, natura usque adeo subtilis ac sublimis sit, & ab humano sensu remota, ut de illa debite loqui sit periculum),基本是按张居正直解"鬼神者,视之而弗见,听之而弗闻,其应感之理悠远而难测者也……言之则有以启人好奇不道之心、眩昧荒唐之想。"

名(注释106):他们也很清楚,脱离了践行,就一定没有对道德事物的真正概念,更别说养成行为之品质了(注释106)。

(112) 我说德高望重的卫方济神甫很博学,这可由其《印中数理观察记》(*observationes mathematicae & physicae in India & China*)得到印证,更不必说还有这本中华帝国经典的完整译本了。说他为人正派,我也言之有据,不过这里我有充足的理由不去详说。这本花费了译者大量心血的经典译本本身就说明,译者追求意诚,毕竟诚意追求德性正是这本经典所再三强调的。反正对任何人,我都扬其德性,宁褒不贬。

(113) 因为在我作此篇演讲时,尚不知其中几卷早已被译为拉丁语:就是说,我之前还没有看到巴黎出版的《中国哲人孔子》(注释1)。而卫方济译本则属新译,篇幅更小,与巴黎版本差异颇大。但我认为卫方济版本较之更为可信:我已在前文提到一个原因(注释7)。

(114) 也即1711年4月。

(115) 我称此卷极具价值,是因为依据我的判断,哲学家们的古老文献中最具重要意义的便是实践哲学,其中对实用道德学说(pragmatica dogmata moralia)的分析极为娴熟深刻。

中国人的诸实践原则

前文已说过,孔子并未另创新学,而是更新古学;因而在此卷中,你会发现中国智慧的真正原则。也就是说,中国人首先强调的便是,要正确地养习理性,因为人必须获得对善恶的明确知识,从而才无需因畏戒长上、希求长上奖赏而致力于追求德性(116),而只有在穷研事物之自然与原因之后,才可到达对善恶之完善知识;并且孔子最为出色的一位学生曾子就曾通过帝国史书证实过(117),智慧的先贤们总是致力于使理性日益(118)完善。

注释(116)—(118)

(116) 我们在这里说的是奴性的畏戒(metus servilis),而不是孝亲的畏敬(metus filialis),前者借由威胁和惩罚强制形成,而后者则由爱引发(注释 91)。同样,希求奖赏在这里则指一种单独对行为进行规定的直接原因,因为希求奖赏还可能并不直接、而是再通过其他原因对行为进行规定。谁若肯认真阅读前文,就不会怀疑这就是中国人的看法。如果从希求奖赏中产生的是对立法者的爱、进而是孝亲的畏敬,并且灵魂真诚地努力避免一切违背立法者意志的行为,那么希求奖赏也可以在有利于德性的情况下促发好的行为①。

(117) 孔子就是从史书中汲取其学说的(注释 5),因为史书本就是专门为了这样的目的[养习理性]而作(注释 19),因此也最好从史书中去探求孔子学说的道理。曾子为孔子的行为提供了见证,孔子都是按照其民族的习常在行事(注释 105)。

(118) 理性能够日益进步,对此孔子本身就是个极好的例子(注释 80),而且对之进行先天证明也并不困难,我们将在别处给出该证明。试比较注释 79,73。

诸实践原则的原因

他们对这些原则的宣称并非平白无故:因为他们认识到,自由行事的人,要么是不服从别人的治理,要么是虽然已经不情愿地服从、但仍然不想服从别人的治理,这样的人如果事先没有将心灵中的欲求和与之相应的身体中的心动相协调,那么他就既不会行善、

---

① 译者注:沃尔夫对"奴性的畏戒"和"孝亲的畏敬"所作的区分(其实都是 metus),目的在指出对上帝的畏惧属于"孝亲的畏敬",而不是"奴性的畏戒"。

也不会避恶(119);如果人未能养成对善的真正热爱和对恶的真正厌恶,那么心灵中的欲求就不能和身体中的心动相协调(120);如果人没有获得关于善恶的完满知识——也即通过心灵之推理来获得,那么就不可能有对善的真正热爱和对恶的真正厌恶(121);如果不钻研事物之自然与原因,那么通过心灵之推理也无法得到关于善恶的完满知识(122)。

注释(119)—(122)

(119) 如果我们欲求一个行为,并非因为我们通过澄明的理性认识到了该行为的内在道德性,那么决定该欲求的就是对惩罚的畏戒和对奖赏的希求,而这些都与孔子式的德性相抵牾(注释91,97)。

(120) 谁若因懿行本身之故而欲求它,因恶行本身之故而厌恶它,那么他就必定从前者感知到欲望,从后者感受到厌恶(注释74):因而,在前一种情况下,他爱善,在后一种情况下,他恶恶。在两种情况下,感性欲求都与理性欲求相一致:孔子追求的也是这种一致(注释88),并且他最终于生命结束之前做到了这一点(注释86)。

(121) 如果行为朝向完满、并将完满表现在行为者身上,那么只有当你直观这一完满,才能说你产生了对完满的欲望。同样,如果行为朝向不完满、将不完满表现在行为者身上,那么只有当你意识到这一不完满,才能说你感知到对不完满的厌恶(注释69)。

(122) 也即,如果我们没有洞视到可赞性和可恶性的原因,那么就会产生对他人的盲目模仿,从而容易陷入错误。

中国人的证明方式

尽管中国人并没有通过一长串论证来证明这些——因为他们缺少事物之明确知识,这样的知识直到今天仍为很多人所拒绝

(123)——但是,他们通过对长久经验的信赖来确证他们所理解到的东西,这些东西也就是他们凭借心灵之明敏对那些以德性闻名的先贤们的例子进行思考、从而所理解到的东西(124),这同时也是他们在亲自追求德性之路上从自己身上(125)学到的东西。

注释(123)—(125)

(123) 这是我自己实实在在经验到的,尽管这也可以通过原因从先天得到证实。由于我的目标就是将哲学所授内容用明确的知识传达出来,因此我不得不承受来自对证明方法无知的人们的激烈责难,好似我教授的是与真理完全相反的谬误一样,尽管这些都是我从它们的概念中推导而来的;也因此我说一些人尽管并非缺乏教育、但也可能就一些极为重要的事物说些蠢话,这也完全不是我在梦里头假想出来的。

(124) 孔子的例子可证实这点(注释80),他的学说也证实:如果对他人例子的模仿缺少自己的思考,那么就无异于错把云彩当成朱诺来拥抱(注释105)。

(125) 中国人非常确信,如果不在自己身上对道德真理进行验证,那么光是从他人的例子那里也根本不能认识道德真理(注释106)。由于中国人将由思考所得的知识与由个人经验验证所得的知识进行了比较,所以他们知道知识之区别。原因再不赘述。我们若只是思考别人的例子,则只能获得对外在行为的概念;而对于那些隐藏于心灵之内的东西,只有当我们从自身中意识到它们,才能获得对它们的真正概念。

中国人诸原则之确定性

谁会怀疑这些早已由丰富经验验证过的东西呢?而且我们已在上面展示过,在所有民族中,我们只能在古代中国人那里找到关于这些东西的可靠经验(126),他们没有任何宗教(127)——无论是自然宗教、还是启示宗教——因而也就不需要任何外在动机。既然在中国人那里,只有来自人类行为之自然的内在动机,那么他们的例子本身已经清楚说明了这些动机具有多大力量。

注释(126)—(127)

(126) 自然力量在养习哲学德性上能够起多大的作用,必须由经验来验证。而中国人已经在自己身上对哲学德性进行了验证,孔子也真诚地描述了这一亲身验证的成功(注释80)。更多例证见于中国人的史书(注释19)。

(127) 参见上文所述(注释54,55)。

作者在此项领域中的研究

我在还完全不知道中国智慧的时候(128),便自然而然地对人类幸福产生了兴趣,在非常年轻的时候(129)就开始汲汲思索道德事物,并且也颇受米涅瓦的垂爱(130)(绝非夸耀之词!)。我多年前(131)就在附近一处著名的缪斯女神之地(132)将学术资格论文(133)《普遍实践哲学》提交给学者们公开检验,这本书的内容就能证明我并非妄言。伴随着年龄的增长,我的判断也愈发成熟、心灵也愈发明敏(134),于是我更加深入地钻研了这些问题,并从心灵最深处推出了那些可以指导人类行为的智慧原则(135)。不过,尽管由于我那时并不知道中国智慧,因而中国智慧并未曾助于我的发现工作,但是我凭借自身才智所获得的东西却帮助我深刻洞悉了中国智慧(136)。

注释(128)—(136)

(128) 在卫方济的《中华帝国经典》出版之前,我从未见过任何有关中国哲学的书。

(129) 也即差不多近1702年年底时,那时我的大学学习还未结束[lxxviii]。

(130) 由于当时我还不知道"一般意义上的义务"[lxxix],因而我不仅对上帝之荣耀(gloriam Dei)、共善和人的完满进行了区分,还将它们由高到低进行了排序;但是我后来发现了"一般实践"(praxin generalem),至今我仍很满意这个概念,并且它也与孔子的实践相一致。

(131) 也即1703年初。

(132) 在莱比锡大学(Academia Lipsiensis)。

(133) 按照莱比锡大学的规定,为了能凭借公开答辩获得编外讲师(Doctores privatos)[lxxx]这一职称,我按照数学方法撰写了《普遍实践哲学》[lxxxi]。

(134) 自1703年起,我投入大量精力不断钻研方法之诸法则,并在自己身上对其进行验证——同样的工作,我的是与知性有关,孔子的则是与意志有关(注释20)。与孔子一样,我感受到了持续的进步,并且今天我仍在感受着;如果我们的时代和孔子的时代不是有那么大的差距的话,我就能效仿孔子的例子(注释80)来清楚地展示这些进步了,可是我以真诚之心所公开阐述、且有助益于他人的这些内容,却很可能会让那些离孔子之诚(Confuciana sinceritate)相距甚远的人们大加指斥。

(135) 我已经在我的《道德思考》和《政治思考》[lxxxii]中公开阐述了我的研究成果,图密西先生也以此书为基础已写好了《哲学教程》的第二部分[lxxxiii],即将付梓。一旦我准备好,我将会在我的拉丁语著作[lxxxiv]中做更加详细的阐明。

(136) 中国人所具有的无疑只是清楚的概念,因为这些概念无法通过言词传递给别人。因此只有当我们也具有这些概念的时候,我们才能深刻洞视他们的心灵。为了让学生们获得这些概念,孔子要求他们将思考与践行结合起来。这条路所要抵达的只是清楚的概念,而不是明确的概念。然而和我一样追求明确概念的人,则从一般概念和心灵之自然中先天地推导出许多概念,这些概念是孔子及其学生经由后天获得的。不过,为了能对概念进行确定、扩展,并寻找基础概念,应该将先天方法与孔子的经验方法结合起来。

为什么作者对中国学说的看法不同于翻译者

前面所称赞过的中华帝国经典之翻译者,其人极为明敏、善于判断,深研经典二十余载,孜孜不倦以求经典之真义,正如他所坦承,以知性把握其真义并非易事;他最终在译文前言中认为:这些经典中所包含的并非隐秘、悠远的学说,而只是大众的伦理学、道德之秩序、家庭之准则以及出现最多的优良政制之技艺,因此让他决心从事这项译业的原因并非其论证、论据之高明,而在于有如此众多之人研读这些经典,并且虽已有前人尝试翻译,但中国传教事起(137)已百余年,该译事却仍是未竟之业(138)。而与此相反,在我粗览此书之时,我却把握到了一种隐藏于其中的隐秘智慧(139),当然这需要一种发现她的技艺。我所认识到的就是:那些表面显得排列无序的内容其实是以一种极为美妙的联结方式相互联系在一起的(140),只要阅读再仔细一些即可;而那些毫无原因支撑的独断之语,在我的理解中其实也具有充分的原因,只要对之稍加检验即可(141)。我还发现,古人的看法极对:如果有谁只信赖自然之力,并且不是出于习惯和对长上的畏敬、而是出于自由意志(142)、并带着欲望投身于德性,那么他必定得从养习知性开始;这条真理是我在思索人心之自然时遇到的。如果我没搞错的话,我已在前面(143)充分证明过,人心之自然就是道德真理之试金石。毫无疑问,尽管有德性的行为是通过身体被完成的,但德性却住存于心灵、而非身体(144)。外在行为必须相应于灵魂之欲求(145);欲求产生自动机;当下的动机则来自对善恶的明确知识;由于善恶引起完满和不完满,因此善恶之区别在于我们状态的完满和不完满;对完满之感受引起欲望,对不完满之感受产生厌恶;从善中感受到欲望的人,也爱善;从恶中感受到厌恶的人,也恶恶。

注释(137)—(145)

(137) 对于传教士而言,进入中国是件困难的事。因为这个对异国风俗(moribus peregrinis)不感兴趣的民族并不愿意同外国人交通往来,以至于一个人若在未经派遣的情况下就贸然进入帝国,那么他可能会有遭遇杀身之祸或面临长期监禁的危险。因此,即便日本人数次回复在日本劝勉当地人皈依基督教的沙勿略(Francisco Xaver)lxxxv,让他劝说邻近的中国人皈依,因为一旦这些智慧的人们与他投契,他们就会立刻追随他的一切;可即便他们打了这保票,他们的这一要求还是难以得到实现。这可参见《关于正教信仰经由耶稣会传教士于1581年至1669年间在中国的开端和发展的历史报告,由耶稣会教父书信搜集而来,尤其是来自科隆的尊敬的汤若望教父的书信》lxxxvi,其第二版增加了有关中国的地理描述、关于中国传教状况的补充报告等等,1672年8月出版于雷根斯堡。沙勿略本来最后已经打算前往中国,但在当地受阻,在他还未来得及为宣传信仰做出任何事情之际,就于1552年12月2日55岁之时死于广东省上川岛(San cheu)。第一位进入中国的是罗明坚(Michele Ruggieri),也即在1581年,尽管他并未完成任何任务。不过直到1583年,耶稣会士利玛窦(Matteo Ricci)才接替他于1601年1月第一次朝觐,并赢得了皇帝的好感。利玛窦是中国传教的奠基人,他于1610年去世之时,皇帝还赐地安葬①。见前所说"年代表"第85,87,88,89页。

---

① 译者注:参见费赖之(Louis Pfister),《在华耶稣会士列传及书目》,冯承钧译,中华书局,1995年,页40。

(138) 有六部中华帝国经典,即《大学》(Schola adultorum)、《论语》(Liber sententiarum)、《中庸》(Medium immutabile)、《孟子》(Memcius)、《孝经》(De filiali observantia)和《小学》(Doctrina parvulorum),这些均由卫方济翻译。在他之前出版《中国哲人孔子》的传教士们(注释1)只将《大学》、《论语》和《中庸》译成了拉丁语。他们的第一卷"中国科学"就是孔子所述、并由其弟子曾子释义的《大学》。第二卷是第三部经典《中庸》,由孔子之孙子思以孔子言行为基础、承孔子之思撰写而成。最后一卷也即第三卷是《论语》,其中包含了孔子及其弟子在不同时期的言论,并且孔子的外在行为方式也在其中通过其弟子得到了描述。孟子是另一位在中国人当中享有极高声誉的哲学家,他生于基督前371年,84岁去世。虽然与孔子及其弟子当中的声望相比,他的声望远不能相及,但后世直到今天仍称颂他的成就,因此他的后代直到今天仍在朝廷上享有皇家特权。参见"年代表"第15,16页。孟子是孔子之孙以及孔子最忠实的解释者子思的学生。他将中国学说以透彻、且相较其他经典更为连贯的方式阐述了出来。《孝经》则包含了孔子针对敬拜父母而向其弟子曾子回答的内容,并展示了如何由此导向优良政制,这也是中国哲学的目标(注释101)。最后的《小学》由第八个朝代的朱熹所作,也即基督诞生后372年至480年的那个朝代①,它

---

① 译者注:沃尔夫混淆了南朝刘宋和宋朝,二者的拉丁语名称都是Sum。卫方济在《中华帝国经典》之《小学》译文开篇简介中说"此书为宋朝(Sum)的朱熹所撰,它包含了古人和近人的言说与事迹"(参见此书,页488),沃尔夫应是查阅了柏应理的"年代表",误以为是指柏应理所说的由"武帝"建立的"第八个王朝"宋(sum)(参见《中国哲人孔子》书后"年代表",页47)。不仅如此,沃尔夫还计算错了刘宋的起止年份。因为该年代表并未以基督纪年方式、而是以六十甲子纪年方式(仅每一甲子第一年标记基督纪年年份)来记录每位帝王的事迹,所以沃尔夫在自己计算刘宋的起止时出了偏差:他可能是将东晋372年继位的"武帝"(Vu ti)(谥号孝武帝)和刘宋的"高祖武帝"(Cao çu vu ti)当作同一个人。刘宋起止应为公元420年至479年。

包含了古人和近人的言说与事迹,专为孩童而撰,正如其曾在帝国兴盛时期的孩童之学校中也受到特别重视。直到今天,这些经典,除了第五部《孝经》(通常只要求生员[baccalaureis]记诵)以外,所有城市村庄的孩子都要进行记诵。此外,还有其他先贤所撰之经典,则是学者所读之书,也即:《书》(*Liber annalium imperialium*)、《诗》(*Liber odarum*)、《易》(*Liber productionum ac mutationum*,其中包含了中国人关于自然的学说)、《礼》(*Liber Rituum seu Ceremoniarum*)和《春秋》(*Liber Ver atque Autumnus*);可是这些至今也未被翻译成拉丁语。

(139) 这些[隐秘智慧]可以从本演讲和前面所加注释中清楚看到。特别参见我所说过的:关于从帝国之概念到家庭之概念的还原和从帝国秩序之概念到天地法象之概念的还原(注释7,34),关于将史书运用于道德和政治的方式(注释19),关于获得道德事物及政治学说之概念和真理的方式(注释20,22,24,25,73,82,106,125,136),关于理性自然与人类行为法度之间的一致(注释39),关于充足理由律在道德事物中的应用(注释58),关于德性所必需的外在行为与内在行为之一致(注释78),关于与德性相伴随的快乐(同上),关于推测他人习性的方式和为法官探查诉讼之真实性而规定的方法(同上),关于不断朝向日益增长的完满之进步(注释83,84),关于行为之自由确定中所包含的个体宇宙与全体宇宙之一致(注释84),关于所有行为所应该追求的人类完满之概念(注释85,108),关于感性欲求与理性欲求的自发一致(注释80,86),关于被作为道德之原则来强调的灵魂高级部分与低级部分之区分(注释88),关于通过孝亲的畏敬使臣民履行责任的方式①(注释91),演讲正文中关于中国人的双制学校,关于被排除在德性之

---

① 译者注:关于"孝亲的畏敬"这一说法参见译者对沃尔夫演讲注释91的注释。

外的对长上的畏敬以及对奖赏的希求(注释97),关于道德实践中的顺序(注释101),关于博采众学说之长(注释105),关于哲学家之概念(注释106,111,116),关于帝王之表率与人民之效仿之间不可切断的联系(注释107),关于道德实践(注释93)。

(140)一切真的学说都是以一种链条式的联结方式相互联系在一起的,从而每一个部分都能从其他部分得到证明。然而中国人所获得的真学说,则是他们通过反复的试验得到确证、进而才接受的学说(注释106)。但是只有人们在对这些学说具有明确的概念、找到它们的所有原因之后,才洞视得到那条联结方式。

(141)孔子自己也知道,万物之存在皆有其充足原因(nihil esse sine ratione auffciente)(注释58)。因此,既然中国人已经获得了真理(注释140),那么也就毫不奇怪,他们的每一条学说都具有原因。

(142)也就是说,一个人,若其行为由对长上的畏敬(metu)或对奖赏的希求决定,而其所欲求的却正好相反,那么他就还不是在自由地做与其理性相一致之事,中国人也认为这并不属于德性(注释97)。

(143)我已经指出(注释39),孔子已经确定了道德真理的这一试金石。

(144)因此,如果外在行为与内在行为不相一致,中国人就会认为这与德性相去甚远,所以他们会竭尽全力去追求灵魂之诚(animi sinceritatem)(注释78)。

(145)请想想我才说的(注释144)。

完善意志的方式

一切最终都源自对善恶的明确知识,并且意志通过知性之明敏而得以完善,这一点还有谁未能看清?这与心灵之自然相一致(146),也与中国人之原则相和谐(147),这也已由中国人非凡的经验得到确证(148),尽管还未得到所有人的认可(149),因为大众并不能将灵魂之高级部分与低级部分完全区分开来,然而中国人却已洞穿这一区分(150)。

注释(146)—(150)

(146) 我到此为止所说过的话都与心灵之自然相一致——一个完全理解了经验心理学的人对此将不会有任何怀疑。与此相关的一些评注,大家可参看《经验心理学教程》,这是图密西先生在其《沃尔夫哲学教程》(卷一、第118页及以下[xxxvii])中贡献给我们的。

(147) 我说这与中国人之原则相和谐,这是《大学》告诉我们的,也即《中国科学》第一卷。参见上文注释78中所说,以及注释119及以下所说。

(148) 因为中国人从事例中汲取他们的学说,并且只有那些在自己身上通过经验得到确证的事例才被算在内。参见前文所说(注释5,19,105)。人们只要认真去读读他们的经典,就不会怀疑,我所说的每句话都可由他们的经验得到确证。甚至只需要认真看看我为本演讲作的注释就够了。不过如果面前能有部中国人的史书(注释19)——一部中国先贤们的经典(注释138)——的话,那这些会更加一目了然。

(149) 那些在我们的时代(太可悲了!)将法利赛主义从地下重新唤醒的人们,那些自诩虔敬的学者们[xxxviii],他们在追求德性时完全忽略知性养习。由于利益和争心才是他们的动机,是他们为什么将他们的模样、表情、动作和行为的外在形象与律法协调起来的原因;所以他们并不关心行为之内在道德性和立法者的智慧与善。对这些完全远离孔子之诚的人们,孔子甚至认为,他们连德性的样子都不具备,因为他只把他们算作恶奴、甚至是缺乏理性的野兽①

---

① 译者注:关于"恶奴"、"野兽",沃尔夫存在误解。参见译者对注释91的注释。

（注释91）。现在的中国人（Sinae moderni）会把他们归为"凡僧"（Bonzios）一类，也即柏应理"序言"第10页所说的那种假装有着一种严格、神圣的生活方式的人，他们将德性变成一种显摆，从而通过一种乞讨技艺［化缘］使自己优越于别人。

（150）参见上文对孩童之学校［小学］与成人之学校［大学］之间区别所作的注释（注释93，94）。

养习德性时所行责任之顺序

中国人要求：一个人在成为一家之主之前，要先修治好自己的道德和生活［修身］；在进入政府之前，要先管理好自己的家庭［齐家］（151）。这要求在我看来完全没错。因为一个连自我治理都不能做到的人，如何能治理他的家庭？一个不知道如何治理自己和自己家庭的人——也即治理更少和更熟悉的人——如何能够治理其他更多的人？此外，一个人若想领导其他人，那么他就必须以身作则（152），既让大家知道如何能做到所规定之事，也让大家明白所规定之事是获得幸福的手段。

注释（151）—（152）

（151）在《中国科学》第1卷、第3页如此写道："他们（也即古代帝王）若想正确地治理他们的国家［治国］，就要先正确地建设他们的家庭［齐家］。他们若想齐家，就要先正确地修治或者养习其身［修身］。而他们若想修身，就要先正心。他们若想正心，就要先诚意。他们若想诚意，就要先完善知性［致知］。"而此外还补充道，知性要通过找出万物的原因［格物］才能被完善。

（152）中国人认为，要治理人民，只有通过表率、而不能通过命令，他们认为统治者的表率才是使人民履行责任的真正原因（注释91），因为他们相信在帝王之表率与人民之效仿之间有着不可分的联系(注释107),并且他们非常确信,人不可能在脱离践行的情况下、仅仅通过思考获得对道德真理的诸概念(注释106,125),尤其要考虑到他们认为清楚的概念就已足够(注释136),这些概念不可能仅仅通过言词就能传递给别人。

中国人努力改善他人

对于中国人而言,光是竭尽全力让自己走上德性之正途、远离恶之邪道,这是不够的:他们还要想尽办法让他人也走上德性之正途、远离恶之邪道。因此,一个在求善之路上取得进步的人也会尽力让他人变得像自己一样,这在中国人的诸智慧原则中也占有一席之地(153)。他们全心全意想让他人也一样能具有他们自己所获得的明敏;他们尽心竭力让令自己愉快的善恶之知识也能惠泽他人;他们殷切期望那令自己愉悦的欲望也能充溢他人;他们努力让自己的所爱所恶也成为别人的所爱所恶;最后,他们还不遗余力要使那令自己散发光芒的德性之荣耀也让他人光芒四射。正因如此,天子诸侯要为民做表率(154),家长要为家庭做表率,父母要为孩子做表率(155),这样他们便能对那些不能服从理性之治理的人有所帮助(156)。

注释(153)—(156)

(153) 就在《大学》开头(或《中国科学》第1卷、第1页),孔子的学说就是这样写的,他教道,任何一个人首先要完善自己、然后就应该考虑到改善人民(populo renovando)[新民]。而且孔子也做到了他教授给别人的东西,他十五有志于学(注释5),在亲身获得了其学说之真理之后(注释同上),便不遗余力地进行传播,尽管同时还被奸人构陷、受恶人憎恨(注释14);孔子还想跨出广袤帝国去往夷狄传播他的学说,并哀叹他的学说无人认肯。因为当他认为自己和其他正直的人都不受人认肯之时,他最终满怀悲伤地说出了这样的话(《中国科学》第3卷、第3部分、第19页):"我的学说今天不受认肯、不被推行:那么我为何到现在还居住在中国?我要登上小船,驶过大海,快点逃离这个道德上如此堕落的时代。"①试比较注释25。在《中国科学》第2卷、第74页更是明确说道,完满之人不仅完善自己、还完善他人②。

(154) 参见我刚才所说(注释152),并回忆立法者尧和舜的例子(注释8,107)。

(155) 他们认为,如果父母和家长不知道如何管理自己,那么他们也不可能管理好自己的孩子和家庭(注释101)。毫不奇怪,他们也将对帝王的溢美之词用于父母和家长,因为对孩子的教育和对家庭的管理也被他们视为一种政制,他们也是按照这样的政制观念而建立了帝国(注释7)。孔子亦(《中国科学》第3卷、第1部分、第19页)称赞某人虽然只是在行私人之德性与家庭之德性,但其正是于此二者中为政[施于有政],孔子认为这就是在治国和履职[是亦为政]③。因为孔子自己任过官职,并从而洞视到了政治规则之意义与真理(注释25,106),因此他非常重视齐家与治国之间的相似性。所以他所说的完全是他所经验过的。

(156) 因为那些对行为之价值缺乏独立判断之能力的人们得依赖另一些人的权威,他们认为这些人知物、相信他们是所在技艺

---

① 译者注:此为《论语·公冶长》浮海章"道不行,乘桴浮于海"一句的意译。

② 译者注:即《中庸》诚者章"诚者非自成己而已也,所以成物也",拉丁译文为"完满之人不仅完善自己而已,而且还要完善其他事物(res alias)"。

③ 译者注:此段出自《论语·为政》或谓章"子曰:《书》云:'孝乎为孝,友于兄弟,施于有政'是亦为政"的拉丁译文。此章言孝、友与为政同,孔子引《书经·周书君陈》,认为行于此二者,即有为政之道,而不必居其位才是为政。

领域的专家。因而,中国人所关心的是让权威之先见能无害、而有益于人。

中国人的最终目标

然而,不论是为改善自己、还是为改善他人,中国人都极为强调:只能止于最高完满[至善](157),也就是说,要永不止步,因为人无法达到最高完满[至善](158):人要不断前进,使自己和他人在德性上日益(159)精进。因此,中国人的所有行为都以自己和他人的最高完满为方向,这也是所有行为的最终目标(160):以此为方向,整个自然法权之根本内容(161)包含的无非是我们行为中的一切值得赞赏者(162),这我早已证明过(163)。尽管他们似乎对这一完满并没有明确的概念(164)——因为他们并未洞视到诸行为之间的那一姊妹式的链条,以人状态之完满为目的的诸行为正是通过这链条相互联结,我也(165)已经对这一链条做过阐明,所以他们似乎只将完满视为德性的某种特别程度(166);然而,当我们对中国人经典中到处可见的规则和道德之表率进行仔细衡量时,在我们看来,他们对完满至少还是有个模糊的观念(167)。甚至当他们在其他地方——正如我们已经详细给出的——也具有许多特别模糊的概念时,我们也不必惊讶。不过由此也能理解,为什么翻译者在付出如此多年努力之后也未能充分理解,中国哲学家的言词背后究竟是什么。因为仅从光秃秃的言词也看不出,与这些言词相联系的是哪些模糊的概念(168);而那些从模糊中清理出这些概念的人,多半是靠推测才发现了模糊概念和明确概念之间的同一性(169)。

注释(157)—(169)

(157) 孔子在《大学》开头明确讲了这条规则。见注释108。

(158) 这是孔子自己认识到的,他坦承道,他距离自己向别人教诲的那种完满还很远(注释 66),并且如果他的学生对此另有看法(注释 78),那么他会担心自己本来希望借以产生良好影响的例子产生适得其反的效果。

(159) 孔子从十五岁直至生命终结、也即七十三岁为止,都在孜孜不倦地追求德性,他将一切思考和努力都投入于此,从而能够日益精进。他以亲身经验验证了这样的进步是可能的,比如他于七十岁时亲身领会到了他于六十岁尚缺乏的东西。参见我在前文关于孔子德性之进步所说的话(注释 80)。

(160) 孔子给出了成年人必修学说[大学]之根本内容:他们必须不断地完善自我和他人、必须将最高完满作为目标来追求。

(161) 我所认识到的自然法权之源头就在于所有行为之相互一致——无论是自然行为、还是意志行为。如果决定意志行为的诸目的因与决定自然行为的诸目的因完全一样,并且诸个别目的因最终都可化为一般目的因,那么所有行为便达到了一致。由于世界之最终目的是上帝之荣耀,或者说是神圣完满之显现,从而诸本质与运动法则之最终原因就是诸神圣属性(attributa divina);因此这些神圣属性必定也是自由行为之最终原因,从而神意之荣耀也通过人类行为之自由定向而得到彰显。经过我对自然法权之源头的深入研究[lxxxix],我便从中发现:神圣荣耀之彰显离不开人的完满。神圣荣耀未得到彰显的地方,人也就还不完满。

(162) 在我这里,决定着与教养相关者的诸原因和决定着被称为正义的东西和可赞的东西的诸原因完全一样,从而教养便也具有确定的原则,真、假教养即通过这些原则得以区分。

(163) 与此相关的一些内容可见《普遍实践哲学》[xc](注释 133),尽管在那里还未得到彻底的讨论(注释 130)。根据我在《形而上学》[xci](1721 年已出第三版)已给出的必然原则,我在 1720 年初版、1722 年再版的《道德思考》[xcii]中更加明白地指出什么是行为以人的完满为方向,以及行为在多大程度上能够以人的完满而方向(注释135)。

(164) 参见上文所说(注释136)。还可比较注释166。

(165) 为了能明确看到这一姊妹式的链条,我们需要对一般完满有明确的概念,还需要有关于普遍世界的知识——也即我所称的"超验宇宙论"(Cosmologia transcendentalis)——以及自然神学。当然,按照我的设定,我们必须借助自然之光才能获得对它们的认识。中国人则对一般完满没有明确的概念,也未曾洞视到超验宇宙论。而自然神学对他们而言则更是完全陌生(注释54)。因而他们也就不可能清楚地解释,所有自由行为之间如何相互联系,以及自由行为为什么能与自然行为紧密相连,还有自由行为为什么是增加、而非破坏这个世界的完满。这是因为,尽管自然法权之原则于我们而言是让自由行为以我们的完满为方向,但是从我们的形而上学中也可以清楚看到,这一原则还可在普遍意义上理解为让自由行为以世界之完满为方向。所以从这一普遍原则可以再明白不过地(evidentissime)推出对他人、以及对其他无灵魂事物的责任。

(166) 孔子在《大学》开头强调,只能止于最高完满[至善]。在这里,完满似乎被把握为德性的一种程度。尽管这并不与完满之真正概念相矛盾。但是对我们而言,问题并不在于完满是否与德性之程度相一致,而在于孔子以及中国人是否认识到了什么是完满。

(167) 中国人明确要求诸行为应以此为方向,也即使这世界中的万物达到和谐,因为他们视人为世界之一部分(注释84)。为达到这一和谐,就必须在行为之自由规定中使个体宇宙与全体宇宙相一致(注释同上)。为达到个体宇宙与全体宇宙之间的一致,他们要求外在行为与内在行为之间的一致(注释78)、以及内在行为中感性欲求与理性欲求之间的一致(注释88),因而也就是情感与理性的一致(注释97)。

(168) 如若这些模糊的概念能通过言词在别人心中被激发出来，那么只能是因为别人之前已经具有这些概念、并已将这些概念与这些言词联系在一起了。试比较注释136。

(169) 由此也就清楚，为什么那些对道德事物之明确概念完全不感兴趣的人们至今都无法理解中国人的心灵；而我则已经理解了他们的心灵，因为我已努力将这些概念展开、并化为其他更简单的概念。

中国人的至善

人之至善就在于不断向日益增长的完满迈进之过程(170)，这我已在别处(171)证明过。因为中国人如此之强调，要在德性之路上不断前行，在达至最高完满之前，绝不止步于任何程度的完满(172)，而最高完满实际上是不可能达到的(173)；因此在我的理解中，他们的哲学家们心中也秉持这样的观点：人之幸福莫过于，日日迈向更大的完满。

注释(170)—(173)

(170) 我们这里所说的是通过自然之力获得的哲学上的人之最高善。孔子的例子证明，这样的善(而不是其他善)可以以自然的方式(naturaliter)降临于人(注释84)。

(171) 也即在《道德思考》一书中，即我命名为"普遍实践哲学"的第一部分，我在这一部分中对一般道德概念进行了展开，并对一般实践原则进行了确定[xciii]。

(172) 参见前文所说(注释85)。

(173) 孔子已通过亲身例子教导了这些(注释66)，他是个极为细致的自我观察者(注释78)，亦孜孜不倦地追求德性，以至于到七十岁时还记录下自己更大的进步(注释80)。

中国人的动机

然而为了持之以恒地坚持此一目标,他们需要激励,学者们受此激励之鼓舞便能在各自的学业中实现卓越,这激励就是懿行之荣耀(174),即便困难重重,这一荣耀也能给予他们力量。由此我们看到,中国人借用天子圣贤之表率来给出规则(175),从而鼓舞他人也实现卓越:因为受荣耀鼓舞者,会试图向那些通过自己的成就获得赞扬的人看齐,甚至还要努力超越他们(176)。

注释(174)—(176)

(174) 荣耀和争心[xciv]之间有着天壤之别。荣耀是一种欲望,是当我们的懿行受到别人的承认时,我们从中所感知到的欲望。这于人以及精神实体都极自然,可由欲望及精神实体之概念得到证明,我将会在别处对此进行证明。无论是我们为自己的懿行感到快乐、还是自己的懿行受到别人的承认,这都不能说是恶。所以说,连上帝都注重自己的荣耀[xcv],因为他创造了这样一个世界,就是为了让这一结果能见证其所具有的最为完满的起因,也因为他规定人类通过对世界的观察达至对神圣属性的认识。而争心则是一种恶,人因争心而欲求比自己所应得的、或比别人所认可的更多的荣誉。凡依据概念行判断者,便不会妄以臆度、亦不会淆乱黑白。

(175) 为了在追求德性时取得进步,孔子就曾考察过其他人的例子,尤其是立法者尧、舜的例子(注释19)。而且中国史书也是以这个民族特有的精细所写就,从而能够运用于道德学和政治学(注释同上),因此它们也被列入先贤们的经典之中(注释138)。

(176) 上进心体现在对德性的模仿当中,因而属于值得赞赏之物,并非可耻之事。所以说要树立卓越的榜样,这样我们自己也会努力效仿别人身上令人赞叹的德性。

产生动机的独特方式

但是我注意到一种非常独特的方式(177),中国哲学家们运用此种方式来鼓励学生们效仿卓越行止。关于那些成就卓著的人物,哲学家们常向学生们讲述他们的一些不合常理之事,从而让学生们在惊讶之余去思考,是什么促使这些人物如此行动的:当他们冥思苦想也不得其原因之时,哲学家们就会最后告诉他们个中道理,并鼓励他们在相似情况之下也如此效法。

注释(177)

(177) 这样的例子可在《孟子》[xcvi]中找到,此书是中华帝国的第四部经典(注释138)。

中国人是否具有德性

我想我会听到一些严苛的(178)道德审查者们嘟囔说,中国人的行为是出于一种争心,这样的行为只具有德性的外在样子(179),但还远未达到真正的德性(180),因此完全可以说他们的行为已经受到这光荣的恶(181)的沾染。但这些大善人们不知道的是,我们实在不能赞同他们(182)。因为不能将争心与荣耀相混淆,我们已经在别处证明过,二者之间有天壤之别(183)。我要问的是,如果一个人行善,并因善行之自知而感到愉悦、并乐此不疲,那么谁能说对其进行指责是公正的呢(184)? 如果一个人专注于自己的行为举止,从而令心怀恶意者无法找到把柄、并令其他人发现可赞赏可效仿之处,那么谁会去指责他呢(185)? 如果德性因其美妙本身而令人快乐,从而我们一方面相信具有德性是令人称赞的事,而另一方面则会对缺乏德性进行批评,那么谁又会对此进行指责呢(186)? 又,行为具有一种内在的善,这谁还会不知道呢? 只要行为因其内在的善而受到喜爱、赏识和贯彻,那么这样的行为就没有污点,这谁又会不知道呢(187)? 既然我们已经在前面阐述过,中国人致力于善行,因为他们深刻洞悉了行为之内在善;那么我们就没有理由说,对其进行指责是公正的(188);而且我已在前面指出,由行为引起的状态之变化正是中国人的行为动机(189)。又有谁会怀疑,是上帝在关注这一切,是他在命令某些确定的行为、而禁止其他行为呢(190)? 谁会在对这些做过认真思考之后仍然不知羞赧地宣称,人必须受到惩罚,就因为他行为和不行为的原因正是那最智最善的神意行命令和禁止的原因呢(191)?

注释(178)—(191)

(178)"严苛的道德审查者们"指的是这样一些人,他们不从概念、而从先见出发来评判别人的道德,为的只是欲加之罪,其实是混淆了黑白。

(179) 孔子以及帝舜的例子就是反证。当别人夸大他的德性与真诚时,他会难以承受(注释78),因为他并不希望自己被奉为自己还未能成为的那样;他倾尽全力,为的是能让外在行为与内在行为相一致、能带着快乐去做与理性相应之事(注释78)。舜则不确信自己的判断,因而公开立碑,任何人若见他行事有需改正之处,都可在碑上记下(注释78)。由前所述,可在一般意义上说,他们努力让一切都从真理产生,让灵魂之情绪与理性能恢复和谐。尤见上文注释66,78,80所说。

(180) 孔子以及古代中国人都竭力使心灵判断、意向、欲求及内在行为既能相互一致、又能与自然法相一致。这种一致为德性所特有,而不属于恶——我说的是一般意义上的德性。因为无论是哲学德性、还是基督教德性,都取决于动机,行为之各种构成都随动机不同而产生变化(注释51,52,53)。神学家们亦同意此说。

所以贝希曼在其《胡特〈神学纲要〉详注》(第 14 节、问题 6、第 2 段、第 520 页)中[xcvii]说道:"异教徒的善工不是罪,只要我们从它们与神法(lege Dei)相一致的角度来仔细考察:也就是说,将与神法相一致者称为罪,此乃矛盾之说。"

(181) 这是奥古斯丁的一个极为著名的观点:异教徒的德性是光荣的罪(splendida peccata)[xcviii]。《协同书》(Formula concordiae)的作者们似乎也证明了这一点。在第八条"论善工"(de bonis operibus)[xcix]中便如此写道:"即便那些为达到外在教化而做出的事工(正如不信者和尚未皈依上帝者所做和所要求的那样)于世界而言有其价值和可赞之处,即便上帝赐予了它们属于此世的短暂奖赏,然而由于它们并非来自真信(ex vera fide),因此它们于上帝而言实是罪,也即已被罪沾染,而且也因人自然之堕落而被上帝视为罪和不洁,既然人无法与上帝和解。"由此来看,他们的反驳似乎也与信经诸书(libris Symbolicis)相一致。因为中国人正是不信者和尚未皈依上帝者,对于上帝他们仅有一种模糊的概念,从而他们不具有对上帝诸属性的知识,也因此被一些人视作无神论者(注释 54)。

(182) 因为他们混淆了那些必须相互区分开的事物,连《协同书》都明确区分了这些事物。虽然我们认为中国人具有哲学德性,或者按照《协同书》的说法,他们具有世俗正义(注释 53),然而他们却完全不具有神学德性,因为只有愉悦上帝的善工才算是神学德性(注释 55)。我们将恶与哲学德性相对待,将罪与神学德性相对待。因此,有些东西虽然并不算是恶,但在神学领域则被视为罪,也可说是被罪沾染。我们探究的并非言词上的区别,而是事物上的区别,因为我们从不作空洞的区分。那么好,就让我们对之前似乎尚未足够认清的地方再进一步加以阐明吧!我们的研究已经表明,我们要判断的是行为是否与律法相一致。如果行为符合律法之命令,那么就可认为该行为与律法相一致。然而孔子则认为,仅是外在行为与律法相一致还不够，内在行为也要与律法相一致，也即判断、欲求和意向要与律法相一致，只有如此，当我们对行为是否与律法相一致进行判断时，我们才不至于出错；从而我们才会因为行为与律法相一致而欲求这一行为，出于同样的原因，我们才会欲求律法所规定的行为、或者具有内在可赞性的行为。这些就是哲学德性所要求的一切，因为与哲学德性相对待的是恶行、或者受恶所累的行为。毫无疑问，与有德性的行为相对待的是恶行；而如果仅是外在行为与律法相一致，内在行为——比如意向——却不与律法相一致，那么有德性的行为就会受到恶的沾染。然而尽管如此，即使一个行为不含丝毫恶、从而被认为是纤尘不染，这样的行为也仍然不能令上帝愉悦，因为它缺乏所要求的愉悦上帝的事工。也就是说，为了让行为愉悦上帝，行为之动机必须是诸神圣属性，这样神意之荣耀才能通过人类行为之自由定向得以彰显，就像此世界中被造物之荣耀通过自然行为得以彰显一样。一切不为神恩之力所惠顾者，其德性也必然缺乏这样的动机。那么既然中国人对神圣属性缺乏明确概念（注释54），神圣属性对其行为之确定也就未能产生任何影响。其他民族则自古至今都对上帝秉持着错误的认识，唯独犹太人曾具有关于上帝的真正知识，他们的行为均以上帝之荣耀为方向。所以其他民族也未能如人所愿地以神圣属性为动机。孔子以五十多年的持续努力也未曾做到使其所有行为完全远离恶的沾染（注释80）：因而如果一个人仅凭借自然之力来追求德性，那么他便更加不可能触及哪怕一点点我们所说的哲学虔敬。所以，未获重生之人的所有行为都尚不是能够愉悦上帝的行为，哪怕他是孔子再世。但是从启示中可以确知，重生之人自己的事工则远离自然法所要求的那种完满，因为自然法就在于让行为以全宇宙之完满为方向，从而上帝也改变不了他自己的作品。由此还可知，只有当事工由对基督的信仰而起，这样的事工才能愉悦神，因为一个人只要借由信仰而与基督联合起来，那么即便他的事工不完满,也可因其对救世主的完全顺从而变得完满。所以显而易见,人们完全没有必要为了维护《协同书》的权威而将中国人的德性视为恶,或者贬低他们在行善行之时的真诚意向。不过此外也同样清楚的是,我所说的并不与神学家们对《协同书》的解释相违背(注释 67,180)。

(183) 也即在《关于人类行为的道德思考》中。试比较上文所说(注释 174)。

(184) 我们赞赏善行,这样善行之自知(benefactorum conscientia)可令我们愉悦。而我们要求必须避免恶行,这样我们就不会感到自知之有愧(conscientiae morsus)。

(185) 圣经本身也要求,不要给讼棍进行嚣讼的机会ᶜ。我们要求的即是,人应当注意自己的名声。谁会不同意诗人所说的"即便你毁掉一切,也请保住你的名声"ᶜⁱ呢?谁会不同意说我们都努力要成为别人的榜样呢?

(186) 在我年轻的时候,我就经常听说:"好人因热爱德性不愿作恶,坏人因害怕惩罚不愿作恶"ᶜⁱⁱ。

(187) 贝希曼说:"将与神法相一致者称为罪,此乃矛盾之说"(注释 180)。一个行为若因其内在的善而快乐,它便与神法相一致;它若具有内在的可恶性,便与神法相悖。一个行为若朝向个体宇宙之完满、以及全体宇宙之完满,它便具有内在可赞性(注释 84);它若与个体宇宙之完满、以及全体宇宙之完满相悖,它具有的则是内在可恶性。

(188) 就中国人的德性是哲学德性而言,它当然没有任何可以指责的地方。情况在神学领域中则有所不同,神学讲完全的顺从,也就是必须与律法完全一致,这已在前文(注释 182)作过阐明。

(189) 中国人只具有哲学德性(注释 54):而哲学德性的动机则是由行为引起的内在状态及外在状态之变化,通过动机可以判断行为的内在可赞性或可恶性(注释51)。也正是出于这个原因,中国人从后天探究各种行为的区别,也因此特别注重去对那些以亲身经验验证诸种行为的人们进行评价。

(190) 在普芬道夫之前,事物之内在可赞性和可恶性为所有人所赞同,大家均对此深信不疑。虽然普芬道夫摈弃客观的道德性,因为他认为只有当义务来自长上之意志时,才有所谓行为或不行为之义务;但即便如此,他在研究论敌的反驳时也承认,我们评价行为之内在可赞性和可恶性时所依据的那些原因,同样也是上帝命令或禁止这些行为的原因,因而普芬道夫赞同说,上帝若不如此行命令或禁止,他便是自相矛盾。关于他对该论证所给出的更详尽内容,请阅读其《一些发生在他周围的关于自然法权的最新争论》第 5 章[ciii]。

(191) 见前文所述(注释 180,187)。

养习德性时礼的作用

至此,还有一条独特的中国智慧之原则,阐明这条原则也是此次计划的一部分。中国人曾非常热衷于礼,其内容也相当多,他们得进入全国所有居民均需入读的孩童之学校学习礼。因此直到今天,《礼》仍位于古代圣贤的五经之列——卫方济并未翻译这些书(192),此书在已译为拉丁语的那些经典中也经常被引用。但中国经典之翻译者们似乎认为此书不重要,因为他们并未翻译此书;但我真希望,面前能有个译本,因为我确信在其中(正如谚语所云)所能够发现的绝不只是孩子们在豆子里发现的东西。仪式对于德性之践行具有怎样的作用,这我已在别处(193)极为明确地证明过,那些仔细检查过我的所有相关出版物的人是知道的。不过,那些在拉丁译本中出现的引文也已可证明,中国人的礼具有与其智慧相称的原因(194)。为了使我的话更可信,我举一个例子就够了。

当时,也即中华帝国全盛之时,一个怀孕的妇女绝不敢视于邪色、听于淫声(195)。盲人乐师会在更容易辨听声音(196)的夜晚,为一旁聆听的孕妇吟唱两首《诗》中有关正确持家的诗歌(197),并讲诵可赞之事。这些都为了一个目的:使出生的孩子能才智过人。此事之确凿已由刘向在一本书加以证实,此书为教育妇女而作、流传至今(198)。我们对此礼进行解释,为的是表明,礼的背后有非常坚实的原因(199)。各位听众,你们知道,心灵与身体之间有着一种怎样的一致(200),胎儿在母体中发育之时,无论那些与心灵密切相关的器官在形状上发生任何变化,它都会在心灵中引起某种与发生在身体上的变化相一致的变化(201)。同样清楚的是,由于母亲和胎儿享有共同的血液循环,因而胎儿体内的液体流动与母亲体内的液体流动相一致。毫无疑问,心灵之非物质观念相对应于大脑中的某些物质观念,这些物质观念存在于神经流之运动中,神经流则通过大脑的神经细管(202)以一种确定的速度流动;而正如心灵中的欲求由知觉引起,身体中与这些欲求相应的器官运动则由(大脑中的)物质观念引起(203)。那么显然,母亲大脑中于妊娠期间所激发起的物质观念,会在孩子大脑中引起在某种程度上相似的物质观念(204),并且由此在孩子身上产生的运动也与在母亲那里产生的运动相似。由于大脑一旦被印入观念,这些观念便赋予了大脑一种倾向,能再次激发出这些观念、以及相应于这些观念的运动;因而也就能理解,孩子的大脑也同样会被赋予一种倾向,能够再产生这一种类的观念,并在身体上产生相应的运动、在心灵上产生相应的欲求。此外还可以确定,音乐和唱诵比演讲更容易使观念印入大脑(205)。那么,中国人曾经为孕妇制定的礼与理性完全相符,谁还会对此表示怀疑呢?

注释(192)—(205)

(192) 见注释138。

(193) 这里提到的一些内容是我在《普遍实践哲学》命题 23 之释义[CIV]中已经阐明过的。但之后我又在《道德思考》第 176 节[CV]及以下更清楚地给出了有关仪式或礼的诸原则,善于推导技艺之人可由这些原则出发轻松推论出其他的特殊原则。

(194) 也就是说,中国人的礼有明确的目的,并且这个目的只有通过礼才能达到,比如,将易入歧途之人引上正确的德性之道,或者将值得称赞的东西和属于德性的东西还原成更加日常的东西。

(195) 显然这样一来,母体内的胎儿就不会被植入情欲之倾向(inclinations ad libidinem)、或者服从于情欲之物的倾向。

(196) 当没有视觉时,其他感官则更加敏锐,因为集中在其他知觉上的注意力会更多,既然注意力对于精确分辨各种知觉是必须的。盲人能通过触觉分辨颜色的例子可以证实我们所说的这些。

(197) 吟唱之声不仅可以更加深刻地印入脑海、以致次日清晨还余音绕梁,而且通常还可激发情感、使得欲求与这些观念相连结。因而,中国人希求胎儿能借此被植入一种朝向可赞事物和正确持家的自然倾向。因此之故,他们将这一训练安排在夜晚进行。

(198) 此书引自《小学》,见上(注释 138)。

(199) 在哲学领域,无论事物是被观察到的、还是由别人传授的,我都努力探求它们的原因,然后从这些原因出发,我再将别人所未知者或者我所未见者推导出来,并将所有单个结果相互联结、使每一个都从另一个那里得到证明。因为在我看来,哲学家的任务就是给出(reddat)所有存在者(quae sunt)的充足原因,并且将诸真理相互联结、从而建立科学(scientiam)。

(200) 心灵与身体之间的一致是以观察为基础的,因而无论人们以何种方式解释二者之间的交通,这种一致都毋庸置疑。即便是排斥任何解释、而只满足于观察的人,也必须承认这种一致。

（201）我们已经在《形而上学》第 5 章"理性心理学"[cvi]做过更明白的解释，并在《形而上学评注》[cvii]中指出，这种一致能满足哲学家们在解释心灵与身体之间的交通时所立足的任何一种假说。参见图密西先生《哲学教程》[cviii]，此书给出了一种不依赖预定和谐系统而得到解释的理性心理学。

（202）大脑实体为管状物，这已由我们时代最富盛名的微观自然观察者雷文霍克（Antonius van Leeuwenhoek）发现，见其《生理学信函》第 310 页及以下[cix]。试比较我的《关于人、动物和植物各部分功用的理性思考》[cx]第 37 节。

（203）与灵魂之欲求相应的身体运动由大脑中的物质性观念引起，这些物质性观念则相应于灵魂中的非物质性观念[cxi]，这一点适用于各种人们常用来解释心灵与身体之间交通的系统：只不过在"单向影响系统"（Systemate influxus）中灵魂精神对运动神经的影响取决于灵魂行为，而在"偶因系统"（Systemate causarum occasionalium）[cxii]中则都由上帝的协作（concursu Dei）[cxiii]来安排。但这些假说在当前的论题中不具备任何意义。我们已经达成一致，对于那些发生过程被我们观察到的事物而言，在我们给出它们的原因之时，要小心避免让任何假设的东西反客为主。我们以这样的方式来兼顾确定性，并且建立起超越假说的真理，从而使众多持不同假说者都能满意。

（204）我说"某种程度上"，是因为胎儿柔软的大脑与母亲的大脑尚不完全相似；前者也并不是原原本本接受后者所经受的那些变化。二者间的差异尚无法深究，也许也不可能深究。因为那些由大脑结构决定的东西，尚不完全为人所知。

（205）见上文所说（注释 196，197）。

结 论

各位听众，我已经向你们展示了古代中国人（206）的智慧之诸原则;这些原则与我的原则相一致,这一点我也在其他地方公开(207)主张过,并有幸在今天这个场合进行大致(208)阐明。我履行副校长一职至今,都尽可能以这些原则为指路星(209):你们知道,大学副校长管理师生,不能依自己喜好,而要遵循法律规章,还要常常顺应教师们的意志。与其让别人批评自己,为什么我不能进行自我批评呢!当然我并不是说我不满意自己的管理,因为我相信我已经令大多数人满意,而且大学在我的管理下也获得了繁荣,登记在册的师生人数已大大多于前任副校长治校期间我们所知道(210)的人数,已逾七百人。因此,我以最谦卑的心感谢万物之主上帝,因他的神恩,才有我治下的累累硕果——无论对我自身还是对大学而言。我还要感谢最有权力的普鲁士国王陛下、我们最仁慈的主人,他在这一年向哈勒大学以及我这个哈勒人施予了极大恩惠(211)。因最慈善的神意,才有最好的国王和王室,才有其治下日新月异的大学! 最后我还要感谢所有对我的工作提供过建议和帮助的人,我不会忘记他们的名字,此外,也要感谢那些对我不太友好的人们,是他们给我提供了践行德性的机会。当然,我绝不能不提你们,最棒的青年人们,你们或是出身高贵、或是气禀过人,是你们的努力,才让我这副校长的工作多了份轻松愉悦。你们从未让我感到过厌恶,因为你们在学业之路未正之时听了我的课,就很快被引入正途,也许会有个别例外——不过学生这么多,也无可奇怪。尽管有某些人,头脑不清,缺少学生该有的礼数,惹出了风波(212);我也只是以言语的力量平息了它们,你们也知道这些言语中只有爱、而不夹杂任何其他情感(213)。我不会抱怨其他令人厌恶的事,因为我已经将所有这些阻碍都转化成了最大限度的助益(214),这些都成为我作出更大进步的契机。我从未感到有压力,因为职责于我而言并非负担。不过我希望,我的继任者在这一职位上承受的压力别大过我!

注释(206)—(214)

(206) 依照德高望重的耶稣会士们的说法,尽管孔子自己曾选择这些古代中国人作为榜样,而现代中国人却已经偏离了古人们的足迹。

(207)《讲座纲目》第 2 部分,第 6 章,第 22,23,24 节,第 296,297 页[cxiv]。

(208) 我已在前面的注释中做过许多论述。比尔芬格先生也在其《试论古代中国人的道德及国家学说》[cxv]中就某些方面阐明了这种一致,比如就推断别人习性的方法而言(第 1 部分,第 51,52 节,第 56,57 页),就道德事物的一般原则和对情感的控制而言(第 3 部分,第 91 节,第 107 页),尽管他在结语中(第 233 节,第 281 页)由于注意到我们在自然德性与哲学虔敬之间所明确作出的区分——如前文所强调过的(注释 51,52,182)——而并未否认中国人就这个方面而言处在远低于我们的位置。

(209) 当我按惯例公开回答是否愿意接任副校长一职这个问题时,我便已作过承诺[cxvi]。那个回答是这样的:"我有多少次听到别人在这重大仪式上宣誓接任副校长一职,我便有多少次想起这一职位对接任者而言所意味着的千钧重担。当然,我的意思并非是要对这么多优秀接任者基于自身威望所做出的声明进行质疑,因为他们所给出的理由都足以证实此声明不虚,因而我也无需再重复这些理由;我以自己在这著名的缪斯之地执教鞭近十四年的经验就足以知道,副校长一职要承受多少麻烦与不便。因此,即便规章未曾禁止人将自己肩负的重任转移给别人,然而于我而言,担负起该重任却是我的责任;我说'于我而言',因为'我'所希望的正是从他人的麻烦中感知到欲望,也就是能将他人的麻烦转移于自身、从而免却他人的麻烦,就像天文表的编制者(Tabularum conditores)一样,为了让那些同样需要进行天文计算的人们省却计算麻烦,他们独自承受了所有这些麻烦。无损于任何人、有益于所有人——这在我看来永远与理性一致、与人类相适。尽管我无法否认,在我们这个令人悲哀的混乱时代,履行职责是件困难的事,但是诸位元老(Patres conscripti)[cxvii],基于诸位的明智以及诸位对我的善意,我坚信,为谋求我们大学的最高利益,你们一定会在必要时提出善言良策。多么希望我们的学生[cxviii]能认真了解一下大学是如何治理的!因为我相信这样就不会有人抵触对我们的服从。既然我们的责任就是按照教会和国家的希望去教育那些托付给我们的青年人,那么我们对大学的治理就是严父式的。副校长和其他教授们与学生的关系就如同父母与子女的关系。因此出于对学生福祉的考量,我们只采取那些的的确确能增进他们幸福的教育方式。温和之言若行之有效,谁都不希望用严苛之法。可惜!当那些完全不顾自己福祉的学生们因为自怨自艾、而无法回复健康的心灵时,当他们因为未得到严格要求、而在结束学业返回家乡之后无法预料将来面临的问题时,他们必定会赞同我们对待他们的那种严父式的情感,因为我们是在对症下药。父母对自己孩子的情感有多么无微不至,我们就多么爱自己的学生;那么与此相应,学生们也应该乐意顺从我们,并尽力避免因行为不端而辜负我们的谆谆教导。因此,基于对神圣预见的信任,基于诸位元老的虔敬、明智以及诸位对我的善意,加上我已经承诺过对于学生而言最好的东西,那么尊敬的先生[cxix],遵照最有权力的国王陛下、我们最仁慈的主人的威望和命令,按照我们著名的大学委员会(Senatus Academicus)的一致决议,您既将这重任传于我,我当欣然领命。按照中国著名哲学家孟子在以其名字命名的中华帝国第四部经典中的说法,孔子曾对中国有如下判断:'我们中国与其他国家之所以不同,是因为在中国留传有关于可赞性、正义性和智慧的真正学说。因而我早就听说,我们中国的国家学说可以使异族的粗陋习常得到改变和进步;但我却从不曾听说,这学说让其追随者的习常变成了夷狄(barbarorum)的粗陋习常。'①愿至善至尊的三位一体的上帝保佑,让孔子所说的令中国引为荣耀的东西在一年之后也能令我们的大学引为荣耀!如果腓特烈大学校庆之时②,我们能引以为荣地宣称:'我们腓特烈大学与其他大学之所以不同,是因为在我们大学留传有关于可赞性、正义性、虔敬和教育的真正学说。因而我们所有人都知道,我们的授课和学说可以使那些从其他地方前来求学的青年人的粗陋习常得到改变;但我们却从不曾听说,这学说让其追随者的习常变成了夷狄的粗陋习常',那么无论是我、还是其他所有专业令人尊敬的同事们,都会感到无比欣喜。任何我认为以自己能力可企及之事,我均会竭尽全力去争取——还有你们,诸位元老,我认为你们也是如此。那么最后,就让习惯从未来的结果来判断当前情况的学生们做好准备吧——我呼求上帝助佑他们,令这一切实现。"

(210) 来自大学名册,此名册登记了建校以来所有学生的名字。

(211) 这些恩惠包括,在耶稣会士博德^cxx 去世后增加了我的薪金。

(212) 曾经有位在哈勒学习神学的学生被征去当兵^cxxi,现在他已在乡下教书。神学教授们曾力图使学生们相信,虽然他的做法并未得到教授们的同意,但他的名字会一直被保留在大学师生名录中。对于这件事,我有系主任写给我的信作证,大家可在《调查汇编》(Acta Inquisitionis)中查阅到。但是我当时认为,他既已不在大学的裁决范围之内,那么无论副校长、还是老师们就再没有

---

① 译者注:此段为《孟子·滕文公上》"吾闻用夏变夷者,未闻变于夷者也"一句的译文,引自卫方济译本,见《中华帝国经典》(Sinensis imperii libri classici ...),Prag 1711,页303,第34小节。

② 译者注:也即一年以后,沃尔夫副校长任期结束之时(哈勒大学建于1691年)。

义务给他机会,这也已由同事们在开会讨论时投票通过。然而有些愤怒的神学学生竟筹划将意在召集学生的煽动信张贴在各个大门上。此信的起草者已在教养院接受教育,他的监督人对他的举止和虔敬也给予了极高的评价;这可在《调查汇编》中查阅到。

(213)当学生们晚上在广场上大量聚集时,驻扎军团的上校[cxxii]要求我小心别让学生冲撞到他,所以我最终决定差大学管理员叫来一些学生。这些学生也不得不承认,那个人既已不在大学的裁决范围之内,副校长便也没有义务给再他机会。既然他们当时已经相信我的话,我也就不愿再对他们有所限制,他们也因此对我的反应感到满意,并将此转告给了他们的同学们,很快所有人便都安静离去。尽管那个蛮横的学生次日又继续张贴煽动信,不过却没人响应。

(214)通过我在《形而上学》中对万物间智慧联系所做过的证明,我可以确定,我们的命运乃由神圣预见决定。所以我在《伦理学》中[cxxiii]强调过,无论命运给予我们的是顺境、还是逆境,我们都应把命运作为施行善行、避免恶行的动机,这样我们的所作所为就能与预见者上帝加诸于我们身上的最好意志相一致。

向新任副校长致辞

最有权力的国王陛下、我们最仁慈的主人,任命(215)极受人尊敬、也极为博学的朗格先生于今日接任副校长一职,朗格先生是神圣神学博士和著名的高产教授。他在经由全体教授一致同意(216)被选为下一年的副校长之后,便遵照我们的意愿允诺接任这一职务,最有权力的国王陛下、我们最仁慈的主人恩准了这一结果,并亲颁了手谕。不过,既然我们的习俗和规章均要求副校长接任者公开声明自己自愿接任这一职务;那么值此盛典,我要问您,极受人尊敬、也极为优秀和博学的约阿西姆·朗格先生,神圣神学博士和著名的教授,正如您已经在教授会议上向我们声明过的,你是否依然愿意在下一年担任这一大学要职,在此,我请您向在座的所有人大声宣告您心中的决定。

(此处是朗格就接任副校长一职所做声明)

注释(215)—(216)

(215) 因为哈勒大学的副校长是由全体同事选出、经国王确认的。

(216) 副校长虽然每年由全体同事选出,但仍遵循规章要求:前任应将副校长一职交于具有一定级别的后任,也即必须是正教授和大学委员会(Senatus)成员,系别则不限,因为该教授并非以某系成员的身份,而是以大学委员会成员的身份来接任副校长一职。

副校长授予仪式

我们已经从您这位极受人尊敬的先生这里清楚知道,您仍坚持您的决定,接受腓特烈大学副校长这一荣誉;好吧!事情也会按照您的意志如此。请来到主席台前,职务授予典礼开始。

幸甚至哉!我腓特烈大学又添一美事!我,克里斯蒂安·沃尔夫,腓特烈大学现任副校长,任命并宣布您——约阿西姆·朗格,神圣神学博士和正教授,按照最有权力的普鲁士国王、我们最仁慈的主人的要求和授命,经由全体教授一致同意——成为腓特烈大学尊贵的副校长;并且我以我此刻尚拥有的国王授命希望并要求,所有人都要称您为副校长,尤其是我们的师生,他们要向您这位受法律承认的上级表示他们的顺从和尊敬。好,祝贺您,我们尊贵的大学副校长,我带着对您的祝福第一个称您为副校长,好让所有人都知道,校长之荣誉现已由我传递给您,好让其他人都像我一样如此称呼您,来吧!我愿意保证,我要向您表示顺从、对您表示尊敬。因为您现在已接任副校长一职,尊贵的先生,那么就让我脱下我肩上的紫袍、将其披在您身上,它是您下一年要担任的最高职务的象征,这样大家就能看到您已经贵为尊者,并且您自己也会认识到,担任您所荣升的这一艰辛的职位必须要有明智和灵魂的节制相伴,才不会使您的威望有分毫减损,当然这样也是为了让您的同事们记住,每个人都应按规章小心从事,避免使您的威望和地位受到损害。为了使这份荣誉光彩倍增,我将这顶校长礼冠戴在您的头上:看到它您就能想起,我们尊敬的大学创立者极为明智地在规章中考虑到,您越能以您的才智来增加这一荣誉的威望,您所作裁决的分量也就越重。请接下这两支我传于您的杖节,它们是地位的真正象征,凭此您获准对全校师生行使裁决权,不过您要记住是谁准许了您这裁决权,因此,不要按您自己的喜好、而应按照我们最有权力的国王陛下颁布的法律规章来行使正义。鉴于此目的,我在此将诸法律、规章和特权移交给您,将它们委托给你小心行使,以使它们得到很好的保护和遵守。您当日以继夜对其加以研读,以使自己在任何情况下都不会有半点偏离。这样您也能知道,谁必须向您表示顺从,谁要服从大学的裁决,来吧!我交给您大学的登记名录,您必须认真登记老师和学生的名字,对于那些在我们中间学习、但在您那里却没有登记过名字的人,您必须惩罚他。在此,您还得到这几枚封印,您得用它们来确认所有以您和大学委员会的名义公开签发的谕令和文件。最后,我还要把钥匙移交给您,有了钥匙您便有权力打开讲堂大门,以及在必要的时候打开禁闭室的大门,以惩戒顽固学生和那些经警告也无法令其有丝毫改善的学生。那么对您,尊贵的先生,大学的副校长,我唯一还要说的就是祝贺您现在获得了如此高的荣誉,并且祈求最高神意,能让我们的腓特烈大学在您的治下繁荣昌盛!

言毕

A 本注释

ⁱ A 注:沃尔夫被驱逐出普鲁士王国以后,于 1723 年底被黑森-卡塞尔侯爵卡尔一世(Karl I)"任命为黑森-卡塞尔宫廷参事、以及马堡大学哲学系首位教授和首位数学领域的公开讲师"(Ludovici, Bd. 2, S. 110)。在他推辞了圣彼得堡科学院副院长一职的就任邀请之后,卡特琳娜一世于 1725 年授予他圣彼得堡科学院荣誉教授称号(Gottsched. In: WW I, Bd. 10, S. 77)。大约自 1710 年起,沃尔夫成为英国皇家科学院成员,自 1711 年起又成为柏林科学院成员(即普鲁士皇家科学院)(同上, S. 33f.)。1694 年,哈勒腓特烈大学为其创立者布兰登堡选帝侯腓特烈三世(腓特烈一世于 1701 年成为普鲁士国王)36 岁生日时正式成立(也因此称腓特烈大学)。腓特烈三世的生日其实是在 7 月 11 日,而建校庆典之所以是在 7 月 12 日,应该是与当时已经施行的历法改革有关。显然,哈勒大学在成立之日便已被算作建校 1 周年,因此在成立 27 年时是在庆祝建校 28 周年,一年一届的副校长换任仪式也在此时举行(沃尔夫是第 27 任副校长)。关于哈勒大学的建校史,参见 Schrader, Bd. 1, S. 63ff., 73(注释 48)。——新任副校长是朗格(Joachim Lange)。——此书出版者是安德烈亚(Johann Benjamin Andreae)(1705—1778);他的出版工作最初也由其妻兄霍特(Paul Heinrich Hort)负责(NDB, Bd. 1, S. 281 a, Nr. 8)。

前言

ⁱⁱ A 注:沃尔夫经常使用"从小"这一表达,参见其《数学词典》(*Mathematische Lexicon*)前言第一句(=WW I, Bd. 11,未标页码)。

ⁱⁱⁱ A 注:《普遍实践哲学,依数学方法而作》(*Philosophia practica Universalis, Mathematica methodo conscripta*),Leipzig 1703. In: *Meletemata*=

WW II, Bd. 35, Sect. II, Num. I, S. 189—223。

ⅣA注:参见《详细报告》(*Ausführliche Nachricht*)＝WW I, Bd. 9, S. 390 f., § 136。

ⅤA注:参见 Gerhardt,《通信集》(*Briefwechsel*), S. 8, 15;以及 Walther Arnsperger,《克里斯蒂安·沃尔夫与莱布尼茨的关系》(*Christian Wolff's Verhältnis zu Leibniz*), Weimar 1897, S. 24—26。

ⅥA注:参见《讲座纲目》(*Ratio praelectionum*)＝WW II, Bd. 36, S. 191f., § 3, 以及 Baumeister《生平》(*Vita*)＝WW I, Bd. 10, S. 30 和 Ludovici, Bd. 2, S. 41。

ⅦA注:1706年底,沃尔夫成为哈勒大学的数学正教授(也包括物理讲授),参见 Gottsched. In: WW I, Bd. 10, S. 29。

ⅧA注:《德语形而上学》(*Deutsche Metaphysik*)＝WW I, Bd. 2, S. 78 ff., § 152 ff. 参见之后的《存有论》(*Ontologia*)＝WW II, Bd. 3, S. 390 ff., § 503 ff。

ⅨA注:也即在《德语目的论》(*Deutsche Teleologie*)和《德语生理学》(*Deutsche Physiologie*)研究目的因＝WW I, Bd. 7 u. 8,沃尔夫称它们为物理学的第二和第三部分。(而第一部分则处理动力因,也即所说的《德语物理学》＝WW I, Bd. 6。)参见 Hans Poser,《作为经验神学的目的论——关于沃尔夫那里经验与目的性之间的关系》(*Teleologie als Theologia experimentalis. Zum Verhältnis von Erfahrung und Finalität bei Christian Wolff*), In: *Redliches Denken. Festschrift für Gerd-Günther Grau zum 60. Geburtstag. Hrsg. von Friedrich Wilhelm Korff*. Stuttgart-Bad Cannstatt 1981, S. 130—143;同上,《莱布尼茨和沃尔夫那里的目的论与经验之统一》(*Die Einheit von Teleologie und Erfahrung bei Leibniz und Wolff*), In: *Formen teleologischen Denkens. Kolloquium an der Technischen Universität Berlin*, WS 1980/81, hrsg. von Hans Poser(TUB-Dokumantation Kongress und Tagungen, H. 11). Berlin 1981, S. 99—117; ders., (Rezension zu WW I, Bd. 7 u. 8) in: Studia Leibnitiana 14(1982), S. 136—138。

ⅩA注:指其三卷本著作《实用实验手册》(*Allerhand nützliche Versuche*)＝WW I, Bd. 20. 1—3. 沃尔夫在其他地方称其实验为经验哲学(Experimental-Philosophie),而不属于物理学(尽管物理学是这些实验的基础),见《详细报告》(*Ausführliche Nachricht*)＝WW I, Bd. 9, S. XIX,即 Hans Werner Arndt 的导论。

ⅪA注:Ludovicus Carbo,《阿奎那神学大全注释》(*Compendium absolutissimum totius Summae theologiae D. Thomae Aquinatis*), Köln 1609 (^{1}1587), S. 8 b:"一切存在着都是现实的,从而也是完满的"(Omne ens est actu, & ideo perfectum…)(根据 Thomas von Aquin, Summa theologiae I, quaestio 5, articulus 3)。

XII A 注:《德语形而上学》(*Deutsche Metaphysik*)＝WW I, Bd. 2, S. 436 ff., § 701 ff.。

XIII A 注:在葛拉西安(Gracián)的"礼貌"(Galanteria)之理念以及法语中"可赞之人"(honnête homme)之观念的影响下,托马修斯(Christian Thomasius)发展出了他关于"教养"(Decorum)的学说(这个词在当时是个很流行的外来词),虔敬(Frömmigkeit)、伦理性(Sittlichkeit)、教育(Bildung)、尤其还有贵族性的生活及行为规矩(也即"得体"[Wohlanständigkeit])都在这个学说中相互联结起来。参见:Carl Hinrich 的《普鲁士王国和虔敬宗:布兰登-普鲁士王国的作为宗教-社会改革运动的虔敬宗》(*Preußentum und Pietismus. Der Pietismus in Brandenburg-Preußen als religiös-soziale Reformnewegung*),Göttingen 1971,页 354—362,372 ff.;Werner Schneiders,《自然法和爱的伦理学:以托马修斯为例的实践哲学之历史》(*Naturrecht und Liebesethik. Zur Geschichte der praktischen Philosophie im Hinblick auf Christian Thomasius*)(Studien und Materialien zur Geschichte der philosophie 3), Hildesheim,New York 1971,页 281—284。还可比较沃尔夫的《普遍实践哲学》(*Philosophia practica universalia*), Bd. 1＝WW II, Bd. 10, S. 154f., § 194,以及 Baumeister, *Philosophia definitiva*, Teil 2＝WW III, Bd. 7, Teil 2, S. 9—11。还可比较 Zedler, Bd. 58, Sp. 82—92。以及比较下面沃尔夫注释 162。

XIV A 注:指卫方济的译本。

XV A 注:参见沃尔夫的注释 34。

XVI A 注:即莱布尼茨前定和谐学说,见《德语形而上学》(*Deutsche Metaphysik*)＝WW I, Bd. 2, S. 478 ff., 645 f.; § 765 ff., 1050—1052。

XVII 沃尔夫注:(a) p. 60。

A 注:Christian Wolff, "关于事物之智能联系与宿命必然性之区别、以及前定和谐系统与斯宾诺莎假设之区别的阐释"(De differentia nexus rerum sapientis et fatalis necessitatis, nec non systematis harmoniae praestabilitae et hypothesium Spinosae luculenta commentatio)。见 WW II, Bd. 9, S. 60。"我们不应该将这推论强加给这位著名人物,他自己已对其明确加以否定"(Ne tribuamus illustri viro consectaria, quae ipse diserte respuit)。这条引文可以追溯到一篇莱布尼茨《神义论》的书评:见《科学与艺术史论丛》(*Mémoires pour servir à l'histoire des sciences & des beaux arts*)(又名《特雷武论丛》[*Journal de Trévoux*])第 13 期(1714;重印于 Genf 1958),S. 1178—1199; S. 1189:"我们不应将已被其否认的后果又强加给这位著名作

者"(N'imputons pas à l'illustre Auteur de conséquences qu'il désavoüe)。这里的拉丁译文则来自笛伯赛(Bartholomäus des Bosses, 1668—1738)所译《神义论》卷首的"译者忠告"(Monitum interpretis):《戈特弗里德·威廉·莱布尼茨的神义论》(Godefridi Guilielmi Leibnitii Tentamina Theodicaeae), Frankfurt 1719, S. 3. 关于《特雷武论丛》里的这篇书评,参见莱布尼茨与笛伯赛通信: Gerhardt, Bd. 2, S. 482(Nr. 107), 483(Nr. 109), 484(Nr. 110), 486(Nr. 112), 487(Nr. 113), 488(Nr. 114), 490(Nr. 116)。——沃尔夫的引文基于笛伯赛的"译者忠告":见《朗格评注》(Langens Anmerckungen)。WW I, Bd. 17, S. 75, 或见《布德乌斯之沃尔夫哲学考》(Buddei Bedencken)。WW I, Bd. 17, S. 117.——关于沃尔夫对"后果强加者"(Consequentien-Macher)的激烈抨击,参见:例如 Hartmann=WW III, Bd. 4, S. 743—747;《德语形而上学评注》(Anmerkungen zur Deutschen Metaphysik)=WW I, Bd. 3, S. 357f., 464f., 544f., § 207, 276, 332 等;《详细报告》(Ausführliche Nachricht)=WW I, Bd. 9, S. 139 ff., § 42;《逻辑学》(Logica), 第三部分=WW II, Bd. 1.3, S. 749—753, § 1046—1052;《闲论》(Horae), Bd. 2=WWII, Bd. 34.2, S. 406—416; Wilhelm Schrader,《哈勒腓特烈大学历史》(Geschichte der Friedrichs-Universität zu Halle), Bd. 1, S. 195; 沃尔夫于 1723 年请求国王,禁止那些神学教授进行"后果强加"(Konsequenzen machen)。

[XVIII] 沃尔夫注:(b) 58。

A 注:丰特奈尔(Bernard le Bovier de Fontenelle, 1657—1757),《悼莱布尼茨》(Éloge de Leibnitz)(1717), 见 Fontenelle, Oeuvres complètes, éditées par Georges-Bernard Depping. Bd. 1. Paris 1818(重印于 Genf 1968), S. 226—252; 关于前定和谐: S. 243; 关于作为神学家的莱布尼茨: S. 244f. 沃尔夫使用的很可能是 Johann Georg v. Eckhart 的德译本《戈特弗里德·威廉·莱布尼茨先生生平……丰特奈尔先生作》(Lebens-Beschreibung Herrn Gottfried Wilhelm von Leibnitz ... durch den Herrn von Fontenelle), 见 Leibniz,《神义论》(Essais de Théodicée)(Georg Richter 德译本), Amsterdam [=Hannover u. Leipzig] 1720. [Teil 2], S. 1—78; 关于前定和谐: S. 55f.; 关于作为神学家的莱布尼茨: S. 58 ff.。

[XIX] 沃尔夫注:(c) 见《形而上学评注》, § 112. p. 162。

A 注:沃尔夫引用的是自己 1724 年第一版《德语形而上学评注》(Anmerkungen zur Deutschen Metaphysik); 对应第四版中(=WW I, Bd. 3)S. 186 f。

[XX] A 注:在罗马与伽利略之争这一背景下, 哥白尼(Nikolaus Kopernikus)的《天体运行论》(De revolutionibus orbium coelestium)(1543)虽然于

1616 年被列入禁书目录,但并非完全被禁:本来经过一些能够突显学说之"假说"特点的删补之后(1620 年发布了要求进行修改的清单),这本书是可以再次出版的(虽然实际上未能出版)。——"假说"在当时(至少)具有三种不同的意义:1)＝真的"体系"。在这个意义上,尽管日心说都被哥白尼、开普勒和伽利略视为真实的情况,但哥白尼自己也仍称其为假设。2)＝很有可能的、未经证明的假设。3)＝不具任何真实性的臆想。奥向德(Andreas Osiander)在其 1543 年为哥白尼著作所作前言中就违反作者的意愿而在这一意义上称哥白尼的学说为假说。教廷的禁书目录认为哥白尼的世界体系是错误的,因为其违反圣经。但是那些(正如后来不是被称为论题,而是)被称为假说(即臆想)的书籍本来应该是允许出版的。——因而沃尔夫对禁书目录裁决的描述只在字面理解的(臆想的)意义上是恰当的;他在其中又加入了他自己所理解的、也即"假说"的第二种意义。与该主题相关的重要文献有:Emil Wohlwill, *Der Inquisitionsprocess des Galileo Galilei*. Berlin 1870, S. 8—15, 26f., 31 f., 88.—Franz Heinrich Reusch, *Der Process Galilei's und die Jesuiten*. Bonn 1879, S. 113, 121—124, 340 f., 464—466.—Hartmann Grisar, *Galileistudien*. Regensburg, New Zork u. Cincinnati 1882, S. 55—62.—[Nikolaus Kopernikus], *Three Copernican Treatises*, translated with introduction and notes by Edward Rosen. New York 1939, S. 22—33.—Guido Morpurgo-Tagliabue, *I processi di Galileo e l'epistemologia*. Milano 1936, S. 33 ff., 46—61.—Arpád Szabó, Giorgio Tonelli, Nicolas Rescher, *Hypothese, Hypothesis*. In: *Historisches Wörterbuch*, Bd. 3, Sp. 1260—1266.—沃尔夫在夹带入自己对"假说"的理解的同时、也对教廷禁书目录的裁决表示一定尊重,这样的做法也可以在为禁书做辩护的天主教文献中找到,参见如 Adolf Müller, *Der Galilei-Prozeß*(1632—1633) *nach Ursprung*, *Verlauf und Folgen*(Stimmen aus Maria Laach, Erg.-H. 102). Freiburg i. Br. 1909, S. 63:"人们可以将这本书的核心、也即地球运动作为有用的假说保留下来。"Pierre Duhem 对该争论所持态度也受到这种说法的影响,因为他批评了这些伟大天文学家的"实在论"(Realismus),与此相反却认为奥向德和禁书目录的立场在逻辑上和科学上是正确的(也即所谓的"工具论"(Instrumentalismus)),参见《拯救现象——论从柏拉图到伽利略的物理理论观念》(ΣΩZEINTAΦAINOMENA. *Essai sur la Notion de Théorie physique de Platon à Galilée*), Paris 1908, 英文版为: *To save the phenomena. An Essay on the Idea of Physical Theory from Plato to Galieo*. Chicago and London 1969. 参见 Karl R. Popper,《关于人类知识的三种观点》(*Three Views Concerning Human Knowledge*)(1965),见其《猜想与反驳》(*Conjectures and Refutations*), London 1936, S. 97—119, 尤其 S. 98f.—Paul K. Feyerabend,《实在论与工具论：关于事实支撑之逻辑的评论》(*Realismus und Instrumentalismus: Bemerkungen zur Logik der Unterstützung durch Tatsachen*)，见其《选集》(*Ausgewählte Schriften*)第1卷：《科学理论上的实在论和科学之权威性》(*Der wissenschaftstheoretische Realismus und die Autorität der Wissenschaften*) (Wissenschaftstheorie, Wissenschaft und Philosophie 13), Braunschweig, Wiesbaden 1978, S. 79—112, 尤其 S. 85—89。Robert S. Westman,《开普勒的假说理论和"实在论两难"》(*Kepler's Theory of Hypothesis and the 'Realist Dilemma'*), In: *Internationales Kepler-Symposium, Weil der Staat 1971*, hrsg. Von Fritz Krafft, Karl Meyer, Bernhard Sticker (arbor scientiarum. Beiträge zur Wissenschaftsgeschichte. Reihe A, Bd. 1), Hildesheim 1973, S. 29—54, 尤其 S. 29—32; S. 178(讨论)。为了不误解沃尔夫对禁书目录的态度，这里有必要指出，沃尔夫属于德国早期的哥白尼世界体系支持者——而该体系在路德、梅朗士敦和加尔文主义那里显然是遭到强烈抵制的，参见沃尔夫的《数学词典》(*Mathematische Lexicon*) = WW I, Bd. 11, Sp. 1346—1348, 以及 Ernst Zinner,《哥白尼学说的发展与传播》(*Entstehung und Ausbreitung der Coppernicanischen Lehre*) (Sitzungsberichte der Physikalisch-medizinischen Sozietät zu Erlangen 74), Erlangen 1943, S. 383。关于沃尔夫的假说概念，参见《德语形而上学评注》(*Anmerkungen zur Deutschen Metaphysik*) = WW I, Bd. 3, S. 519, § 311;《详细报告》(*Ausführliche Nachricht*) = WW I, Bd. 9, S. 619—650, § 216—220;《导论》(*Discursus*) = WW II, Bd. 1.1, S. 60—64, 98—100, § 126—129, 168;《逻辑学》(*Logica*), 第二部分 = WW II. Bd. 1.2, S. 448—450, § 606—610;《闲论》(*Horae*), Bd. 2 = WWII, Bd. 34.2, S. 177—230, 以及沃尔夫的注释201和203。更新的文献：Hans Werner Arndt,《沃尔夫知识学说中的理性论与经验论》(*Rationalismus und Empirismus in der Erkenntnislehre Christian Wolffs*), In: *Wolff-Interpretation*, S. 31—47; S. 35。Cornelis-Anthonie van Peursen,《沃尔夫形而上学框架中的发明技艺——发明技艺的角色》(*Ars inveniendi im Rahmen der Metaphysik Christian Wolffs. Die Rolle der ars inveniendi*), 同上, S. 66—88; S. 66。沃尔夫称预定和谐系为"假说"(如《详细报告》(*Ausführliche Nachricht*) = WW I, Bd. 9, S. 333, § 119)，这是沿用莱布尼茨的用法；参见如 Gerhardt,《通信集》(*Briefwechsel*), S. 32。

xxi A 注：Alphonse des Vignoles,《论中国六十甲子》(De Cyclis Sinensium Sexagenariis), 见《柏林文萃》(*Miscellanea Berolinensia*) 第四期（柏林，1734), S. 24—53; Alphonse des Vignoles,《中国补录》(Πάρεργον SINICUM), 同上, S. 245—248; Alphonse des Vignoles,《中国甲子研究增补》

(*Supplementum ad Disquisitionem de Cyclis Sinensium*),见《柏林文萃》第五期(柏林,1737),S. 3—9。

——译者注:《柏林文萃》是柏林科学院最早出版的刊物,于 1710 至 1746 年间共出版六期。柏林科学院曾几度易名,自 1700 年由莱布尼茨建议创立至 1744 年名为皇家科学协会(Societas Regia Scientiarum),1744 年至 1810 年由普鲁士皇家科学艺术院(Académie Royale des Sciences et Belles-Lettres de Prusse)取代,《柏林文萃》也随之由《历史》(*Histoire*)和《论丛》(*Mémoires*)双刊取代。

[xxii] A 注:参见沃尔夫注释 53,181,182。

[xxiii] A 注:哥白尼也有过非常相似的表达,见其《全集》(*Gesamtausgabe*)第 2 卷:《天体运行论》(*Derevolutionibusorbiumcoelestium*),hrsg. Von Franz Zeller u. Karl Zeller, München 1949, S. 6, Z. 27—31;参见 S. 434。

——译者注:Mataeologus,空谈者,源自希腊名词 ματαιολογία,空谈,典出新约 1 Tim 1:6 和 Titus 1:10;也可能为 Theologus 的双关语,有讽刺神学家之意。

中国人实践哲学演讲(1721 年)

[i] A 注:《理想国》(*Politeia*)473 c—e. 参见 Kurt von Fritz,《西西里岛的柏拉图以及哲学家统治权问题》(*Platon in Sizilien und das Problem der Philosophenherrschaft*), Berlin 1968;以及 Werner Schneider,"哲学王和君王式的民族:柏拉图和康德的哲学政治模型"(Philosophenkönige und königliche Völker. Modelle philosophischer Politik bei Platon und Kant),刊于《今日哲学》(*Filosofia oggi*)第四期(1981),S. 165—175。译者注:参见沃尔夫的"论统治国家的哲学家和研究哲学的统治者"(De philosopho regnante et de rege philosophante)(1730),见其《马堡闲论》(*Horae subsecivae Marbugenses*), Bd. 2=WWII, Bd. 34.2,页 563—632。

[ii] A 注:Noël, S. 2f.(引自朱熹《大学》序)。这里所列举的帝王包括"三皇"(drei Majestäten)以及"五帝"(fünf Kaiser)中的最后、也是最著名的两位。

[iii] A 注:参见泰伦斯(Terenz),《阉奴》(*Eunuchus*) 276. In: *Térence*. Tome I, Texte établi et traduit par Jules Marouzeau. Paris [4]1967([1]1942), S. 241。

[iv] A 注:参见《德语形而上学》(*Deutsche Metaphysik*)=WW I, Bd. 2, S. 155, § 282;《经验心理学》(*Psychologia empirica*)=WW II, Bd. 5, S. 228 ff., § 313 ff.;关于纯粹知性与非纯粹知性(intellectus impurus)之间的笛卡尔式区分,也可比较 Zedler, Bd. 47, Sp. 1967—1969 u. 2021。

ⅴ A 注：沃尔夫在这里重复了他在卫方济书评中说过的话；这里出自卫方济译本前言，页 2。

ⅵ 德译：指卫方济。

ⅶ A 注：指细小、不重要的东西，参见 August Otto,《罗马人的谚语和常用语》(*Die Sprichwörter und sprichwörtlichen Redenarten der Römer*), Leipzig 1890, S. 128, Nr. 620; Paulus, *Aulularia* 818. In: *Plaute*. Tome I, Text établi et traduit par Alfred Ernout. Paris ⁷1970(¹1932), S. 197 和注释。

ⅷ A 注：产前心理学近来又引起人们兴趣。1971 年，"国际产前心理学学会"(ISPP)成立。目前该学会已出版两部会议论文集：《出生：进入新世界——待产状态生态学论文集》(*Geburt. Eintritt in eine neus Welt. Beiträge zu einer Ökologie der perinatalen Situation*), hrsg. von Sepp Schindler. Göttingen, Toronto, Zürich 1982,《产前及待产心身医学：方向、问题和结果》(*Pränatale und perinatale Psychosomatik. Richtungen, Probleme, Ergebnisse*), hrsg. von Theodor F. Hau u. Sepp Schindler. Stuttgart 1982. Vgl. auch: *Ökologie der Perinatalzeit*, hrsg. von Sepp Schindler u. Hans Zimprich. Stuttgart 1983.

ⅸ A 注：副校长(Prorektor)一职自哈勒大学建校以来就是最高职务。而校长(Rektorat)则不如说是个荣誉职务；校长由布兰登堡-普鲁士宫廷任命。1718 年，校长一职空缺。参见：Schrader, Bd. 1, S. 75f.; Bd. 2, S. 384 ff. 因而当后文沃尔夫偶尔不称"副校长"而称"校长"时，这也许并非由疏忽导致。

ⅹ A 注：参见 Fritz Juntke, *Matrikel der Martin-Luther-Universität Halle-Wittenberg* 1(1690—1730), Halle 1960, S. 699：685 Immatrikulationen 1720/21。

ⅺ A 注：朗格(1670—1744)年轻时期就深受虔敬派创始人弗朗克(Francke)和西培纳(Spener)的影响。1698 年起任柏林腓特烈维尔德文理中学(Friedrichswerderschen Gymnasium)的校长，1699 年起同时任腓特烈城市教堂(Friedrichsstädtischen Kirche)的神甫。1709 年受聘哈勒大学神学正教授，直到去世为止。朗格是弗朗克(August Hermann Francke)的重要追随者，全心扑在与虔敬派反对者(例如路德正统，托马修斯和沃尔夫)的论战中。其最为成功的作品——包括差不多 100 个主题——是他于 1707 年出版的拉丁语法，多达 26 版。20 年代起他作为作家和学院学者所取得的成就越来越带有沃尔夫的影响。参见《新教神学和教会百科全书》(*Realencyklopädie für protestantische Theologie und Kirche*), 3. Aufl., hrsg. von Albert Hauck. Bd. 11. Leipzig 1902, S. 261—264。

[XII]A注:字面意思是高产作者(Vielschreiber),对朗格来说:即便沃尔夫这里是在褒义上用这个词,朗格也会加以反驳(见沃尔夫注释171)。因此沃尔夫的论敌 Leonhard(Buddes 的一个学生)也是如此报道沃尔夫的中国演讲,说沃尔夫最后揶揄了朗格,参见 *Epistola ad virum celeberrimum Io. Petrum de Crosa super commentatione de deo mundo et homine atque fato ... ab Aelio Sabino* [=Johann David Leonhard]. Leipzig 1727, S. 16. Gottsched (In: WW I, Bd. 10, S. 57)以及 Ludovici(Zedler, Bd. 58, Sp. 576)的隐含暗示。这里,沃尔夫的目的很可能只是想使副校长职务交接在语言上显得更令人肃然起敬。他一定知道 Polygraph 一词的正面意义,在当时的法语中也作褒义用(直到今天也是)。参见 Daniel Georg Morhof, *Polyhister literarius, philosophicus et practicus.* [Bd. 1]. Lübeck ²1714, S. 175, 265f.: Morhof 完全清楚对该词的反驳在于,高产作者是将嘴上说的所有话全都写出来,从而完全是在堆砌没用的东西。而他则是在认同的意义上称奥古斯丁、阿奎那、路德、梅朗士敦、苏瓦雷兹等人是高产作者,这是有其法语根源的(S. 262—265)。在法国学者史和图书学的传统中,有例如 Johann Friedrich Betram(*Anfangs-Lehren Der Historie der Gelehrsamkeit, Zum Gebrauch Der auf Schulen studierenden Jugend abgefast.* Braunschweig 1730)说过:"也有学者通过大量写作而获得了高产作家的称呼,比如亚里士多德、柏拉图、瓦罗、西塞罗……奥古斯丁……路德……;今天也有高产作家……布德乌斯(J. F. Buddeus)、朗格……沃尔夫……"(S. 133)。还有 Wilhelm Traugott Krug(*Allgemeines Handwörterbuch der philosophischen Wissenschaften.* 2. Aufl. Leipzig 1832—1838 [Nachdruck Stuttgart-Bad Cannstatt 1969])试图进行调和:尽管该此概念的反面意义也很常见,但是也确实有褒义上的高产作家,比如柏拉图、亚里士多德、莱布尼茨、康德、路德、梅朗士敦(Bd. 3, S. 295f.)。而 1879 年,在 Edmund Pfleiderer 那里则是另一种说法。尽管他提到一个法国作家,但他并未注意到该词在法语中正面意义:"连今天的 Cousin 先生也在全力对莱布尼茨进行补充,因为他只是把莱布尼茨理解为'无人可比的高产作家',说他是 Vielschreiber!"(*Gottfried Wilhelm Leibiniz als Patriot, Staatsmann und Bildungsträger.* Leipzig 1870, S. 24)。

中国人实践哲学演讲(1726年)

[1]A注:Couplet,《中国哲人孔子》,绪论(*proemialis declaratio*), S. XI. 关于莱布尼茨所理解的中国文字及其意义,见 Rita Widmaier,《中国文字在莱布尼茨符号理论中的角色》(*Die Rolle der chinesischen Schrift in Leibniz' Zeichentheorie*), Studia Leibnitiana Supplementa, 24, Wiesbaden 1983, bes. S.

137 ff.。

ⅱ A 注：傅尔蒙（Étienne Fourmont），"关于中国文字的论文"（Dissertation sur la Litterature Chinoise），见《科学与艺术史论丛》（*Mémoires pour servir à l'histoire des sciences & des beaux arts*）（又名 *Journal de Trévoux*）第 22 期（1722；重印于 Genf 1968），S. 1575—1580。

ⅲ A 注：黄嘉略（Arcadius Hoang）应路易十四的要求于巴黎开始编纂一本双语字典（译者注：即《汉语字典》）。关于此事以及黄嘉略与傅尔蒙的关系和傅尔蒙在黄嘉略去世（1716 年）后对字典编纂工作的接手（二人均未能完成该编纂工作），参见《策德勒百科全书》（*Johann Heinrich Zedlers Universal-Lexicon*），Bd. 13，Sp. 292。高第（Henri Cordier）"欧洲汉学史笔记：至大傅尔蒙时期为止"（Notes pour servir à l'histoire des études chinoises en Europe, jusqu'à l'époque de Fourmont l'aîné），见《东方新文萃：论文，文本和翻译，出版于……维也纳第七次东方学家国际会议》（*Nouveaux mélanges orientaux. Mémoires, textes et traductions, publiés ... à l'occasion du septième congrès international des orientalistes réuni à Vienne*）（1886 年 9 月），Paris 1886，S. 399—429；S. 417 ff.。—高第（Henri Cordier），"十八世纪汉学史断章"（Fragments d'une histoire des études chinoises au XVIIIᵉ siècle），见《东方活语言学院一百年：1795—1895》（*Centenaire de l'École des langues orientales vivantes, 1795—1895*），Paris 1895，S. 223—293；S. 233 ff.。

ⅳ A 注：Couplet, *Tab. chron.*, S. 1.

ⅴ A 注：Couplet, *Tab. chron.*, S. 1.

ⅵ A 注：卫匡国，Martino Martini 或 Martinus Martinius（1614—1661），参见 Louis Pfister，《早期在华传教耶稣会士传略及书目》（*Notices biographiques et bibliographiques sur les Jésuites de l'ancienne mission de Chine*），Bd. 1：XVIᵉ & XVIIᵉ siècles（Variétés sinologiques N° 59）. Changhai 1932（重印于 Nendeln/Liechtenstein 1971）. S. 256—262。

ⅶ A 注：约翰·赫维留斯（Johannes Hevelius），《飞行机器》（*Machina Coelestis*），Bd. 1. Danzig 1673（重印于 Osnabrück 1969＝Milliaria 15），S. 13—16。赫维留斯在此处引用了卫匡国《中国新图志》（*Novus Atlas Sinensis*）（Amsterdam 1655）前言部分 S. 1a，S. 62b 以及《中国上古史》（*Sinicae Historiae decas prima*）（München 1658），S. 15f.，21 f.，25，26，43 f.。

ⅷ A 注：约翰·列奥哈德·罗斯特（Johann Leonhard Rost），《天文学手册：含卡西尼先生论文一篇……天文学百问……》（*Astronomisches Hand-Buch. Worinen des Herrn Cassini Tractat ... deßgleichen Hundert Astronomische Problemata ... anzutreffen.*）Nürnberg ¹1718（²1726），S. 1—40："第一部分：论天文学起源、发展及接受……多米尼克·卡西尼先生撰写"（"I.

Theil. Vom Ursprung, Fortgang und Aufnehmen der Astronomie … Durch den Herrn Dominicum Cassini, verfasst"）[1693]；zu China s. S. 6 u. 40。

ⁱˣ A 注：Couplet, *Tab. chron.*, S. 1.

ˣ A 注：Couplet, *Tab. chron.*, S. 16f.

ˣⁱ A 注：Couplet, *Tab. chron.*, S. 18.

ˣⁱⁱ A 注：Couplet, *Lib. IIIb*, S. 36. ——译者注：沃尔夫在对柏应理《中国哲人孔子或中国科学》一书（包括"绪论"、"年代表"、"孔子生平"）进行引用时所标注的卷数及页码，均参照该书 1686 年版本，以下凡沃尔夫自行标注过页码的地方，均不再另加注释重复标明。

ˣⁱⁱⁱ A 注：Couplet, *Vita*, S. CXVIIf.

ˣⁱᵛ A 注：Noël, S. 6—25：六经译文之"章节与段落之索引与对观"（Index et Synposis Capitum et Articulorum）。

ˣᵛ A 注：Couplet, *Tab. chron.*, S. III.

ˣᵛⁱ A 注：Couplet, *Tab. chron.*, S. LIX u. LXVII ff.

ˣᵛⁱⁱ A 注：参见沃尔夫《德语形而上学》（*Deutsche Metaphysik*）= WW I, Bd. 2, S. 221—223, § 364f.；《经验心理学》（*Psychologia empirica*）= WW II, Bd. 5, S. 365, § 472. ——参见例如 Hermann Samuel Reimarus,《理性学说》（*Vernunftslehre*），第三版, hrsg. von Friedrich Lötzsch. München 1979, S. 294, § 272。

ˣᵛⁱⁱⁱ A 注：Couplet, *Pr. Decl.*, S. LXXVI.

ˣⁱˣ A 注：Johannes Kepler(1571—1630)总结了三条关于行星围绕太阳运转的"开普勒定律"。

ˣˣ A 注：沃尔夫注释 85。

ˣˣⁱ A 注：Couplet, *Tab. chron.*, S. 105：人口总数为 58.916.783；S. 106f.：从基督前 2952 年到 1683 年是 4635 年，沃尔夫加上了 42 年（截止 1725 年）。

ˣˣⁱⁱ A 注：Couplet, *Tab. chron.*, S. XX.

ˣˣⁱⁱⁱ A 注：Couplet, *Tab. chron.*, S. 1f.

ˣˣⁱᵛ A 注：Couplet, *Tab. chron.*, S. 4—11 u. 13.

ˣˣᵛ A 注：柏应理在这里（*Tab. chron.*, S. 13.）引用了孟子对墨子之平等和杨朱之自利的批判。

ˣˣᵛⁱ A 注：《德语形而上学》（*Deutsche Metaphysik*）= WW I, Bd. 2, S. 62f., 632ff.；§ 120, 1026 ff.。

ˣˣᵛⁱⁱ A 注：《德语形而上学》（*Deutsche Metaphysik*）= WW I, Bd. 2, S. 650 ff., § 1056 ff., vgl.《德语形而上学评注》（*Anmerkungen zur Deutschen Metaphysik*）= WW I, Bd. 3, S. 646 ff., § 407 ff.。

xxviii A 注:《德语形而上学》(Deutsche Metaphysik) = WW I, Bd. 2, S. 223, 523 ff.; § 366, 858 ff.;《德语形而上学评注》(Anmerkungen zur Deutschen Metaphysik) = WW I, Bd. 3, S. 528 f., § 320.——康德将将才智 (ingenium)译为机智(Witz),可参见 Cornelis-Anthonie van Peursen,《沃尔夫形而上学框架中的"发明技艺"——"发明技艺"的功能》(Ars inveniendi im Rahmen der Metaphysik Christian Wolffs. Die Rolle der ars inveniendi) In: Wolff-Interpretationen, S. 66—88; S. 74 f.

xxix A 注: Johann Franz Budde, Elementa philosophiae instrumentalis, seu institutionum philosophiae eclecticae tomus primus(《工具哲学原理,或折中哲学教程之第一部分》)第 6 版, Halle im Sächsischen 1717, S. 93.—S. 1 ff.; „Historiae philosophicae succincta delineatio"("哲学史简述"); S. 92 f.; § XXXXI(在 1703 年第 1 版和 1714 年第 5 版中为 § XXXVI;在第 2 版中为 § XXIV;在第 4 版中为 § XXVI)。

xxx A 注: Lelio Sozzini(1525—1562)和他的侄子 Fausto Sozzini(1537—1604;沃尔夫此处意指此人)的反三位一体学说持否认基督之神性的立场,认为基督——作为完满、神圣的人、并被上帝选为代理人——通过他的言说和以身作则而成为信众的老师、立法者和榜样。莱布尼茨在 1669 年就曾与苏西尼派有过争论(见其《护三位一体反韦索瓦第》(Defensio Trinitatis contra Wissowatium), in: Sämtliche Schriften und Briefe, hrsg. von der Deutschen Akademie der Wissenschaften zu Berlin, Reihe 6, Bd. 1. Berlin, Hildesheim, New York 1971, S. 518—530;还可参见《神义论》中关于苏西尼派的大量表述),莱辛于 1773 年曾提到此(见其《安德烈亚·韦索瓦第对三位一体的反驳》(Des Andreas Wissowatius Einwürfe wider die Dreyeinigkeit), in: Sämtliche Schriften, hrsg. von Karl Lachmann u. Franz Muncker. Bd. 12. Leipzig 1897, [Nachdruck Berlin 1968], S. 71—99)。(译者注:苏西尼派学者与天主教神学家有过大量争论,对欧洲早期近代的许多启蒙运动哲学家产生过重要影响。)

xxxi A 注:即基督是人,而不是神。

xxxii A 注:沃尔夫意指的可能应该是注释 27,而不是注释 25。

xxxiii A 注: Johann Michael Heineccius(1674—1722),沃尔夫的告解神甫,哈勒女修道院高级牧师,马格德堡公国的教区牧师(Superintendent)和教会监理会成员(Konsistorialrat)。尽管他著作不多,但他以博学著称;他于黑尔姆施泰特(Helmstedt)获得教职,本人拥有相当多的藏书。参见沃尔夫,《详细回答》(Ausführliche Beantwortung), in: Gesammelte kleine Schrifften, Bd. 4 = WW I, Bd. 21.4, [zweite Hälfte], S. 343.

xxxiv A 注:参见高延(Marcel Granet),《中国思想》(Das chinesiche Denken)(1934),München ²1971(¹1963),S. 259 ff.：全体宇宙(Der Makrokosmos),S. 272 ff.：个体宇宙(Das Mikrokosmos)。参见沃尔夫的注释 84。罗哲海(Heiner Roetz)批评了沃尔夫、高延和其他作者的"万物一体式的"(universistische)中国图景,见《古代中国的人与自然：关于古典中国哲学中的主客对立,以及对中国万物一体论这一惯常说法的批判》(*Mensch und Natur im alten China. Zum Subjekt-Objekt-Gegensatz in der klassischen chinesischen Philosophie. Zugleich eine Kritik des Klischees vom chinesischen Universismus*)(Europäische Hochschulschriften, Reihe XX：Philosophie, Bd. 136). Frankfurt am Main, Bern, New York 1984, bes. S. 1—15, 41f., 54 ff.——译者注：关于罗哲海的这一研究,参见译者导言(三)"中国人实践哲学的基本原则"一节的注释。

ⅩⅩⅩⅤ A 注：Gottfried Wilhelm Leibniz, *Codex juris gentium diplomaticus*. Wolfenbüttel 1747(¹1693), S. 9(unpag).

ⅩⅩⅩⅥ A 注：《普遍实践哲学》(*Philosophia practica Universalis*) In：*Meletemata*=WW II, Bd. 35, Sect. II, S. 194, Definitio 13。

ⅩⅩⅩⅦ A 注：《德语伦理学》(*Deutsche Ethik*)=WW I, Bd. 4, S. 214f., § 325。

ⅩⅩⅩⅧ A 注：Hugo Grotius,《论战争与和平法三卷》(*De jure belli ac pacis libri tres*)Amsterdam 1680(¹1625), S. 6, § X. 1。

ⅩⅩⅩⅨ A 注：《德语形而上学》(*Deutsche Metaphysik*)=WW I, Bd. 2, S. 464, § 744。

Ⅹⅼ A 注：Thümmig, Bd. 1=WW III, Bd. 19.1, S. 160 ff.

ⅩⅼⅠ A 注：《德语政治学》(*Deutsche Politik*)=WW I, Bd. 5, S. 324—326, 466—470；§ 367, 439。

ⅩⅼⅡ A 注："重生"是虔敬派的一个中心概念,参见：Martin Schmidt,《西培纳的重生学说》(*Speners Wiedergeburtslehre*)(1951). In：Martin Greschat (Hrsg.), *Zur neueren Pietismusforschung* (Wege der Forschung, Bd. 440), Darmstadt 1977, S. 9—33。

ⅩⅼⅢ A 注：由贝拉基(Pelagius)(约公元 400 年)创立、其门徒进一步阐释的贝拉基主义(Pelagianismus),拒绝原罪、强调人类意志的独立性；意志做决断时,神恩仅提供外在的帮助。参见《德语形而上学评注》(*Anmerkungen zur Deutschen Metaphysik*)= WWI, Bd. 3, S. 214, § 131；以及相应注释(S. 742)。

ⅩⅼⅣ A 注："服从能力"理论来自托马斯·阿奎那,见 Johann Auer,《经院哲学高峰期的神恩学说发展》(*Die Entwicklung der Gnadenlehre in der Hochscholastik*)第二部分(Freiburger theologische Studien, H. 64), Freiburg

1951, S. 186 ff. 该学说在托马斯那里涉及的还主要是上帝与人的关系,至 13 世纪末则被运用至对神恩与意志关系的解释中。关于约翰·邓·司脱各 (Johannes Duns Scotos)(1270—1308)对学说发展做出的贡献,参见此书 S. 189,注释 60。参见沃尔夫《详细报告》(Ausführliche Nachricht) = WW I, Bd. 9, S. 307, § 111。

[xlv] A 注:《德语伦理学》(Deutsche Ethik) = WW I, Bd. 4, S. 463, § 673, vgl. S. 461f., § 670。参见《详细报告》(Ausführliche Nachricht) = WW I, Bd. 9, S. 426, § 148。

[xlvi] A 注:参见如 Die Bekenntnisschriften der evangelisch-lutherischen Kirche. Göttingen 7 1976(1 1930), S. 149, Z. 37; S. 311, Z. 27, 36f., 46; S. 312, Z. 38; Albrecht Ritschl, Geschichte des Pietismus. Bd. 2, Abt. 1. Bonn 1884(Nachdruck Berlin 1966), S. 412。

[xlvii] A 注:《德语伦理学》(Deutsche Ethik) = WW I, Bd. 4, S. 464f., § 676. Vgl.《详细报告》(Ausführliche Nachricht) = WW I, Bd. 9, S. 576f., § 205。

[xlviii] A 注:《论法律》(De legibus) I 28. 参见《普遍实践哲学》(Philosophia practica universalia), Bd. 1 = WW II, Bd. 10, S. 118, § 136。——当然,沃尔夫所加限定("就并不源自于上帝")并非来自西塞罗,因为对于西塞罗而言神与自然并不对立,该限定来自格劳修斯(Grotius),参见 Johann Sauter, Die philosophischen Grundlagen des Naturrechts. Wien 1932(重印于 Frankfurt am Main 1966), S. 87, 126; Hans Welzel, Naturrecht und materiale Gerechtigkeit. Göttingen 4 1962(1 1951), S. 127—129; Hans-Peter Schneider, Justitia universalis. Quellenstudien zur Geschichte des 'Christlichen Naturrechts' bei Gottfried Wilhelm Leibniz (Juristische Abhandlungen 7). Frankfurt am Main 1967, S. 123f.; Giorgio Tonelli, (Rezension zu: Lewis White Beck, Early German Philosophy), in: Journal of the History of Philosophy 11(1973), S. 558 f. ——参见《讲座纲目》(Ratio praelectionum) = WW II, Bd. 36, S. 194;《德语伦理学》(Deutsche Ethik) = WW I, Bd. 4, S. 7 u. 16f., § 5 u. 20;《详细报告》(Ausführliche Nachricht) = WW I, Bd. 9, S. 395, § 137;《普遍实践哲学》(Philosophia practica universalia), Bd. 1 = WW II, Bd. 10, S. 191 f., § 245。

[xlix] A 注:Johann Wilhelm Baier,《道德神学纲要,展示人对基督的责任……》(Compendium Theologiae Moralis officia hominis christiani ... exhibens)Jena 1697; 导论 S. 21, § 18. 参见沃尔夫《清楚证明》(Klarer Beweiß). In: WW I, Bd. 18, S. 49。

[l] A 注:在 17 世纪,人们主要用医学概念来研究道德哲学。Joachim

Lange 则在其《心灵医术》(*Medicina mentis*)(¹1704)中将道德哲学与逻辑和哲学关联起来(以神学为特点):人类精神(在堕落之后)很难康复;所有错误和偏见都源自知性疾病,所有恶都源自意志疾病。而神恩的核心内容就是医治精神。只有康复的精神才能研究真理、获得智慧。参见 Wilhelm Risse,《近代逻辑学》(*Die Logik der Neuzeit*)Bd. 2. Stuttgart-Bad Cannstatt 1970, S. 569f.；Werner Schneiders,《启蒙运动与偏见批判:偏见理论历史研究》(*Aufklärung und Vorurteilskritik. Studien zur Geschichte der Vorurteilstheorie*)(Forschungen und Materialien zur deutschen Aufklärung, Abt. 2, Bd. 2) Stuttgart-Bad Cannstatt 1983, S. 122—124。

[Ⅱ] A 注:Ovid, *Ars amatoria* 3, 397。

[Ⅲ] A 注:关于沃尔夫对同时代偏见的批判,参见 Werner Schneiders,《启蒙运动与偏见批判:偏见理论历史研究》(*Aufklärung und Vorurteilskritik. Studien zur Geschichte der Vorurteilstheorie*)(Forschungen und Materialien zur deutschen Aufklärung, Abt. 2, Bd. 2) Stuttgart-Bad Cannstatt 1983, S. 158 ff., bes. S. 163。

[Ⅲ] A 注:胡特(Hutter)的《纲要》一书自其第一版(Wittenberg 1610)后便有过无数次重印。可见 Leonhard Hutter, *Compendium locorum theologicorum*(1610), hrsg. von Wolfgang Trillhaas(Kleine Texte für Vorlesungen und Übungen 183), Berlin 1961, S. 37。

[Ⅳ] A 注:ΙΑΜΒΛΙΧΟΥΧΑΛΚΙΔΕΩΣΠΕΡΙΜΥΣΤΗΡΙΩΝΛΟΓΟΣ. *IAMBLICHI CHALCIDENIS DE MYSTERIIS LIBER*, ed. Thomas Gale. Oxford 1678, S. 4: „cum essentiali illâ animae nostrae ad bonum tendentiâ…"见 Gustav Parthey 出版的《扬布里柯的论神秘》(*Jamblichi De Mysteriis liber*), Berlin 1857(重印于 Amsterdam 1965), S. 8, Z. 1f. —Jamblique, *Les Mystères d'Égypte*, Texte établi et traduit par Édouard des Places. Paris 1966, S. 4：Ⅰ3(8, 1 f.)。

[Ⅳ] A 注:所欲求者,即被视为好;该观点可上溯至亚里士多德,参见《哲学历史词典》(*Historisches Wörterbuch der Philosophie*)Bd. 3, Sp. 525; Sp. 939; Sp. 943, Z. 16 f.; vgl. Sp. 955, Anm. 49。

[Ⅵ] A 注:René Descartes, *Epistolae*. Teil 1. Amsterdam 1668, S. 13(an Elisabeth, Pfalzgräfin bei Rhein, 1. 9. 1645)。法文原版:*Œuvres de Descartes*, publiées par Charles Adam & Paul Tannery. Bd. 4. Nouvelle présentation Paris 1972, S. 283f.——沃尔夫还在以下做了同样引用,《德语形而上学》(*Deutsche Metaphysik*)=WW Ⅰ, Bd. 2, S. 247, §404,参见《详细报告》(*Ausführliche Nachricht*)=WW Ⅰ, Bd. 9, S. 261, §94。此外,仅有莱布尼茨在1715年5月18日在给沃尔夫的信中写过:"欲望就是对

完满的感受(sensus perfectionis)"(Gerhardt, *Briefwechsel*, S. 172; vgl. Gerhardt, Bd. 5, S. 180)。

[vii] A注:《德语形而上学》(*Deutsche Metaphysik*)=WW I, Bd. 2, S. 247 ff., § 404 ff.。

[viii] A注:《德语伦理学》(*Deutsche Ethik*)=WW I, Bd. 4, S. 3—6, 11 f., 29 f., 80; § 2 f., 12, 40, 144。

[iix] A注:《德语形而上学》(*Deutsche Metaphysik*)=WW I, Bd. 2, S. 616f., 619; § 999, 1003。

[ix] A注:《德语伦理学》(*Deutsche Ethik*)=WW I, Bd. 4, S. 27 f., § 36 f.; vgl. S. 23 f., § 31。

[xi] A注:在斯托亚学派的影响下("未写下来的律法"),保罗(依据 *Jeremia* 31, 33)说过:"这是显出律法的功用刻在他们心里"(罗马书 2, 15),参见 Günther Bornkamm, *Gesetz und Natur* (*Röm* 2, 14—16). In: ders., *Studien zu Antike und Urchristentum. Gesammelte Aufsätze*, Bd. 2 (Beiträge zur evangelischen Theologie, Bd. 28). München ²1963, S. 93—118. 所有教父从一开始都从自然法的意义上来解释此处(德尔图良就已经将此处解释为 'lex naturalis'),参见 Hans Reiner, *Antike und christliche Naturrechtslehre. Zu Flückigers „Geschichte des Naturrechts I"*, in: Archiv für Rechts-und Sozialphilosophie 41(1954/55), S. 528—561; Karl Hermann Schelkle, *Paulus, Lehrer der Väter. Die altkirchliche Auslegung von Römer* 1—11. Düsseldorf 1956, S. 81 ff. 例如在 Theodoret 那里可以找到"刻在心里的自然法"(legem naturae cordibus inscriptam)。关于之后的传播,参见 Thomas von Aquin, *S. th.* 1 II, q. 91 a. 2; Martin Luther, *Werke*. Bd. 24. Weimar 1900, S. 6, Z. 14f.; Francisco Suarez, *Opera omnia*, ed. Charles Berton. Bd. 5. Paris 1856, S. 104 b (*De legibus*, Lib. II, Cap. VI, 2); Samuel Pufendorf, *De Jure Naturae et Gentium* (1672), hrsg. von Gottfreid Mascov. 2 Bde. Frankfurt u. Leipzig 1759 (Nachdruck Frankfurt am Main 1967), Bd. 1, S. 197(Lib. II, cap. III, § XIII).—也许还让人想到奥维德《变形记》(*Met.* 7, 20)。

[xii] A注:《德语伦理学》(*Deutsche Ethik*)=WW I, Bd. 4, S. 27f. (unpag.), § 3 des Vorberichtes zur 3. Aufl.; S. 3—6. § 2—4。

[xiii] A注:《德语形而上学》(*Deutsche Metaphysik*)=WW I, Bd. 2, S. 234f., § 382。

[xiv] A注:《普遍实践哲学》(*Philosophia practica Universalis*), In: *Meletemata*=WW II, Bd. 35, Sect. II, S. 219f., Propositio 23。

[xv] A注:《德语伦理学》(*Deutsche Ethik*)=WW I, Bd. 4, S. 104 ff.,

§ 172 ff.。

[xvi] A 注:还可比较沃尔夫第注释 66。

[xvii] A 注:《德语伦理学》(*Deutsche Ethik*)＝WW I, Bd. 4, S. 116 ff., § 190 ff.; vgl. S. 148 ff., § 229 ff.。

[xviii] A 注:《德语伦理学》(*Deutsche Ethik*)＝WW I, Bd. 4, S. 276—278, § 408。《德语形而上学》(*Deutsche Metaphysik*)＝WW I, Bd. 2, S. 283f., § 463。

[xix] A 注:柏应理和许多其他学者以为佛教关于灵魂轮回的学说(在名称上确实容易混淆)就是众所周知的毕达哥拉斯学派的学说(公元 5 到 4 世纪)。在当时的欧洲,佛教还不为人所知(例如在 Zedler 百科全书中就没有该词条;只有卷九,Sp. 351 v. Fe)。

[xx] A 注:阿基米德(约公元前 285—212)和阿波罗尼(约公元前 262—190)是古代最著名的数学家,其影响力一直持续到近代。

[xxi] A 注:《普遍实践哲学》(*Philosophia practica Universalis*) In: *Meletemata*＝WW II, Bd. 35, Sect. II, S. 209f., Propositio 14。

[xxii] A 注:《德语伦理学》(*Deutsche Ethik*)＝WW I, Bd. 4, S. 100f., 115f., 246f.; § 167, 188, 373。

[xxiii] A 注:《德语伦理学》(*Deutsche Ethik*)＝WW I, Bd. 4, S. 6, § 4。

[xxiv] A 注:《德语伦理学》(*Deutsche Ethik*)＝WW I, Bd. 4, S. 109—116, § 180—188。

[xxv] A 注:《德语形而上学》(*Deutsche Metaphysik*)＝WW I, Bd. 2, S. 266, § 434(vgl. S. 299, § 492);《德语形而上学评注》(*Anmerkungen zur Deutschen Metaphysik*)＝WW I, Bd. 3, S. 227—231, § 141。

[xxvi] A 注:指哈勒教养院(Waisenhaus)的虔敬派学者。参见沃尔夫的第 149 条注释。

[xxvii] A 注:沃尔夫在这里所说,遵照的是朱熹《大学》序言中对古时学校设置的描写(Noël, p. 3 f.)。而朱熹在《小学》中则给出了更接近真实情况的四阶段设置(Noël, S. 490),不过沃尔夫并未采用。关于真实的情况,参见 Howard S. Galt,《中国教育制度历史》(*A History of Chinese Educational Institutions*),第 1 卷:《直到五代(公元 960 年)》(*To the End of the Five Dynasties*(A. D. 960))(Probsthain's Oriental Series, Vol. 28). London 1951; Tilemann Grimm,《儒家中国明代时期的教育与政治:1368—1644》(*Erziehung und Politik im konfuzianischen China der Mingzeit*(1368—1644))(Mitteilungen der Gesellschaft für Natur-und Völkerkunde Ostasiens, Bd. 35B). Hamburg, Tokyo, Wiesbaden 1960.—朱熹的两本书以两种学校的名字命名,是一种一语双关;不过确实自汉代起就有一种类似大学

(Universität)的学校(在首都),称大学(Ta Hsio)。

lxxviii A注:沃尔夫于 1699—1702 年在耶拿读大学,然后去莱比锡,参见注释 131—133。

lxxix A注:参见《普遍实践哲学》(*Philosophia practica Universalis*). In: *Meletemata* = WW II, Bd. 35, Sect. II, S. 207 ff. (z. B. S. 213, Corollarium 3). 关于他第一部作品的缺憾以及他之后观点的变化,沃尔夫自己有过阐明,见:《讲座纲目》(*Ratio praelectionum*) = WW II, Bd. 36, S. 192 ff. 参见 Gerhardt, *Briefwechsel*, S. 20(比较 S. 18)。

lxxx A注:当时更常见的叫法是"Magister legens"(讲师)。

lxxxi A注:《普遍实践哲学,依数学方法而作》(*Philosophia practica Universalis, Mathematica methodo conscripta*), Leipzig 12. 1. 1703. In: *Meletemata* = WW II, Bd. 35, Sect. II, Num. I, S. 189—223。

lxxxii A注:《德语伦理学》(*Deutsche Ethik*) = WW I, Bd. 4;《德语政治学》(*Deutsche Politik*) = WW I, Bd. 5。

lxxxiii A注:Thümmig, Bd. 2 = WW III, Bd. 19.2;包括:普遍实践哲学(Philosophia Practica Universalis)和自然法权(Jus naturale)(Teil 1: Ethicum, Teil 2: Politicum),道德哲学或伦理学(Philosophia moralis seu Ethica)和国家哲学(Philosophia civilis)(Teil 1: Oeconomica, Teil 2: Politica)。

lxxxiv A注:《普遍实践哲学》(*Philosophia practica universalis*) = WW II, Bd. 10f.;《自然法》(*Jus Naturae*) = WW II, Bd. 17—24;《万民法》(*Jus Gentium*) = WW II, Bd. 25;《伦理学》(*Ethica*) = WW II, Bd. 12—16;《家政学》(*Oeconomica*), Bd. 1 = WW II, Bd. 27; Bd. 2(vgl. WW II, Bd. 28)以及计划中的、但未能来得及撰写的《政治学》(*Politica*)。

lxxxv A注:沙勿略是著名的天主教圣徒,参见如 Pfister, Bd. 1, S. 1—7; Dehergne, S. 297—299。

lxxxvi A注:*Historica Relatio de Ortu et Progressu Fidei orthodoxae in Regno Chinensi Per Missionarios Societatis Jesu Ab Anno 1581. usque ad Annum 1669. Novissimè collecta Ex Literis eorundem Patrum Societatis Jesu, Praecipuè R. P. Joannis Adami Schall Coloniensis*. Regensburg 1672, S. 1f. 关于此书第一版参见 Pfister, Bd. 1, S. 181;关于汤若望(Johann Adam Schall von Bell)参见同上,S. 162—182; Dehergne, S. 241f.——此书还包括弗雷西(Jean Foresi)的文本,此人常被认为是极重要的出版者(尤其就汤若望而言)。

lxxxvii A注:Thümmig, Bd. 1 = WW III, Bd. 19.1, S. 118 ff. 参见沃尔夫的注释 87。

lxxxviii A注:也即哈勒教养院的虔敬派教师们。参见沃尔夫的注释 90。

[lxxxix] A注:《讲座纲目》(*Ratio praelectionum*) = WW II, Bd. 36, S. 193;《德语伦理学》(*Deutsche Ethik*)=WW I, Bd. 4, S. 30f., § 42. 参见沃尔夫注释 130。

[xc] A注:《普遍实践哲学》(*Philosophia practica universalis*). In: *Meletemata* =WW II, Bd. 35, Sect. II, S. 209 ff。

[xci] A注:《德语形而上学》(*Deutsche Metaphysik*)(^{1}1720, ^{2}1722, ^{3}1725)=WW I, Bd. 2, S. 260f., § 422f.。

[xcii] A注:《德语伦理学》(*Deutsche Ethik*)(^{1}1720, ^{2}1722) = WW I, Bd. 4, S. 11f., 29f.; § 12, 40。

[xciii] A注:《德语伦理学》(*Deutsche Ethik*) = WW I, Bd. 4, S. 31f., § 44; S. 78 ff., § 139 ff.——第一部分叫做"论人类的一般行为(Von dem Thun und Lassen der Menschen überhaupt)"。

[xciv] A注:沃尔夫所引出处可能是卫方济译本第 263 或 414 页(译者注:即《孟子·公孙丑上》"仁则荣,不仁则辱"一段以及《孟子·告子上》"有天爵者,有人爵者"一段)。关于沃尔夫对二者(译者注:即德语 Ruhm 和 Ehrgeiz)的讨论,参见《德语形而上学》(*Deutsche Metaphysik*) = WW I, Bd. 2, S. 286, § 466f.; 以及《德语形而上学评注》(*Anmerkungen zur Deutschen Metaphysik*) = WW I, Bd. 3, S. 240—242, § 152. 参见《德语伦理学》(*Deutsche Ethik*)=WW I, Bd. 4, S. 280, § 413(在这里,与 Ehrgeiz 相对待的则是 Ehrliebe, 见 S. 406—409, § 597—599)。——这里也显示出沃尔夫在术语上的不准确,因为 gloria 既可以指荣耀本身,也可指对荣耀的欲望,而与争心(Ehrgeiz)相对待的应该是对荣耀的欲望、而非荣耀本身。这在德语的翻译中也可以看出困难所在。(译者注:荣耀更多在于别人的承认,这种说法可参见亚里士多德对 τιμή 的讨论,《尼各马可伦理学》1095b25。)

[xcv] A注:参见《德语伦理学》(*Deutsche Ethik*) = WW I, Bd. 4, S. 452 ff., § 652 ff。

[xcvi] A注:参见 Alfred Folke,《古代中国哲学历史》(*Geschichte der alten chinesischen Philosophie*), 页 197:"孟子也使用苏格拉底式的讽刺方式,从而将对手带入自相矛盾之地。"

[xcvii] A注:Friedemann Bechhmann, *Annototationes uberiores in Compendium theologicum Leonhardi Hutteri*. Leipzig ^{1}1690, S. 520(Jena ^{3}1703: S. 599)。

[xcviii] A注:这一说法本身并不来自奥古斯丁,并且直到 19 世纪也不大为人所知,参见如 Karl Hase,《复活的胡特或路德新教教义》(*Hutterus redivivus oder Dogmatik der evangelisch-lutherischen Kirche*), Leipzig ^{7}1848 (^{1}1829) S. 219, § 92. Georg Büchmann 在《流言》(*Geflügelte Worte*)

(Berlin [12]1880, S. 479)中给出了一个合理的间接来源,也即奥古斯丁《上帝之城》(De civitate Dei)19,25;参见法文版《奥古斯丁全集》(Œuvres de Sanit Augustin)第37卷:《上帝之城》(La Cité de Dieu)XIX—XXII. Paris 1960, S. 164—167 以及注释 S. 760—762。17世纪和18世纪当时的真实讨论(比较如 Zedler, Bd. 45, Sp. 1490)并未追溯到奥古斯丁的原文。——这也是莱布尼茨曾激烈批判的"奥古斯丁的俏皮话"(saillie de S. Augustin),见《神义论》(Essais de Théodicée),§ 259, Gerhardt, Bd. 6, S. 270。

[xCix] A注:《新教路德教会信条》(Die Bekenntnisschriften der evangelisch-lutherischen Kirche). Göttingen [7]1976([1]1930), S. 940, Z. 27—41。

[C] A注:并非引自圣经。不过,提摩太前书5.14(译者注:"不给敌人辱骂的把柄")可以解释为"连基督自己也要避免被人辱骂"(Theologisches Begriffslexikon zum Neuen Testament, hrsg. von Lothar Coenen, Erich Beyreuther u. Hans Bietenhard. Bd. 3. Wuppertal [3]1972, S. 1073)。

[Ci] A注:属于当时的谚语,作者不详,参见 Hans Walther,《中世纪拉丁谚语及格言》(Lateinische Sprichwörter und Sentenzen des Mittelalters). Teil 3(Carmina medii aevi posterioris latina II/3). Göttingen 1965, S. 618, Nr. 20063。

[Cii] A注:前半句出自贺拉斯(Episi. I, 16, 52),后半句则是添加的老话,参见 Ernst Vogit,《哥廷根诗选》(Florilegium Gottingense), in: Romanische Forshcungen 3(1887), S. 281—314; S. 294, Nr. 132。

[Ciii] A注:普芬道夫(Samuel Pufendorf),《一些发生在他周围的关于自然法权的最新争论》(Specimen Controversiarum Circa Jus Naturale Ipsi nuper Motarum),Osnabrück 1678. 重印时,收入在其集子《瑞典辩论集》(Eris Scandica)之中;这部集子作为附录(有单独的页码和日期标注:1743)收录在由马斯科夫(Gottfried Mascov)出版的自然法权作品中:普芬道夫(Samuel Pufendorf),《论自然法权与万民法权……附〈瑞典辩论集〉》(De Jure Naturae et Gentium ... Accedit Eris Scandica),第二卷,Frankfurt u. Leipzig 1744。——第5章起止页为124—210(Eris Scandica, S. 218—256),普芬道夫在这里对客观的道德性进行了批判(参见比如 S. 132, § 6; S. 136f., § 7; S. 178, § 26=Eris Scandica S. 221, 223, 242),此外还强调,他讨论的只是人类行为和人类行为的道德性问题(上帝的意志),而不是那与人类行为毫无可比性的上帝行为(S. 138f., § 9; S. 143f. u. 145, § 13; S. 204, § 35; S. 209, § 36=Eris Scandica S. 224, 226f., 254, 256)。虽然索特(Johann Sauter)在其《自然法权的哲学基础》(Die philosophischen Grundlagen des Naturrechts)(Wien 1932,再版于 Frankfurt am Mein 1966)中发现了(S. 124,注释8)普芬道夫的另一种更为谨慎的表达(S. 192, § 32=Eris

Scandica S. 249),但是这一表达并不是沃尔夫所以为的那样:对于其关于"自然法权知识是一个纯粹后天的事物"的学说,普芬道夫"总是明确加以指出"(Sauter, S. 119f.)。但无论如何,在普芬道夫那里是有一些他明确给出的确定行为:上帝若不命令人类这些行为,他就是自相矛盾(S. 201, § 35＝Eris Scandica S. 253),同样也存在这样一些行为,它们不可能在不引起矛盾的情况下发生在上帝身上(S. 134, § 7＝Eris Scandica S. 222)。在关于普芬道夫的文献中也找不到更进一步的文本依据,参见比如:Hermann Friedrich Wilhelm Hinrichs,《历史哲学发展脉络中的从宗教革命到当代的法权原则与国家原则历史》(Geschichte der Rechts-und Staatsprincipien seit der Reformation bis auf die Gegenwart in historisch-philosophischer Entwicklung),3 Bde. Leipzig 1848—1852(Nachdruck Aalen 1962); Bd. 2, S. 1—102, 246—303; Bd. 3, S. 64 ff., 118 ff.; Hans Welzel,《普芬道夫的自然法权学说》(Die Naturrechtslehre Samuel Pufendorfs), Berlin 1958; Horst Denzer,《塞缪尔·普芬道夫的道德哲学和自然法权》(Moralphilosophie und Naturrecht bei Samuel Pufendorf),München 1972。——还可比较沃尔夫《布德乌斯的思考》(Buddei Bedencken)In: WW I, Bd. 17, S. 33。

[CIV] A注:《普遍实践哲学》(Philosophia practica Universalis)＝WW II, Bd. 35, Sect. II, S. 220, 释义。

[CV] A注:《德语伦理学》(Deutsche Ethik)＝WW I, Bd. 4, S. 107—109, § 176—179。

[CVI] A注:《德语形而上学》(Deutsche Metaphysik)＝WW I, Bd. 2, S. 470—479, § 760—765; vgl. S. 323 ff., § 527 ff。

[CVII] A注:《德语形而上学评注》(Anmerkungen zur Deutschen Metaphysik)＝WW I, Bd. 3, S. 448—469, § 272—277。

[CVIII] A注:Thümmig, Bd. 1＝WW III, Bd. 19.1, S. 160 ff.; Institutiones Psychologiae rationalis; 尤其 S. 192 ff.; De systemate harmoniae praestabilitae.

[CIX] A注:Antonie van Leeuwenhoek,《生理学信函》(Epistolae Physiologicae). Delft 1719(重印 in: 同上, Opera omnia. Bd. 4. Hildesheim, New York 1972), S. 310(关于神经构造);参见 S. 328, 349, 432—434(关于大脑构造)。参见 Brian J. Ford, The van Leeuwenhoek Specimens, in: Notes and Records of the Royal Society(London), August 1981, S. 37—59。

[CX] A注:《德语生理学》(Deutsche Physiologie)＝WW I, Bd. 8, S. 61f., § 37, vgl. S. 435—449, § 166f. Vgl. Deutsche Physik＝WW I, Bd. 6, S. 705f., § 436。

[CXI] A注:参见《理性心理学》(psychologia rationalis)＝WW II, Bd. 6,

S. 88，§ 112f.，以及 Anton Bissinger,《上帝知识的结构——沃尔夫哲学研究》(*Die Struktur der Gotteserkenntnis. Studien zur Philosophie Christian Wolffs*)（Abhandlungen zur Philosophie, Psychologie und Pädagogik 63），Bonn 1970，S. 81 ff.——这里的'非物质观念'就是'感官观念'(idea sensualis)。

[CXII] A 注：经院哲学中的"单向影响系统"(Systema influxus)（对沃尔夫及其同时代人而言）可上溯至亚里士多德，而偶因论则肇始于马勒布朗士——按照沃尔夫的看法，马勒布朗士的偶因论来自笛卡尔。对这两种系统的详尽说明可参见沃尔夫的《理性心理学》(*psychologia rationalis*)＝WW II, Bd. 6, S. 480 ff.，§ 558 ff.；S. 513 ff.，§ 589 ff.（关于笛卡尔可参见 École 的注释，页 752 以下）。还可比较《德语形而上学评注》(*Anmerkungen zur Deutschen Metaphysik*)＝WW I, Bd. 3, S. 459—469, § 275—277，或者 Thümmig, Bd. 1＝WW III, Bd. 19. 1, S. 185 ff.，S. 189 ff.，或者 Hartmann＝WW III, Bd. 4, S. 193 ff.，S. 215 ff. 还可比较 *Historisches Wörterbuch*, Bd. 4, Sp. 354—356；Bd. 5, Sp. 192—195；Bd. 6, Sp. 1090f.

[CXIII] A 注：笛卡尔的概念('concours ordinaire')，参见如笛卡尔《方法论》(*Discours de la Méthode*)，Texte et Commentaire par Étienne Gilson. Paris[5] 1976([1]1925), S. 42, Z. 25 u. Anm. S. 384。

[CXIV] A 注：《讲座纲目》(*Ratio praelectionum*)＝WW II, Bd. 36, S. 198f.（1718 年第一版是在页 196 以下，此处所标页码 296,297 有误）。

[CXV] A 注：比尔芬格(Georg Bernhard Büllfinger(Bilfinger))，《试论古代中国人的道德及国家学说；作为诸民族中将哲学运用于国家的哲学例子：中华民族经典及孔子言行汇编之摘要，附〈关于中国语言的临时说明〉》(*Specimen doctrinae veterum Sinarum moralis et politicae; tanquam exemplum philosophiae gentium ad rempublicam applicatae: excerptum libellis sinicae genti classicis, Confucii sive dicta sive facta complexis. Accedit de Litteratura Sinensi dissertatio Extemporalis*)，Frankfurt am Main 1724, S. 56f.，§ 51f.（此处与沃尔夫有关，虽并未提到名字)，S. 107，§ 92（提到"著名的德国哲学家和数学家")，S. 280，§ 233（提到"本国的哲学"，在 281 页则引用了比尔芬格的另一本著作）。

[CXVI] A 注：沃尔夫的副校长就职演讲是在 1720 年 7 月 12 日。

[CXVII] A 注：这里的元老指属于大学委员会的所有正教授，参见：Schrader, Bd. 1, S. 78; Bd. 2, S. 238。

[CXVIII] A 注：这里指的是大学的临时公民（即学生），而不是大学的永久公民（即老师）。参见 Zedler, Bd. 6, Sp. 195。

^{CXIX} A 注：指 Nicolaus Hieronymus Grunding，是沃尔夫所就任副校长一职的前任。

^{CXX} A 注：博德（Heinrich Bode）是哈勒的法学教授，参见 Schrader, Bd. 1, 页 55。——沃尔夫在 1721 年时的薪金是 300 塔勒（同上，Bd. 2, 页 454）。1715 年起，沃尔夫被允诺在博德去世后（他死于 1720 年 9 月 15 日）薪金会增加 100 塔勒（Bd. 2, 页 454）。但是这一诺言起初并未得到兑现；博德的薪金被教会征收（Bd. 1, 页 246）。但是从沃尔夫的注释看来，后来涨薪仍然得到了兑现。

^{CXXI} A 注：注册学生在当时有免于被强制征兵入伍的豁免权，但即便如此，这豁免权也经常遭侵犯，因此通常需要不断对其进行伸张，参见 Schrader, Bd. 1, S. 86, 246f., 252f, 以及 Julius Otto Opel,《德绍的莱奥波德侯爵和哈勒大学》(*Fürst Leopold von Dessau und die Universität Halle*), in: Mittheilungen des Vereins für Anhaltische Geschichte und Alterthumskunde 1(1877), S. 404—424。——关于注释 212 可参见 Hartmann=WW III, Bd. 4, S. 756, 以及 Lange, S. 173f., § XXV。

^{CXXII} A 注：哈勒当时是普鲁士的卫戍城。哈勒的学生经常与驻扎在哈勒的老安哈尔特军团有生意往来（Schrader, Bd. 1, S. 86, 252f., 372），当时军团的上校（Oberst）兼指挥官（Kommandeur）是克莱斯特（Henning Alexander von Kleist），他后来成为普鲁士的陆军元帅（同上，S. 253）。除此之外，沃尔夫任职期间算是风平浪静，参见 Johann Christoph von Dreyhaupt, *Pagus neletici et nudzici, Oder Ausführliche diplomatisch-historische Beschreibung des ... Saal-Kreyses*. Teil 2. Halle 1750, S. 61—64。

^{CXXIII} A 注：《德语伦理学》(*Deutsche Ethik*) = WW I, Bd. 4, S. 21f., § 30。参见沃尔夫注释 70。

外国人名索引

奥古斯丁,107
柏拉图(Plato),38,56,66
柏应理,37,53,55,56,58,59,60,61,62,63,65,66,68,70,72,75,80,85,86,87,89,91,92,101
贝希曼(Friedemann Bechhmann),78,107,108
布德乌斯(Johann Franz Budde),63,64
笛卡尔(René Descartes),79
笛维纽勒(Alphonse des Vignoles),37
多明我传教士,63,72,73,74
丰特奈尔(Bernardle Bovierde Fontenelle),37
傅尔蒙(Étienne Fourmont),53
哥白尼(Nikolaus Kopernikus),37
哈德良(Hadrianus Relandus),64
海涅基乌斯(Johann Michael Heineccius),65
基督,39,41,63,64,65,69,71,79
卡西尼(Dominicus Cassini),54
莱布尼茨,36,37,68
朗格(Joachim Lange),51,114
雷文霍克(Antonius van Leeuwenhoek),110
利玛窦(Matteo Ricci),73,98
罗明坚(Michele Ruggieri),98
罗斯特(Joanes Leonhardus Rostius),54
摩西,39,63,64,65
穆罕默德,64
普鲁塔克(Plutarchus),66
塞涅卡(Seneca),66
沙勿略(Francisco Xaver),98
苏格拉底,66
苏西尼派(Sozzinianismus),65
卫方济,37,45,50,54,56,57,58,59,62,73,85,86,89,91,92,93,96,98,109,113
卫匡国(Martinus Martinius),54
西塞罗,73
亚里士多德,91
颜珰(Magrottus),73
扬布里柯,79

重要概念索引

本质,40,41,67,68,69,70,85,103
存有论(Ontologia),36
道德,38,39,40,44,45,47,56,57,
　　58,59,60,61,62,63,65,66,
　　67,75,76,77,81,87,89,91,
　　92,93,97
　粗陋习常(inculti mores),113
　道德实践(morum praxis),42,43,
　　　80,84,86,89
　道德事物(res morales),19,36,
　　　41,46,71,79,93,96,99,
　　　104,112
　道德真理(veritates morales),47,
　　　76,95,98,100,101
德性
　基督教德性,71,75,79,80,85,
　　　107
　哲学德性,16,18,22,71,72,75,
　　　77,79,80,83,84,85,96,
　　　107,108
　哲学虔敬,71,72,75,77,79,108,
　　　112
　方法,36,57,62,66,76,99,112

后天,69,74,84,97,108
经验方法,97
数学方法,97
先天,69,84,94,95,97
哲学方法,83
证明方法,77,95
概念(notio)
　混乱的概念(notio obscura),43,
　　　86,87
　明确的概念(notio distincta),46,
　　　48,74,95,97,99,103,104
　模糊的概念(notio confusa),48,
　　　74,103,104,107
　清楚的概念(notio clara),97,101
规范、法度(norma),38,39,56,58,
　　60,61,64,68,73,74,99
　天道(norma coeli),56
规范、礼法(norma),16
国家(Respublica), 44, 45, 89,
　　91,112
学者共和国,82
建制(institutum),38,44,45,56,57,
　　67,75,90,92

教师, 38, 39, 45, 50, 56, 58, 59, 60, 63, 89, 91, 111
教养(decorum), 23, 36, 103
可赞性(honestas), 57, 68, 70, 71, 75, 76, 79, 81, 83, 95, 107, 108, 109, 113
理性, 17, 41, 42, 43, 44, 68, 69, 70, 71, 75, 76, 78, 80, 81, 83, 86, 87, 89, 90, 92
    理性养习, 42, 45, 75, 79, 80
    理性之光, 41, 70, 71, 73, 75, 76
立法者(legislator), 57, 58, 62, 87, 88, 94, 100, 102, 105
联系(nexus), 47, 60, 61, 80, 92, 99
律法
    道德法则(morales leges), 69
    逻辑法则(logicae leges), 69
    神法(lex Dei), 72, 107, 108
    世俗律法(leges civiles), 64
    自然法(lex naturalis), 36, 68, 71, 72, 73, 81, 83, 85, 90, 103, 104, 108
迷信, 74, 82
明敏(acumen), 39, 46, 47, 48, 57, 62, 65, 83, 95, 96, 97, 100, 101
明智, 38, 39, 43, 52, 53, 57, 58, 59, 60, 61, 66, 80, 83, 88, 91, 112, 114
偶像, 74, 81
偏见, 先见(praejudicium), 42, 77, 83, 102, 106
荣耀, 38, 48, 49, 56, 64, 96, 101, 103, 105, 106, 108, 113
上帝的协作(concursus Dei), 111
神恩, 27, 37, 40, 41, 51, 69, 70, 71, 76, 85, 108, 111

神学, 51, 107, 108, 113, 114
    道德神学, 76
    经院哲学家(Scholastici), 68
    神学家, 27, 37, 40, 65, 68, 69, 71, 72, 74, 75, 78, 80, 107, 108
    自然神学, 104
    自然宗教, 41, 46, 71, 72, 73, 74, 79, 96
生活(vita), 16, 39, 44, 45, 47, 59, 60, 61, 64, 65, 72, 89, 91, 92, 93, 101
史书(Annales), 16, 39, 43, 45, 61, 63, 73, 83, 84, 85, 87, 91, 92, 94, 96, 99, 100, 105
世界
    个体宇宙, 23, 36, 66, 67, 85, 86, 99, 104, 108
    全体宇宙, 23, 36, 66, 85, 86, 99, 104, 108
    宇宙论, 60, 104
世俗正义, 72, 74, 75, 78, 80, 85, 107
事物本身(res ipsa), 53, 62, 92
试金石(lapis lydius), 40, 41, 47, 67, 68, 69, 98, 100
数学, 25, 26, 34, 36, 54, 62, 77, 83, 97
同形性(uniformitas), 90
完满, 18, 36, 38, 41, 43, 46, 47, 48, 56, 58, 62, 70, 74, 75, 76, 77, 79, 83, 84, 85, 91, 92, 93, 94, 95, 96, 98, 99, 102, 103, 104, 105, 108
畏惧(timor), 73, 77
    畏戒, 畏敬(metus), 90
        奴性的畏戒(metus servilis), 88, 94

畏戒惩罚(metus poenae),61,
　　88,90,92,95
畏敬长上(metus superioris),
　　43,45,47,87,88,90,94,
　　98,99,100
孝亲的畏敬(metus filialis),88,
　　94,99
孝亲的畏惧(timor filialis),77
物理学,36
系统,54,56
　　单向影响系统(system influxus),
　　　　111
　　偶因系统(system causarum occa-
　　　　sionalium),111
　　预定和谐系统(system harmoniae
　　　　praestabilitae),110
行为
　　道德行为(actiones morales),36
　　动机,11,19,41,43,44,46,47,
　　　　49,71,72,74,79,80,84,87,
　　　　90,96,98,100,105,106,
　　　　107,108,113
　　自然行为,36,85,86,103,104
　　自由行为,19,36,45,67,79,84,
　　　　85,94,103,104
幸福(felicitas),38,39,40,44,45,
　　46,47,48,56,61,63,67,68,
　　89,90,92,96,101,105,112
意志
　　自由意志,43,44,47,69,78,86,
　　　　87,98
欲求
　　感性欲求,43,83,86,87,90,95,
　　　　99,104
　　理性欲求,44,86,87,90,95,
　　　　99,104

欲望(voluptas),42,47,48,78,79,
　　80,81,95,98,101,105,112
原因
　　目的因,36,60,103
　　普遍原因,36,66,70,85
　　学习纲目(studiorum ratio),45,
　　　　92
责任,47,73,78,81,88,99,101,
　　104,112
哲学,16,62,68,70
　　道德哲学,55,57,61,66,67,68,
　　　　77,84,93
　　国家哲学,55,57,61,66,67,
　　　　84,93
　　实践哲学,25,26,27,34,36,37,
　　　　38,46,53,60,68,80,83,84,
　　　　93,96,97,104,105,110
　　哲学家,38,39,43,44,48,49,56,
　　　　60,61,62,63,65,66,68,80,
　　　　81,82,83,87,91,92,93,98,
　　　　99,105,106,110,113
　　哲学自由,16,62,82
　　中国人的哲学,41,53,70,75,84
　　中国哲学,38,40,56,66,96,98
　　中国哲学家,48,49,103,106
政制(regimen),38,39,40,44,47,
　　56,58,65,66,82,89,97,
　　98,102
　　暴政(Tyrannis),82
　　君主政制,91
知性,42,43,47,69,70,75,77,78,
　　83,84,86,97,100,101
知性养习,11,47,84,98,100
秩序(ordo),47,54,73,91,97,
　　99,101
智慧,16,36,38,39,40,43,45,46,

48,49,50,53,54,55,57,58,
60,61,66,67,68,69,70,83,
91,94,96,98,100,101,109,
111,113

隐秘智慧,47,97,99

自然,16,18,27,36,37,40,41,42,
43,45,46,47,48,54,60,67,
68,69,70,71,72,73,74,75,
76,77,78,79,80,81,83,84,
85,86,87,94,96,97,99,100,
103,105,107,108,109,
110,112

自然之力,41,43,69,70,71,72,
74,75,80,85,108

自知(conscientia),49,106,108

中国经典引用、书名、概念及人名索引

《春秋》,99
《大学》,74,75,79,85,90,92,98,
　　100,102,103,104
传九章释齐家治国,82,92
传六章释诚意,82
传四章释本末,81
经一章,75,86,90,101,102,103
章句序,38
《礼》,49,99,109
《论语·八佾》
哀公,88
《论语·公冶长》
浮海,102
《论语·里仁》
富贵,92
《论语·述而》
不语,91,93
德之,62
默识,62
述而,55
我非,61,82
雅言,91
《论语·卫灵公》

矜而,59
《论语·为政》
道之,88
或谓,102
色难,81
视其,81,88
吾十,83,86,103,105
学而,92
子贡,92
子游,88
《论语·乡党》
席不,82
《论语·雍也》
知之,81
质胜,81
《论语·子罕》
凤鸟,82
九夷,82
逝者,82
《论语·子路》
樊迟,62
《论语》,98
《孟子·滕文公上》,113

《孟子》,98,106
《明太宗宝训》,64
《诗》,50,99,109
《书》,99
《小学》,50,74,89,98,110
《孝经》,98
《易》,99
《中庸》,66,68,85,98
诚者,85,102
道不,76,78,81
费隐,75
天命,68
喜怒,86,90
曾子,45,82,94,98
帝喾,57,61
凡僧,37,101
伏羲,38,53,54,56,57,58,60,61,73,85
佛,74,82
汉武帝,55,66
黄帝,38,54,56,57,58,60,61,73
黄嘉略,54
惠帝,66
敬天,73
考王,66
孔子,9,36,37,38,39,45,53,54,55,56,57,58,59,60,61,62,63,64,65,66,68,73,75,76,77,79,80,83,84,85,86,88,89,90,91,92,93,94,95,96,97,98,99,100,102,103,104,105,107,112,113
雷公,54
刘向,50,109
鲁哀公,88
吕后,66
脉象医术,54
墨子,59,60
岐伯,54
秦始皇,55,66
人心,道心,86
少皞,57,61
少俞,54
神农,38,56,57,61,73
士大夫,63
舜,38,56,57,58,60,61,73,82,85,86,92,102,105,107
算盘,54
完满之人(君子),78,81,102
文宣王,63
尧,38,56,57,58,60,61,82,85,86,87,92,102,105
夷狄,53,62,82,102,113
永乐皇帝,64
贞定王,66
颛顼,57,58,61

附录 1　沃尔夫生平年表[①]

一、童年及求学时期(1679—1702)

1679 年 1 月 24 日,出生于布雷斯劳(Breslau)[②]。其父 Christoph Wolff 是一名鞣革工人(Lohgerber),其母名为 Anna Galleria,二人育有七子,沃尔夫排行第七,其上有三个姐姐、三个哥哥。父亲由于早年辍学,便立誓不惜财力、要供沃尔夫读大学。

1679 年 1 月 25 日,在玛利亚路德宗教堂受洗,取名为 Johann Christian。

1687 年,进入布雷斯劳的伊丽莎白学校,这是一所用拉丁语

[①] 依据 Christian Wolff, *Eigene Lebensbeschreibung*, hrsg. von Heinrich Wuttke, Leipzig 1841。

[②] 布雷斯劳由于其路德宗-天主教对峙的特殊宗教环境,曾产生了许多重要的神学家和沃尔夫这样的大哲学家。尽管布雷斯劳在二战后被划归波兰,但其在德国近代历史研究中仍是一个重要题目。关于沃尔夫的布雷斯劳教育背景对其哲学形成的影响,可参见 Schöffler, H., *Deutsches Geistesleben zwischen Reformation und Aufklärung. Von Martin Opitz zu Christian Wolff*, Frankfurt am Main 1956。

教学的路德宗学校。由于沃尔夫此前就在父亲那里"以问答的方式、非系统地学习了拉丁语词汇以及名词变格和动词变位",以至于入学刚三个月就通过了圣米迦勒节之后的拉丁语考试,直接进入二年级。沃尔夫当时立志研究神学,阅读了许多神学家的形而上学和逻辑学作品。他对数学以及笛卡尔和钦豪斯的哲学也有很大兴趣,只是一直没有机会接触。

1699年,前往耶拿大学学习神学。由于沃尔夫已经能相当好地理解神学,他主要是在学习物理学、数学。他当时的治学目标就是通过数学方法来"清楚地展示神学之真理","使神学不再有矛盾"。

1701年底,前往莱比锡参加学士学位(Magister)考试。

1702年初,通过学士学位考试,随即返回耶拿大学。

1702年,在耶拿写作教职资格论文《普遍实践哲学》的同时,参加了天文学、道德哲学和法学的课程学习。期间前往莱比锡拜访钦豪斯。《普遍实践哲学》完成后,受到了莱布尼茨和钦豪斯的赞赏。受邀前往莱比锡大学教授数学。

二、莱比锡时期(1703—1706)

1703年,成为莱比锡大学数学讲师(Magister legens)。沃尔夫当时已经因其数学造诣开始崭露头角。在莱比锡期间,沃尔夫不仅教授数学,也教授哲学,尤其是逻辑学、物理学、形而上学、道德哲学以及政治哲学。

1705年,开始为《学者札记》撰写书评。

1706年,在莱布尼茨的推荐下,前往哈勒大学就任数学教授。

三、哈勒时期(1706—1723)

1706年,成为哈勒大学数学教授。起初,主要精力放在研究数学、建筑术和物理实验上,并未研究哲学。

1709年,开始开设有关哲学、逻辑学和伦理学的讲座。

1711年,成为伦敦皇家科学院和柏林皇家科学院成员。

1712年,出版《德语逻辑学》,这是沃尔夫德语哲学系列的第一部作品。

1714年,维腾堡大学数学教授去世,沃尔夫收到邀请去维腾堡担任数学教授,沃尔夫在腓特烈一世的要求下继续留在哈勒。腓特烈一世于2月7日封沃尔夫为宫廷参事。

1716年,结婚。

1717年,彼得大帝试图已优渥条件邀请沃尔夫去圣彼得堡,由于莱布尼茨并不看好那里的就任前景,沃尔夫便推辞掉这次邀请。

1720年,出任哈勒大学副校长。

1721年7月12日,发表论中国人实践哲学的卸任演讲,由此引发一系列论战。

1722年10月2日,获一子,取名为Ferdinand。

1723年7月14日,黑森-卡塞尔公国卡尔公爵试图邀请沃尔夫去马堡大学任教。

1723年11月8日,普鲁士国王腓特烈一世下驱逐令,命令沃尔夫在受到敕令48小时之内离开普鲁士王国,否则处以绞刑。

1723年12月13日,沃尔夫被迫离开哈勒,并接受此前的邀请前往马堡大学,受到学生热烈欢迎。卡尔公爵封其为宫廷参事和数学及哲学教授。

四、马堡时期(1723—1740)

1724年1月19日,获第二子,取名为Christian。

1724年,彼得大帝试图邀请沃尔夫去担任圣彼得堡科学院副院长。

1725年,卡特琳娜二世在彼得大帝去世后,继续发出新的邀请。由于沃尔夫并不想离开马堡,卡特琳娜二世便赐予其荣誉教授称号。

1727年,沃尔夫的作品在普鲁士被禁。

1728年,出版《拉丁语逻辑学》,这是沃尔夫拉丁语哲学系列的第一部作品。随后几乎每年都有大部头的拉丁语著作付梓出版,这些作品为沃尔夫在欧洲范围内获得更大的声誉。

1733年,1月获瑞典国王颁发的勋章。6月成为巴黎皇家科学院的成员。同年,在日内瓦、纽伦堡和汉堡发行了印有沃尔夫头像的纪念章。12月,哥廷根大学试图邀请沃尔夫前去任教。11月,腓特烈一世打算让沃尔夫返回哈勒,由于沃尔夫担心有变故,便予以回绝。

1736年,在沃尔夫论敌朗格的持续挑唆下,腓特烈一世下令成立委员会,对沃尔夫作品进行审查。

1739年,腓特烈一世再次打算让沃尔夫返回哈勒,沃尔夫还是予以回绝。

1740年6月1日,腓特烈一世去世,王子继位,为腓特烈二世。

1740年9月11日,腓特烈二世请沃尔夫返回哈勒,并委任其为大学副校务长、自然法及万民法学教授和数学教授。

1740年11月30日,沃尔夫离开马堡。

五、重返哈勒之后(1740—1754)

1740年12月6日,沃尔夫抵达哈勒,受到教授和学生们的热烈欢迎。

1741年,沃尔夫购买一处房产,作为给其长子Ferdinand的遗产。

1740年至1749年,沃尔夫以每年一部的速度,写完了全部8卷的拉丁语《自然法》以及1卷《万民法》。在此期间获得来自欧洲各国的大量荣誉。

1750年至1753年,沃尔夫写就全部5卷拉丁语《道德哲学或伦理学》。但未来得及写拉丁语《政治学》。

1753年4月12日,沃尔夫去世。葬礼在哈勒大学教堂举行。

附录 2　沃尔夫作品年表[①]

沃尔夫的作品可分为六类：主要著作、小著作、文章、前言、书评和书信。这里录入其主要著作、小著作、文章和前言。以下作品标题为完整录入（斜体部分），并标明所在全集卷数及页码。其中作品标题前一颗星号 * 表示主要著作，两颗星号 ** 表示小著作，三颗星号 *** 表示文章，四颗星号 **** 表示前言。

一、莱比锡时期（1703—1706）

1703

── ** *Q. D. B. V. philosophia practica universalis, Mathematica methodo conscripta, indultuque Superiorum A. O. R. MDCCIII. d. 12. Januarii Placidae Eruditorum disquisitioni submissa a M. Christiano Wolfio, Vratislaviensi, et Respondente Laurentio Davide Bollhagen, Starg. Pom.*, Lipsiae,

博士论文

WW II, Bd. 35, Meletemata, Sect. 2, n. 1, p. 189—223.

[①] 依据 Jean École, *La Métaphysique de Christian Wolff*, Prélimin-aires sur la vie et l'œuvre de Wolff, WW III, Bd. 12. 1. 中译者补充了作品所在全集卷数，并做了适当校正和补充。

— ** Dissertaio prior de Rotis Dentatis, quam pro Loco in Facultate philosophica obtinendo, gratioso ipsius indultu, d. XX. Octob. Anni M. DCCII. Horis ante et pomeridianis publice, ventilandam proponit M. Christianus Wolfius, Vratislaviensis, Lipsiae,

WW II, Bd. 35, Meletemata, Sect. 2, n. 2, p. 223—224.

— ** Disquisitio philosophica de loquela, quam amplissimae Facult. Philosophicae gratioso indultu A. O. M. MDCCIII. die 20 Decembris Horis locoque consuetis, sub Praesidio Dn. M. Christiani Wolfii, Vratislaviensis, Praeceptoris atque Fautoris sui maximoque colendi, Placido Eruditorum Examini submittit Joannes Justus Graevius, Spangenberga, Hassus Casselan. Philos. et Medic. Studiosus, Lipsiae,

WW II, Bd. 35, Meletemata, Sect. 2, n. 3, p. 224—267.

1704

— ** Dissertatio algebraica de algorithomo infinitesimali differentiali, quam gratioso indultu amplissimi philosophorum ordinis in Academia Lipsiensi pro Loco in eodem obtinendo postrema vice disputaturus publico Eruditorum examini in Auditorio Majori ad XX. Decembr. A. O. R. MDCCIV submittet M. Christianus Wolfius, Vratislaviensis, Lipsiae,

WW II, Bd. 35, Meletemata, Sect. 2, n. 4, p. 267—290.

1705

— ** Methodum serierum infinitarum, indultu Superiorum Praeside M. Christiano Wolfio, die XXIII. Dec. 2. 1705. placidae eruditorum disquisition submittet Justus Gothardus Rabenerus, Lipsiae,

WW II, Bd. 35, Meletemata, Sect. 2, n. 5, p. 290—319.

1706

— *** Eclipsis solis d. XII Maji A. M. DCCVI, in diversis Germaniae locis observata, Acta eruditorum, Jul. ,

WW II, Bd. 35, Meletemata, Sect. 1, n. 1, p. 3—5.

二、哈勒时期(1706—1723)

1707

— *** Novum systema mundi a Sebastiano Clerico propositum et ex Artic. X mensis Aprilis Anni 1705 Diarii Trevoltiensis luci translatum, Acta eruditorum, Febr.

— ** Christianus Wolfius, Mathematum Professor Publicus et Ordinarius Studiosae Juventuti in Academia Fridericiana lectiones publicas et privatas proxime inchoandas intimat, Halae,

WW II, Bd. 35, Meletemata, Sect. 3, n. 1, p. 3—15.

— *** Methodus demonstrandi veritatem religionis christianae, Acta eruditorum, , April,

WW II, Bd. 35, Melatemata, Sect. 1, n. 2, p. 5—7, 以及 WW I, Bd. 21. 2, Kleine philosophische Schriften, vol. II, n. 7, p. 200—225.

— *** Astronomiae Cometicae Synopsis, autore Edmundo Halejo, apud Oxonienses Geometriae Professore Salviliano et Reg. Soc. S. ex Transact. Anglic. A. 1705, n. 297 p. 1882 et seqq. huc in compendio translata, retentis fere ubique ipsius Autoris verbis, Acta eruditorum, Maius.

— *** Schediasma de inveniendo sinu anguli multiplici ex dato sinu simpli, Acta eruditorum, Jul. ,

WW II, Bd. 35, Meletemata, Sect. 1, n. 3, p. 8—11.

— ** Christianus Wolffius Mathemat. Prof. Publ. et Ordinar. eröffnet seine Gedancken wegen eines Colegii Mathematici, welches er mit Gott diesen Winter über zu halten gesonnen,

WW I, Bd. 22, Kleine Schrifften, Abt. 1, n. 12, p. 69—73.

— *** Solutio nonnullarum difficultatum circa mentem humanam obviarum, ubi simul agitur de origine notionum et facultate ratiocinandi, Acta eruditorum, Novemb. ,

WW II, Bd. 35, Meletemata, Sect. 1, n. 4, p. 11—17.

1708

— *** Leges experientiarum fundamentales exhibitae, Acta eruditorum, April,

WW II, Bd. 35, Meletemata, Sect. 1, n. 5, p. 18—21.

— *** Nicolai Bernouilli, Basiliensi, Phil. et J. U. D. Specimina artis conjectandi ad quaestiones Juris applicatae, Acta eruditorum, Supplementum, Band VI, Abschnitt 4.

— *** Johannis Keill, ex aede Christi Oxon. A. M. Leges attractionis, aliaque Physices principia, excerpta ex Transact. Anglic. 1708 mens. Maj. et Jun. N. 15, p. 97 sq. , Acta eruditorum, Supplementum, Band IV, Abschnitt 6.

— *** Solutio dubii Geometrici, ab Illustrissimo Comiti ab Heberstein propositi, excerpta ex literis C. Wolfii ad N... datis, Acta eruditorum, Jun. ,

WW II, Bd. 35, Meletemata, Sect. 1, n. 6, p. 22—24.

— *** Descriptio meteori igniti, die XI Septembris Halae Saxonum alibique visi, Acta eruditorum, Novemb. ,

WW II, Bd. 35, Meletemata, Sect. 1, n. 7, p. 24—26.

1709

— ** Consideratio Physio-Mathematica hiemis proxime praeterlapsae,

WW II, Bd. 35, Meletemata, Sect. 2, n. 6, p. 319—363, 以及 WW I, Bd. 21. 2, Kleine philosophische Schriften, vol. II, n. 3, p. 11—107.

— * Aërometriae Elementa, in quibus aliquot Aëris vires ac proprietates juxta methodum Geometrarum demonstrantur, Lipsiae,

WW II, Bd. 37, Hildesheim, 1981.

— *** Aequationum quarundam postestatis tertiae, quintae, septimae, nonae et superiorum ad infinitum usque pergendo in terminis finitis ad instar regularum pro cubicis, quae vocantur Cardini Resolutio analytica per Abrahamum de Motivre, Acta eruditorum, Decemb. ,

— *** Experimenta nonnulla de coloribus per confusionem diversorum fluidorum producendis, Acta eruditorum, Jul. ,

WW II, Bd. 35, Meletemata, Sect. 1, n. 10, p. 35—37, 以及 WW I, Bd. 21.

1, Kleine philosophische Schriften, vol. I, n. 2, p. 5—10.

— *** De nova accelerationis lege, qua gravia versus Terram feruntur, suppositis motu diurno terrae et vi gravitates constant, Autore Jacobo Hermanno, Patavii Publico Mathem. Professore, Acta eruditorum, Sept.

1710

— *** Monitum circa experimentum de circulatione aëris per poros ligni, ex Elementis Aërometriae in Acta A. 1709 Mens. Jan. p. 28 translatum, Acta eruditorum, Febr. ,

WW II, Bd. 35, Meletemata, Sect. 1, n. 12b, p. 44, 以及 WW I, Bd. 21. 2, Kleine philosophische Schriften, vol. II, n. 1, p. 303—305.

— * Anfangsgründe aller mathematischen Wissenschafften, Vier Theile, Halle, 1710, 1717, 1725, 1731, ... , 1750,

WW I, Bd. 12, Hildesheim, 1973.

荷兰语版: Grund beginzelen van alle de mathematische Wetenschaffen, Amsterdam, 1738,

法语版: Cours de mathématique, qui contient toutes les parties de cette science mise à la portée des commençans, Paris, 1747.

1711

— ** Tabulae sinuum, atque tangentium tum naturalium quam artificialium, una cum logarithmis numerorum vulgarium ab 1. usque ad 10000, numeris quadratis ac cubicis

ab 1. ad 100. Edidit, praefatus est et regulam universalem solvendi omnia triangula tam plana, quam sphaerica praemisit Christianus Wolfius, Halae.

— *** Solutio dubiorum Aërometricorum in Diario Trevoltiensi A. 1710. Art. 48. p. 588, sq. propositorum, Acta eruditorum, Jan. ,

WW II, Bd. 35, Meletemata, sect. 1, n. 15, p. 44—47, 以及 WW I, Bd. 21. 1, Kleine philosophische Schrifften, vol. I, n. 10, p. 281—289.

— *** Novum Lampadum genus inventum a Christiano Wolfio, Acta eruditorum, Febr. ,

WW II, Bd. 35, Meletemata, sect. 1, n. 16, p. 47—49, 以及 WW I, Bd. 21.

1, Kleine philosophische Schrifften, vol. I, n. 1, p. 1—4.

— *** Defensio virium in corporibus existentium (A Sturmio et Leibnitio assertarum) contra nuperas objectiones, Acta eruditorum, Sept. ,

WW II, Bd. 35, Meletemata, sect. 1, n. 17, p. 49—53.

— *** Objectiones contra novam definitionem motus in Diario eruditorum Parisino exhibitam, Acta eruditorum, Nov. ,

WW II, Bd. 35, Meletemata, sect. 1, n. 18, p. 53—55, 以及 WW I, Bd. 21. 1, Kleine philosophische Schrifften, vol. I, n. 9, p. 274—280.

— *** Consideratio Wenceslai Josephi Pelicani super specimine Trigonometriae Analyticae ab illustrissimo Domino, Danino Ferdinando Ernesto, Comite ab Heberstein, exhibito, ac Actis Mensis Julii inserto, Acta eruditorum, Nov.

1712

— *** Observatio eclipsis lunaris D. 23 Januarii 1712 vespere facta in Academia

Leopold. Soc. Jesu Vratislaviae a R. P. Christophoro Heinrich, Theolog. Mor. et

Math. Profes. Publ. ac Ordin, Acta eruditorum, Mart.

— *** Machina Anamorphotica ad deformandas imagines, a Speculo conico reformandas, inventa a Jacobo Leupoldo, Mechanico Lipsiensi, Acta eruditorum, Aug.

— * Vernünfftige Gedancken von den Kräfften des menschlichen Verstandes und ihremrichtigen Gebrauche in Erkänntniss der Wahrheit, Den Liebhabern der Wahrheitmitgetheilet, Halle, 1712, 1719, 1722, 1725, 1727, 1731, 1733, 1736, 1738, 1740, 1742, 1744, 1749, 1754,

WW I, Bd. 1, Hildesheim, 1965,

也即《德语逻辑学》(Deutsche Logik), 是德语系列作品的第一部, 当时被翻译成许多语言:

沃尔夫自己用拉丁语翻译: Cogitationes rationales de viribus intellectus humani earumque usu legitimo in veritatis cognitione cum iis, qui veritatem amant, communicatae et nunc juxta editionem quintam ex sermone Germanico in Latinum a Christiano Wolfio translatae, Francofurti, 1730, 1735, 1740, 1765,

WW II, Bd. 2, Hildesheim, 1983,

法语版：Logique, ou Reflexions sur les forces de l'entendement humain et sur leur légitime usage dans la connaissance de la vérité, Berlin, 1736, Lausanne et Genève, 1744,

三种意大利语版本：Logica ovvero riflessioni sopra la forza dell'intelletto e sopra il legittimo loro uso nella cognizione della verita del Sign. Cristiano Wobfio... tradutta del tedesco in francese ... e dal francese transportata in italiano, Venezia, 1737,

Logica ovvero riflessioni sopra la forze dell 'intelletto umano e sopra il loro legittimo uso nella cognizione della verita, Venezia, 1784,

Logica Tedesca. In Appendice la Corrispondenza di J. H. Lambert con C. J. Holland e

Kant, A cura Raffaele Ciafardone, Bologna, 1978,

丹麦语版：Fornunftige Tanker, om den menneskelige Forstande Kraefter, Kopenhagen, 1742,

荷兰语版：Rendenkundige Bedenkingen over het Vermogen van het mensckelyke Verstand... Vertaald dor. J. Chr. van Sprögel, Amsterdam, 1758^2,

俄语版：Rasŏumnyie mysli o cilakh tschélovié tehisgokô rassŏndka, Saint Petersbourg, 1765,

英语版：Logic, or rational thoughts on the powers of the human understanding, London, 1770.

1713

— *** Descriptio novae antliae pneumaticae, quam nuperrime, construxit Jacobus Leupoldus, Mechanicus Lipsiensis, Acta eruditorum, Febr.

— *** Experimentum coagulationis extraordinariae ex Diarii Trevoltiensis Anni 1711. Articulo 174, p. 2120 excerptum a B. Autore commumcatum, Acta erudirotum, Supplementum, Band V.

— ∗∗∗ Responsio ad imputationes Johannis Freindii in Transactionibus Anglicanis, Num. 331, p. 330, sq, Acta eruditorum, Jun. ,

WW II, Bd. 35, Meletemata, sect. 1, n. 20, p. 56—63.

— ∗∗∗ Jahannis Craigii Additio ad Schediasma de linearum curvarum langitudine Actis A. 1710. p. 352 insertum, excerpta ex Trans. Anglic. A. 1710. n. 328, p. 395, Acta eruditorum, Jul.

— ∗∗∗ Relatio de novo Barometrorum et thermometrorum concordantium genere (Fahrenheit), Acta eruditorum, Aug. ,

WW II, Bd. 35, Meletemata, sect. 1, n. 21, p. 63—65.

— ∗ Elementa matheseos universae, Tomus I qui Commentationem de methodo mathematica, Arithmeticam, Geometriam, Trigonometriam, Analysin tam finitorum, quam infinitorum, Staticam et Mechanicam, Hydrostaticam, Aërometriam, Hydraulicam complectitur, Halae.

WW II, Bd. 29, Hildesheim, 2003.

1714

— ∗ Elementa matheseos universae, Tomus II, qui Opticam, Perspectivam, Catoptricam, Dioptricam, Sphaericam, Astranomiam, Geographiam, et Hydrograhiam, Chronologiam, Gnomanicam, Pyrotechnicam, Architecturam militarem atque civilem, et Commentationem de scriptis Mathematicis complectitur, Halae.

WW II, Bd. 30, Hildesheim, 2003.

— ∗∗∗ Examen Corollarii tertii ad propositionem septimam Tractatus de Quadratura Circuli et Hyperbolae per infinitas Parabolas et Hyperbolas geometrice exhibita a R. P. Guidone Grando, Magni Hetrariae Ducis Theologo et Mathematico ac Philosophiae Professore, in Academia Pisana, in quo Corollario quantitatem ex infinitis nullitatibus componi, statuitur, Acta eruditorum, Jan. ,

WW II, Bd. 35, Meletemata, sect. 1, n. 22, p. 65—69.

— ∗∗∗ Nova literaria Mathematica de perpetuo mobili, Longitudini Maris et Quadratura Circuli, Acta eruditorum, Maius,

WW II, Bd. 35, Meletemata, sect. 1, n. 23, p. 69—72.

— ※※※ Meditatio de similitudine figurarum, praesertim curvilinearum et constructione lunularum cyclico-parabolicarum similium datamque inter se rationem habentium, Acta eruditorum, Maius.

— ※※※ Regula nova inveniendi logarithmum Summae vel differentiae duorum numerorum sive rationalium, sive irratianalium, tam integrorum, quam fractorum, itemque potentiarum earundem sive similium sive dissimilium, reperta a Christiana Wolfio, Acta eruditorum, Jun. ,

WW II, Bd. 35, Meletemata, sect. 1, n. 25, p. 77—80.

— ※※※ Regula nova eaque universalis inveniendi differentiam Potentiarum duarum quarumcunque, sed ejusdem gradus, quarum radices sive unitate, sive quocumque numero alia differunt, Acta eruditorum, Decemb.

1716

— ※※ Eröffnete Gedancken, über ungewöhnliche Himmels-Begebenheit, welche den 17 März im Jahr 1716 des Abends nach 7 Uhr, zu Halle und an vielen anderen Orten in-und ausserhalb Deutschlands, gesehen worden, Halle,

WW I, Bd. 21. 1, Kleine philosophische Schrifften, vol. I, n. 5, p. 113—189.

— ※ Mathematisches Lexicon, Darinnen die in allen Theilen der Mathematick üblichen

Kunst-Wörter erkläret, und zur Historie der Mathematischen Wissenschafften dienliche Nachrichten ertheilet, Auch die Schrifften, wo jede Materie ausgeführet zu finden, angeführet werden: Auff Begehren heraus gegeben, Leipzig,

WW I, Bd. 11, Hildesheim, 1965.

— ※ ※ ※ Explicatio phaenomeni insoliti quad d. 17. Mart. post septimum vespertinum

Halae Saxonurn et alibi observatum, Acta eruditorum, Aug. ,

WW II, Bd. 35, Meletemata, sect. 1, n. 29, p. 105—108.

— ※※※ Appendix ad relationem de Phaenomeno luminoso, Acta eruditorurn, Aug.

1717

— *** Theoremata geometrica nova, quibus omnium Parabolarum, Hyperbolarum et Cissoidum in infinitum, aliarumque innumerarum curvarum novarum descriptions simplicissimae continentur, Acta eruditorum, Mart. ,

WW II, Bd. 35, Meletemata, sect. 1, n. 30, p. 109—114.

— *** Notanda circa theoriam colorum Newtonianam, Acta eruditorum, Maius,

WW II, Bd. 35, Meletemata, sect. 1, n. 31, p. 114—116.

— *** Elogium Godofredi Guilielmi Leibnitii, Acta eruditorum, Jul. ,

WW II, Bd. 35, Meletemata, sect. 1, n. 32, p. 116—133.

— ** Specimen Physicae ad Theologiam naturalem adplicatae, sistens notionem intellectus divini per opera naturae illustratam, Halae Magdeburgicae, 1717, 1732,

WW I, Bd. 21. 1, Kleine philosophische Schrifften, vol. I, n. 19, p. 519—560.

— * Auszug aus der Anfangs-gründe aller Mathematischen Wissenschaften, Halle, 1717, 1728, 1729, ... , 1736[6],

拉丁语版:Compendium Elementorum Matheseos universae, in usum studiosae juventutis adornatum, Lausannae et Genevae, 1742.

1718

— ** Entdeckung der wahren Ursache von der wunderbahren Vermeyrung des Getreydes, dadurch zugleich der Wachsthum der Bäume und Pflanzen überhaupt erläutert wird, Als die erste Probe der Untersuchungen von Wachstume der Pflanzen, heraus gegeben, Halle im Magdeburgischen, 1718, 1725,

英语版:A Discovery of the true Cause of the Wonderful Multiplication of Corn whit some general Remarcks upon the Nature of Tree and Plants. By Dr. Wolfius Member of the Royal Societes of London and Berlin, and Professor of the Mathematicks at the University of Marburg, London, 1734.

— **** 前言: Leutmann, Vollständige Nachricht von den Uhren und derselben Verfertigung, Halle.

— * Ratio praelectionum Wolffianarum in Mathesin et Philosophiam universam et Opus Hugonis Grotii de jure belli ac pacis, Halae Magdeb., 1718,1735,

WW II,Bd. 36,Hildesheim,1973.

— ** Erläuterung der Entdeckung der wahren Ursache von der wunderbahren Vermeyrung des Getreydes, darinnen auf die kurze und wohlgemeinte Erinnerungen, welche darüber heraus kommen, geantwortet wird, Als die andere Probe der Untersuchungen, von dem Wachsthume der Pflanzen heraus gegeben, Halle im Magdeburgischen,-Franckfurt und Leipzig,1730.

1720

— * Vernünfftige Gedancken von Gott, der Welt und der Seele des Menschen, Auch allen Dingen überhaupt, Den Liebhabern der Wahrheit mitgetheilet, Halle, 1720, 1722, 1725, Franckfurt und Leipzig, 1729, 1733, 1735, 1738, 1741, Halle im Magdeburgischen, 1751, 1752, Hildesheim, 1903, WW I, Bd. 2. 1, 2. 2, Hildesheim, 2003.

也即《德语形而上学》(Deutsche Metaphysik),

荷兰语版: Redenkundige Bedenkingen over Gog, de wereld, en de menschelyke Ziele..., Amsterdam, 1767.

— ** Erinnerung, wie er es künfftig mit den Einwürffen halten will, die wider seine Schrifften gemacht werden, Halle.

— * Vernünfftige Gedancken von der Menschen Thun und Lassen, zu Beförderung ihrer Glückseeligkeit, den Liebhabern der Wahrheit mitgetheilet, Halle, 1720, 1733, Franekfurt und Leipzig, 1728, 1733, 1736, 1752, WW I, Bd. 4, Hildesheim, 1976,

也即《德语伦理学》(Deutsche Moral)

— **** 前言: Köhler, Merckwürdige Schriften, welche auf gnädigsten Befehl Ihro Hoheit der Cron-Prinszeszin von Wallis, zwischen dem Herrn von Leibniz und D. Clarke, über besondere Materien der natürlichen Religion gewechselt, Leipzig.

1721

— * Vernünfftige Gedancken von dem gesellschaftlichen Leben der Menschen und insonderheit der gemeinen Wesen zu Beförderung der Glückseeligkeit des menschlichen Geschlechts, Den Liebhabern der Wahrheit mitgetheilet, Halle, 1721,-Franckfurt und Leipzig, 1725, 1723, 1736, 1740, 1747,1756,

WW I, Bd. 5, Hildesheim, 1975,

也即《德语政治学》(Deutsche Politik)

— * Allerhand nüszliche Versuche, dadurch zu genauer Erkänntnis der Natur und Kunst der Weg gebahnet wird, Den Liebhabern der Wahrheit mitgetheilet, Halle im Magdeburgischen, 1721—1722, 1727—1729,

WW I, Bd. 21. 1, 21. 2, 21. 3, Hildesheim, 1982.

也即《德语试验物理学》(Deutsche Experimental-Physik)

前两卷的拉丁语版: Physica experimentalis Christiani Wolffii Regis Borussicae Consiliari intimi, et Universitatis Halensis Cancellarii, Societatum et Academiarum Scientiarum Londinensis, Parisinae, Petropolitanae, Berolinensis, et Bononiensis Membri. Nuncprimum ex Germanico idiomate in Latinum translata opera et studio D. Andreae Bina Mediolanensis, O. S. B. , Voluminis pars prior, Venetiis, 1753,-Voluminis primi pars posterior, et Voluminis secundi pars prior et posterior, Venetiis, 1756.

— **** 前言: Leutmann, Vollständige Nachricht von Uhren; erste Continuation, Halle.

1722

— **** 前言: Sturm, Physica electiva sive hypothetica. Tomi II, Norimbergae,

WW II, Bd. 35, Meletemata, sect. 3, n. 8, p. 140—147.

1723

— ** Sicheres Mittel wider ungegründete Verleumdungen, wie denenselben am besten abzuhelfen, Halle.

——＊ Vernünfftige Gedancken von den Würkungen der Natur, Den Liebhabern der Wahrheit mitgetheilet, Halle im Magdeburg. , 1723, 1725, ... , Franckfurt und Leipzig, 1746^9,

WW I, Bd. 6, Hildesheim, 1985;

也即《德语物理学》(Deutsche Physik)

——＊＊＊ Erinnerung wider diejenigen, die in seiner Metaphysick den Spinosismum entdeckt zu haben vermeynen, Neue Zeitungen von gelehrten Sachen, Leipzig, Jul.

——＊＊ De differentia nexus rerum sapientis et fatalis necessitatis, nec non systematis harmoniae praestabilitae et hypothesium spinosae luculenta commentatio. In qua simul genuina Dei existentiam demonstrandi ratio expenditur et multa religionis naturalis capita illustrantur, Halae Magdeburg. , 1723, 1727,

WW II, Bd. 9, Opuscula metaphysica, Hildesheim, 1983;

德语版（Hagen 译）：Deutliche Erklärung des Unterscheids unter einer weisen Verknüpfung der Dinge und einer unumgänglichen Notwendigkeit desgleichen unter der Meinung von der vorherbestimmten Harmonie und Lehrsätzen des Spinosae, in: WW I, Bd. 21. 4, Kleine philosophische Schrifften, vol. IV, p. 3—198.

——＊＊ Monitum ad commentationem Iuculentam de differentia nexus rerum sapientis et fatalis necessitatis, quo nonnulla sublimia metaphysicae ac theologiae naturalis capita illustrantur, Halae Magdeb. , 1723, 1727,

WW II, Bd. 9, Opuscula metaphysica, Hildesheim, 1983;

德语版（Hagen 译）：Erinnerung zu der deutlichen Abhandlung von dem Unterscheide einer weisen Verknüpfung der Dinge, und der unumgänglichen Notwendigkeit, in: WW I, Bd. 21. 4, Kleine philosophische Schrifften, vol. IV, p. 199—275.

——＊ Vernünfftige Gedancken von den Absichten der natürlichen Dinge, Den Liebhabern der Wahrheit mitgetheilet, Halle, 1723, 1724, Franckfurt und Leipzig, 1726, 1737, ... , 1752^9.

WW I, Bd. 7, Hildesheim, 1981,

也即《德语目的论》(Deutsche Teleologie)

三、马堡时期(1723—1740)

1724

——** Herrn D. Joh. Francisci Buddei S. S. T heol. P. P. O. zu Iena Bedencken über die Wolffianische Philosophie mit Anmerckungen erläutert von Christian Wolfen, Hochfürstl. Hessischen Hoff-Rath und Matheseos et Philosophiae Professore Primario zu Marburg. Der Kön. Grosz-Britannischen and kön. Preusis. Societäten der Wissenschafften Mitgliede, Franckfurt am Mayn,

WW I, Bd. 17, Kleine Kontroversschrifften mit Joachim Lange und Johann Franz Budde, Hildesheim, 1980.

——** Des Herrn Doct. und Prof. Joachim Langens oder: Der Theologischen Facultaet zu Halle Anmerckungen über des Herrn Hoff. Raths und Professor Christian Wolffens Metaphysicam von denen darinnen befindlichen so genannten der natürlichen und geoffenbarten Religion und Moralität entgegen stehenden Lehren. Nebst beygefügter Gründlicher Antwort, Cassel,

WW I, Bd. 17, Kleine Kontroversschrifften mit Joachim Lange und Johann Franz Budde, Hildesheim, 1980.

——* Anmerckungen über die vernünfftigen Gedancken von Gott, der Welt und der Seele des Menschen, auch allen Dingen überhaupt, zu besserem Verstande und bequemerem Gebrauche derselben heraus gegeben, Franckfurt am Mayn,

也即《〈德语形而上学〉评注》,再版名为:

——Der vernünfftigen Gedancken von Gott, der Welt und der Seele des Menschen, auch allen Dingen überhaupt, Anderer Theil, bestehend in ausführlichen Anmerckungen, und zu besserem Verstande und bequemerem Gebrauche derselben herausgegeben, Franckfurt am Main, 1727, 1733, 1747, 1760,

WW I, Bd. 3, Hildesheim, 1983,

— ✴✴ Nöthige Zugabe zu den Anmerkungen über Herrn D. Buddens Bedencken von der

Wolffischen Philosophie, auf Veranlassung der Buddeischen Antwort heraus gegeben, Franckfurt am Mayn,

WW I, Bd. 18, Schutzschriften gegen Johann Franz Budde, Hlldeshelm, 1980.

1725

— ✴✴ Examen systematis solium dimidiatorum, quad Praeside Christiano Wolfio, Cansiliario Aulico Hassiaco, et Mathematum ac Philosophiae Professore, Societatum Regiarum Britannicae ac Borussicae sodali in Acroaterio Philosophico d. XXVIII. Aprilis a. o. r. MDCCXXV. Publice defendet Joannes Thomas Schenkel, Zierenberga Hassus, Marburgi Cattorum,

WW II, Bd. 35, Meletemata, sect. 2, n. 7, p. 363—373.

— ✴ Vernünfftige Gedancken von dem Gebrauche der Theile in Menschen, Thieren und

Pflanzen, Den Liebhabern der Wahrheit mitgetheilet, Franckfurt und Leipzig, 1725,

1729, 1737, ..., 1753[9],

WW I, Bd. 8, Hildesheim, 1980, 也即《德语生理学》(Deutsche Physiologie)

— ✴✴ Anmerckungen über der Theologis. Facultaet zu Tüb-ingen Responsum wegen der Wolffischen Philosophie,

in: Ludovici, Sammlung und Auszüge..., Anderer Theil, n. 2, p. 42—63.

— ✴✴ Anmerckungen über die Philosophis. Facultaet zu Tüb-ingen Responsum über seine Philosophie, in: Ludovici, 同上, n. 3, p. 63—72.

— ✴✴ Klarer Beweisz, dasz Herr D. Budde die ihm gemachten Vorwürffe einräumen und gestehen musz, Er habe aus Übereilung die ungegründeten Auflagen der Hällischen Wiedersacher recht gesprochen zu Vertheidigung der Wahrheit heraus gegeben, Franckfurt am Mayn,

WW I, Bd. 18, Schutzschriften gegen Johann Franz Budde,

Hlldeshelm, 1980.
1726

——** Oratio de Sinarum philosophia practica, in solemni panegyri recitata, cum in ipsa Academiae Halensis Natali XVIII. d. XII. Julii A. O. R. 1721 Fasces Prorectorales successor traderet, Notis uberioribus illustrate, Francofurti ad Moenum, -Halae Magdeburgicae 1755,

WW II, Bd. 35, Meletemata, sect. 3, n. 4, p. 25—126,

德语版（Hagen 译）：Rede von der Sittenlehre der Chineser, in: WW I, Bd. 21. 6, Kleine philosophische Schrifften, vol. VI, p. 1—320,

德语版（Jargow 译）：Herrn Wolfs Rede von der Sittenlehre der Chineser, in: Die schöne Wolfiannerin, Zweites Bändgen, Franckfurt und Leipzig, 1741, p. 77—168,

德语版（Brüggemann 译）：Rede von der Sittenlehre der Chineser, in: Kindermann, Deutsche Literatur in Entwicklungsreihen, Reihe Aufklärung, Band 2, Leipzig, 1930, Darmstadt, 1966, p. 174—195,

德语版（Albrecht 译）：Rede über die praktische Philosophie der Chinesen, Hamburg, Felix Meiner Verlag, 1985.

法语版（Formey 译）：Discours sur la morale des Chinois par Monsieur Wolff, in: La belle Wolffienne, vol. II, La Haye, 1741, Hildesheim, Olms, 1983, p. 1—76.

——* Ausführliche Nachricht von seinen eigenen Schrifften, die er in deutscher Sprache von den verschiedenen Theilen der Welt-Weisheit heraus gegeben, auf Verlangen ans Licht gestellet, Franckfurt am Mayn, 1726, 1753, 1757,

WW I, Bd. 9, Hildesheim, 1973.

——*** Principia Dynamica, in: Commentaria Academiae Scientiarum imperialis Petropolitanae, Tomus I, Petropoli, 1728,

WW II, Bd. 35, Meletemata, sect. 1, n. 36, p. 151—156.

1727

——** Phaenomenon singulare de modo pomifera absque floribus ad rationes physicas revocatum, Marburgi,

WW I, Bd. 21. 1, Kleine philosophische Schrifften, vol. I, n. 13, p. 305—334.

— ** Quod Deus bene vertat! ex Decreto et Auctoritate Venerandi Philosophorum ordinis in Inclyta Academia Marburgensi ad Theses philosophicas sequentes, Praeside Christiano Wolfio, Consiliario Aulico Hassiaco, Mathematum et Philosophiae Professore Primario, Professore Petropolitano Honorario, Societatum Regiarum Britannicae atque Borussicae Sodali, Promotore rite Designato, V. Magisterii Philosophici Competitores, eo ordine collocati, quo disputarunt, pro supremo in Philosophia Gradus consequendo Magnifico et Amplissimo Senatui Academico publice in Audirotio ad Lanum solenni respondebunt D. XIII. Aug. Hor. VIII. Anno MDCCXXVII, Marburgi Cattorum,

WW II, Bd. 35, Meletemata, sect. 2, n. 8, p. 374—380.

1728

— * Philosophia rationalis sive Logica, methodo scientifica pertractata et ad usum scientarum atque vitae aptata. Praemittitur Discursus preliminaris de philosophia in genere, Francofurti et Lipsiae, 1728, 1732, 1740, Veronae, 1735, 1779,

WW II, Bd. 1.1, 1.2, 1.3, Hildesheim, 1983, 拉丁语《逻辑学》是拉丁语哲学系列著作的第一部。

英语版(导论部分), Blackwell 译, Indianapolis, New-York, The Hobbs-Merril, 1963.

— *** Monitum de sua philosophandi ratione, inserviens loco responsionis ad ea, quae occasione operis sui logici non nemo monuit in Actis eruditorum anni 1728, p. 474, Acta eruditorum, Decemb. ,

WW II, Bd. 35, Meletemata, Sect. 1, n. 37, p. 167—172.

1729

— * Horae subsecivae Marburgenses Anni MDCCXXIX , quibus philosophia ad publicam privatamque utilitatem aptatur, Francofurti et Lipsiae.

WW II, Bd. 34. 1, Hildescheim, 1983.《马堡闲论》是沃尔夫于 1729、1730

和 1731 年按学期顺序写的一系列小书,在 1729 年至 1741 年间出版,1983 年被编辑作三卷。

冬季学期:

I De habitu philosophiae ad publicam privatamque utilitatem aptae, vol. I, p. 1—37.

II De notione juris naturae, gentium et civilis juxta L. 1. § 3 et L. 9, seq. de Justitia et Jure, p. 37—107.

III De differentia intellectus systematici et non systematici, p. 107—154.

IV De Medico Astronomos imitante, p. 154—175.

春季学期:

I De hypothesibus philosophicis, p. 177—230.

II De definitione Justitiae Ulpiani L. I0, sq. de justitia et jure atque ejus cum notionibus Aristotelicis consensus, p. 230—269.

III De successiva Assensus generatione, in solida rerum cognitione, p. 29—310.

IV De Notionibus directricibus et genuino usu philosophiae primae, p. 310—350.

V De officio hominis circa injurias juxta mandatum Christi, Math. V, 39, p. 350—365.

以上两个学期的讲稿都由 Hagen 译作德语,见 Kleine philosophische Schrifften,其中冬季学期第一篇在 WW I, Bd. 21.2, p. 22—79,第二篇在 WW I, Bd. 21.3, p. 499—594,第三篇在 WW I, Bd. 21.4, p. 163—219,第四篇在 WW I, Bd. 21.3, p. 698—722,春季学期第一篇在 WW I, Bd. 21.2, p. 226—309,第二篇在 WW I, Bd. 21.5, p. 831—896,第三篇在 WW I, Bd. 21.2, p. 519—587,第四篇在 WW I, Bd. 21.2, p. 106—168,第五篇在 WW I, Bd. 21.5, p. 92—116。

春季学期第四篇由 Formey 译作法语,出版于 La belle Wolffienne, la Haye, 1746, Hildesheim, Olms, 1983, vol IV, p. I-XXIII。

1730

— * Philosophia prima, sive Ontologia, methodo scientifica pertractata, qua omnis cognitionis humanae principia continentur, francofurti et Lipsiae,

1730,1736,Veronae,1735,1779,

WW II,Bd. 3,Hildesheim,1962.

拉丁语《本体论》是拉丁语形而上学的第一部。

— * Elementa matheseos universae. Tomus I, qui Commentationem de methodo mathematica, Arithmeticam, Geometriam, Trigonometriam planam, et Analysin tam finitorum quam infinitorum complectitur, Halae Magdeburgicae, 1730, Genevae, 1732, Veronae, 1746, 1768,

WW II,Bd. 29,Hildesheim,1968,

是 1713 和 1715 出版的两卷本《普遍数学原理》的扩写本。

— * Horae subsecivae Marburgenses Anni MDCCXXXIX..., Francofurti et Lipsiae. -, Veronae, 1770, Hildesheim, 1983,

夏季学期：

I De voluptate ex cognitione veritatis percipienda, vol. I, p. 167—248.

II De notione Substantialium, Naturaliumet Accidentalium feudi, p. 248—289.

III De homine nihil a se habente juxta I. Cor. IV, 7, p. 289—318.

IV De notione Sanitatis, p. 318—355.

秋季学期：

I De voluptate ex cognitione veritatis revelatae percipienda, p. 350—386.

II De computatione graduum canonica, p. 388—425.

III De philosophia non ancillante, p. 425—478.

IV De notione morbi, p. 478—516.

以上两个学期的讲稿都由 Hagen 译作德语，见 Kleine philosophische Schrifften,其中夏季学期第一篇在 WW I,Bd. 21. 5,p. 213—338,第二篇在 WW I,Bd. 21. 4,p. 1—57,第三篇在 WW I,Bd. 21. 2,p. 474—518,第四篇在 WW I,Bd. 21. 1,p. 334—377,秋季学期第一篇在 WW I,Bd. 21. 5,p. 339—394,第二篇在 WW I,Bd. 21. 6,p. 175—220,第三篇在 WW I,Bd. 21. 3,p. 1—73,第四篇在 WW I,Bd. 21. 1,p. 378—424。

1731

— * Cosmologia generalis, methodo scientifica pertractata, qua ad solidam, inprimis Dei atque naturae, cognitionem via sternitur, Francofurti et Lipsrae,1731,1737,Veronae,1736,1739,

WW II,Bd. 4,Hildesheim,1964.

拉丁语《普遍宇宙论》是拉丁语形而上学的第二部。

— **** 前言：Schreiber, Elementis medicinae physic-mathematicae praemittenda, Lipsiae.

— **** 前言：Cramer, Jura de pacto hereditario renunciativo filiae nobilis, dissensu doctorum liberate et methodo demonstrative in concordiam reducta, Marburgi,

WW II,Bd. 35,Meletemata,sect. 3,n. 9,p. 147—153.

— * Horae subsecivae Marburgenses Anni MDCCXXX..., Francofurti et Lipsiae. -, Veronae,1770,Hildesheim,1983.

冬季学期：

I De voluptate ex virtute percipienda, vol. II, p. 1—84.

II De Jurisprudentia civili in formam demonstrativam redigenda, p. 84—150.

III De notionibus foecundis, p. 150—166.

IV De officio hominis erga alios juxta mandatum Joannis, Luc. , III, 11, p. 166—175.

春季学期：

I De voluptate ex virtute christiana percipienda, p. 179—236.

II Specimina Definitionum in Jure emendatarum, p. 236—291.

III De Nexu rerum in negotiis humanis, Prudentiae fundamentum, p. 291—322.

IV De Rationibus legalibus legum, p. 322—342.

V De Principio Juris naturalis ex doctrina Christi, Math. V, 42, p. 343—367.

夏季学期：

I De Peccato in philosophum, p. 371—434.

II Specimen Legum ad formam demonstrativam reductarum secundum

Tit. III Institut. De Jure personarum, p. 435—468.

III Tabularum Mnemonicarum constructio et usus, p. 468—513.

IV De notione Naturalis, Praeternaturalis et Nonnaturalis in Arte medica, p. 513—549.

V Notio Servi Christi, Rom. , I, 1, evoluta, p. 550—559.

以上三个学期的讲稿都由 Hagen 译作德语,见 Kleine philosophische Schrifften,其中冬季学期第一篇在 WW I, Bd. 21. 5, p. 395—570,第二篇在 WW I, Bd. 21. 3, p. 595—687,第三篇在 WW I, Bd. 21. 2, p. 80—107,第四篇在 WW I, Bd. 21. 5, p. 65—91;春季学期第一篇在 WW I, Bd. 21. 5, p. 571—681,第二篇在 WW I, Bd. 21. 6, p. 38—114,第三篇在 WW I, Bd. 21. 4, p. 83—127,第四篇在 WW I, Bd. 21. 6, p. 3—38,第五篇在 WW I, Bd. 21. 5, p. 25—64;夏季学期第一篇在 WW I, Bd. 21. 5, p. 25—64,第二篇在 WW I, Bd. 21. 6, p. 115—162,第三篇在 WW I, Bd. 21. 2, p. 669—731,第四篇在 WW I, Bd. 21. 1, p. 425—467,第五篇在 WW I, Bd. 21. 6, p. 163—174。

1732

—— * Psychologia empirica, methodo scientifica pertractata, quae ea, quae de anima huamana indubia experientiae fide constant, continentur et ad solidam universae philosophiae practicae ac theologiae naturalis tractationem via sternitur, Francofurti et Lipsiae, 1732, 1738, Veronae, 1736, 1779,

WW II, Bd. 5, Hildesheim, 1968,

拉丁语《经验心理学》是拉丁语形而上学的第三部。

—— * Horae subsecivae Marburgenses Anni MDCCXXX..., Francofurti et Lipsiae. -, Veronae, 1770, Hildesheim, 1983,

秋季学期:

I De rege philosophante et Philosopho regnante, vol. II, p. 563—632.

II De Judice imcompetente Jurisprudentiae demonstrativae, p. 633—659.

III De methodo existentiam Dei ex Ordine Naturae demonstrandi, p. 660—683.

IV De Notione Corporis, p. 683—720.

以上这个学期的讲稿由 Hagen 译作德语,见 Kleine philosophische

Schrifften,秋季学期第一篇在 WW I,Bd. 21. 6,p. 529—562,第二篇在 WW I,Bd. 21. 2,p. 417—453,第三篇在 WW I,Bd. 21. 4,p. 233—275,第四篇在 WW I,Bd. 21. 1,p. 190—235。

第一篇由 Deschamps 译作法语,1740 年出版于柏林,1986 年再版于巴黎。

第一篇还由 J. A. Santoroc 译作英语,1750 年出版于伦敦,题目为:The real happiness of a people under a philosophical King,demonstrated;Not only from the Nature of Things,but from the undoubted Experience of the Chinese under their first founder Fohi,and his illustrious successors,Hoam Ti,and Xin Num.[①]

— ** Programma. De signo virtutis infucatae cum scientia et eruditione conjungendae,Marburgi.

— **** 德译前言:Nieuwentijdt, Het Ret Gebraik der Werelt Beschonwingen, ter overtuiginge van ongodisten en ongelovigen aangetoont ..., Franckfurt und Leipzig.

1733

— * Elementa Matheseos universae, Tomus II, qui Mechanicam cum Statica, Hydrostaticam, Aërametriam, atque Hydraulicam complectitur, Francofurti et Lipsiae,-Genevae,1733,Veronae,1746,

WW II,Bd. 30,Hildesheim,1968.

1734

— **** 前言:Hagen, Meditationes philosophicae de methodo mathematica, Norimbergae,

WW I,Bd. 21. 2,Kleine philosophische Schrifften,vol. II,p. 645—660.

— **** 前言:Grotius, De Jure belli et pacis,Marburgi,

WW II,Bd. 35,Meletemata,sect. 3,n. 10,p. 153—162.

— * Psychologia rationalis methodo scientifica pertractata, qua ea, quae de anima humana indubia experientiae fide innotescunt, per essentiam et natu-

---

① Jean École 似乎漏掉了该英译本,此为译者补充。

ram animae explicantur, et ad intimiorem naturae ejusque autoris cognitionem profutura proponuntur, Francofurti et Lipsiae, 1734, 1740, Veronae, 1736, 1779,1787,

WW II,Bd. 6,Hildesheim,1972.

拉丁语《理性心理学》是拉丁语形而上学的第四部。

——**** 前言:Ludwig Philipp Thümmig, Versuch einer gründlichen Erläuterung der merkwürdigsten Begebenheiten in der Natur, Marburg.

1735

—— * Elementa Matheseos universae, Tomus III, qui Opticam, Perspectivam, Catoptricam, Dioptricam, Sphaericam et Trigonometriam sphaericam atque Astronomiam, tam sphaericam, quam theoreticam complectitur, Halae Magdeburgicae,-Genevae, 1735, Veronae, 1746, 1796, WW II, Bd. 31, Hildesheim,1968.

—— * Horae subsecivae Marburgenses Anni MDCCXXXI ...., Francofurti et Lipsiae. -,Veronae,1770,Hildesheim,1983,

冬季学期:

I De Influxu philosophiae Autoris in Facultates superiores, vol. III, p. 1—106.

II De bona fide toto praescriptionis tempore requisita jure canonico, p. 107—122.

III De Notione Corporis. Pars altera, p. 123—141.

IV De Notione causae Morbi, p. 141—175.

以上这个学期的讲稿由 Hagen 译作德语,见 Kleine philosophische Schrifften,冬季学期第一篇在 WW I,Bd. 21.2,p. 729—882,第二篇在 WW I,Bd. 21.6,p. 221—238,第三篇在 WW I,Bd. 21.1,p. 235—256,第四篇在 WW I,Bd. 21.1,p. 466—507。

1736

—— * Theologia naturalis methodo scientifica pertractata. Pars prior, integrum systema complectens, qua existentia et attributa Dei a posteriori demonstrantur, Francofurti et Lipsiae, 1736, 1739, Veronae, 1738, 1779,

WW II, Bd. 7. 1, Hildesheim, 1978,

拉丁语《自然神学》卷一是拉丁语形而上学的第五部。

德语版（Hagen 译）：Natürliche Gottesgelahrheit nach beweisender Lehrart abgefasset. Erster Theil den ganzen Lehrbegriff in sich haltend darin die Wirklichkeit und Eingenschafften Gottes Aus Betrachtung der Welt bewiesen werden. Ins deutsche übersetzet, Halle, 1743.

—— ** Ausführliche Beantwortung der ungegründeten Beschuldigungen Hrn. D. Langens.

die er auf Ordre Ihro Königl. Majest. in Preussen entworffen, in: Ludovici, Sammlung und Auszüge..., Erster Thell, n. 5, p. 56—109.

—— ** Kurzer Inhalt der ausführlichen Beantwortung, in: Ludovici, 同上, Erster Theil, n. 6, p. 110—120。

—— ** D. Langens Kunstbegriff durch Sophisterey den Leser einzunehmen, und wem er seine Einwürffe wider die Harmoniam praestabilitam, abgeborget, entworffen, und nebst der ausführli-chen Antwort an Sc. Königl. Maj. In Preussen eingesandt, in: Ludovici, 同上, Erster Theil, p. 120—126。

1737

—— ** Antwort des Herrn Regierungs-Rath Wolffens zu Marburg Auf zweymahlige Zuschrifft des Dechants L. Weiszmüller zu Wasserstrüdingen, Die verbesserte Einrichtung der Philosophie betreffend, in: Ludovici, 同上, Erster Theil, n. 20, p. 294—297。

—— * Theologia naturalis methodo scientifica pertractata. Pars posterior, qua existentia et attributa Dei ex notione entis perfectissimi et natura animae demonstrantur et Atheismi, Deismi, Fatalismi, Naturalismi, Spinosismi, aliarumque de Deo errorum fundamenta subvertuntur, Francofurti et Lipsiae, 1737, 1741, Veronae, 1736, 1779,

WW II, Bd. 7. 2, Hildesheim, 1981,

拉丁语《自然神学》卷二是拉丁语形而上学的第六部，也是最后一部。

德语版（Hagen 译）：Natürliche Gottesgelahrheit nach beweisender Lehrart abgefasset. Zweyter Theil, Darin die Wirklichkeit und Eingenschajften

Gottes Aus dem Begriff des volkommensten Wesens und der Natur der Seele bewiesen, Wie auch die Gründe der Gottesverleugnung Deisterey, Fotalisterey, Spinosisterey und andern schädlichen Irrthümer von Gott über den Haufen gestossen werden, Aus den lateinischen Urkunde iibersetzt, Halle,1743.

——**** 前言：Berger, Versuch einer gründlichen Erläuterung merckwürdiger Begebenheiten in der Natur, wodurch man zu ihrer innersten Erkänntnisz geführt wird. Erstes Stück, Lemgo,

WW I, Bd. 22, Kleine Schrifften, Abt. 2, n. 11, p. 161—170.

1738

——* Horae subsecivae Marburgenses Anni MDCCXXXI ... , Francofurti et Lipsiae. -, Veronae,1770,Hildesheim,1983.

春季学期：

I De theoria negotiorum publicorum, vol. III, p. 179—242.

II De Versione Librorum juxta principia Philosophiae nostrae adornanda, p. 242—231.

III De usu Methodi demonstrativae in explicanda Scriptura sacra, p. 281—327.

IV De Notione symptomatis, p. 327—350.

V De utilitate cognitionis Figurae Telluris, p. 350—367.

以上的讲稿由 Hagen 译作德语,春季学期第一篇在 WW I, Bd. 21.6, Kleine philosophische Schrifften, p. 323—528,其他篇分别在 WW I, Bd. 22, Kleine Schrifften, p. 209—233, 234—261, 261—275, 275—286. 第一篇由 Deschamps 译作法语,1740 年出版于柏林,1986 年再版于巴黎。

——* Elementa Matheseos universae, Tomus IV, qui Geographiam cum Hydrograohia, Chronologiam, Gnomonicam, Pyrotechniam, Architecturam militarem atque civilem complectitur, Halae Magdeburgicae, Genevae, 1738, -Veronae,1746,1796,

WW II, Bd. 32, Hildesheim,1968.

——* Philosophia practica universalis, methodo scientifica pertractata,

Pars prior, theoriam complectens, qua omnis actionum humanarum differentia, omnisque juris ac obligationum omnium, principia, a priori demonstrantur, Francofurti et Lipsiae,-Veronae,1779,

WW II,Bd. 10,Hildesheim,1971.

1739

—＊ Philosophia practica universalis, methodo scientificapertractata. Pars posterior, praxin complectens, qua omnis praxeos moralis principia inconcussa ex ipsa animae humanae natura a priori demonstrantur, Francofurti et Lipsiae,-Veronae,1779,

WW II,Bd. 11,Hildesheim,1979.

—＊＊＊＊前言：Augsburg, Jura de dominio pactisque dominium acquisitis seu ad transferendum dominium habilibus…,Marburgi,

WW II,Bd. 35,Meletemata,sect. 3,n. 11,p. 162—166.

1740

—＊ Jus naturae methodo scientifica pertractatum. Pars prima, In qua obligationes et jura connata ex ipsa hominis essentia atque natura a priori demonstrantur et totius philosophiae moralis omnisque juris reliqui fundamenta solida jaciuntur,Francofurti et Lipsiae,-Veronae,1761,

WW II,Bd. 17,Hildesheim,1972.

—＊＊＊＊德译前言：Forest de Belidor,Architecture hydraulique,Augsburg,

WW I,Bd. 22,Kleine Schrifften,Abt. 2,n. 1,p. 85—91.

四、哈勒时期(1740—1754)

1741

—＊ Elementa Matheseos universae, Tomus V, qui Commentationem de praecipuis scriptis mathematicis, Commentationem de studio mathematico recte instituendo et Indices in tomos quinque Matheseos universae continet, Halae Magdeburgicae,-Veronae,1779,

WW II,Bd. 33,Hildesheim,1971.

— ** Programma de necessitate methodi scientificae et genuino usu juris naturae ac gentium, quo lectiones suas in Fridericiana in posterum habendas, Halae,

WW II, Bd. 35, Meletemata, sect. 3, n. 14, p. 173—197.

— **** 前言：Süszemilch, Die göttliche Ordnung in den Veränderungen des menschlichen Geschlechts aus Geburt, Tod und Fortpflanzung derselben erwiesen, Berlin,

WW I, Bd. 22, Kleine Schrifften, Abt. 2, n. 2, p. 91—94.

— * Horae subsecivae Marburgenses Anni MDCCXXXI..., Francofurti et Lipsiae. -, Veronae, 1770, Hildesheim, 1983,

夏季学期：

I De differentia notionum metaphysicarum et mathematicarum, vol. III, p. 385—479.

II De usu methodi demonstrativae in tradenda theologia revelata dogmatica, p. 480—542.

III Programma. De obligatione Ministrorum Ecclesiae, qua tenentur ad docendum populum exemplo suo, p. 543—554.

IV Programma. De Vitae Iongae Mensura morali, p. 554—563.

V Programma. De Virtutibus regiis, p. 563—571.

VI Programma. De necessitate obligationis positivae, p. 571—575.

秋季学期：

I De Rectitudine actionis hominis Christiani, p. 579—623.

II De Abusu Rationum legalium Iegum, p. 623—659.

III De notione Libertatis Academicae, p. 659—681.

IV De Experientia morali, p. 681—719.

以上的讲稿由 Hagen 译作德语，分别在 WW I, Bd. 22, Kleine Schrifften, p. 286—348, 349—387, 388—394, 394—399, 399—404, 405—407, 407—433, 435—456, 457—470, 470—493。

1742

— * Jus naturae methodo scientifica pertractatum. Pars secunda, in qua agitur de Dominio ac inde resultantibus juribus cum connexis obligationibus, Halae Magdeburgicae, 1742,-Veronae, 1762, WW II, Bd. 18, Hildesheim,1968.

——**** 前言：Zollmann, Vollständige Anleitung zur Geodäsie, oder practischen Geometrie … , Halle im Magdeburgischen,

WW I, Bd. 22, Kleine Schrifften, Abt II, n. 3, p. 94—100.

1743

—— * Jus naturae methodo scientifica pertractatum. Pars tertia. De modo derivativo acquirendi domonium et jus quodcumque praesertim in re alterius: ubi et agitur de officiis erga sermonem, juramentis ac votis, nec non usucapione et praescriptione, Halae Madgeburgicae,1743,-Veronae,1763,

WW II, Bd. 19, Hildesheim, 1968.

1744

——**** 德译前言：Bruzen de la Martinière, Grand dictionnaire géographique et critique … , Leipzig,

WW I, Bd. 22, Kleine Schrifften, Abt. 2, n. 4, p. 100—117.

——**** 前言：Stiebritz, Philosophia Wolfiana contracta. II Tomi logicam, ontologiam et cosmologiam generalem, psychologiam compl. , Halae,

WW II, Bd. 35, Meletemata, sect. 3, n. 2, p. 167—169.

—— * Jus naturae methodo scientifica pertractatum. Pars quarta. De actibus ad aliorum utilitatem tendentibus, in specie, ubi agitur de donationibus, et de contractibus tam beneficis, quam onerosis praecipuis, Halae Magdeburgicae,1744,-Veronae,1764,

WW II, Bd. 20, Hildesheim, 1968.

1745

—— * Jus naturae methodo scientifica pertractatum. Pars quinta. De contractibus onerosis reliquis, quasi cantractibus, modis tollendi obligationem ac contractu, et de jure in re sua alteri constituto, veluti pignore, hypotheca et servitutibus, Halae Magdeburgicae, 1745,-Veronae, 1765, WW II, Bd. 21, Hildesheim, 1968.

—— **** 前言：Bernsau, Theologia dogmatica methodo scientifica pertractata, Pars prima, Halae,

WW II, Bd. 35, Meletemata, sect. 3, n. 13, p. 169—172.

—— **** 前言：Michael, Catalogus praestantissimi thesauri librorum ... et manuscriptorum Joannis Petri de Ludewig ..., Halae Magdeburgicae,

WW II, Bd. 35, Meletemata, sect. 3, n. 15, p. 197—202.

1746

—— * Jus naturae methodo scientifica pertractatum. Pars sexta De domimo utili in specie de feudo, accedit doctrina de interpretatione, de jure ex communione primaeva residuo, de officiis erga mortuos, nondum natos et posteros nec non eruditorum, Halae Magdeburgicae, 1746,-Veronae, 1766,

WW II, Bd. 22, Hildesheim, 1968.

—— **** 前言：Döbel, Eröffneter Jäger-Practica, oder dem wohlgeübten und erfahren Jäger, Leipzig,

WW I, Bd. 22, Kleine Schrifften, Abt. 2, n. 5, p. 117—122.

1747

—— * Jus naturae methodo scientifica pertractatum. Pars septima de imperio privativo, in quam tam de imperio ac societate in genere, quam de officiis ac jure in societatibus conjugali, paterna, herili atque domo agitur, seu jus omne personarum demonstratur, Halae Magdeburgicae, 1747,-Veronae, 1767,

WW II, Bd. 23, Hildesheim, 1968.

—— **** 前言：Hertel, Vollständige Anweisung zum Gleissschleiffen, wie auch zu Verfertigung derer optischen Maschinen die aus geschliffenen Gläsern zubereitet und zusammen gesetzt werden ..., Franckfurt, Leipzig,

WW I, Bd. 22, Kleine Schrifften, Abt. 2, n. 6, p. 122—128.

1748

—— * Jus naturae methodo scientifica pertractatum. Pars octava sive ultima. De imperio publico, seu jure civitatis, in qua omne jus publicum universale demonstratur et verioris politicae inconcussa fundamenta ponuntur, Halae Magdeburgicae, 1748,-Veronae, 1768,

WW II, Bd. 24, Hildesheim, 1968.

— **** 德译前言: Hales, Vegetable Statiks, or an Account of some statical experiments on the sap in vegetables..., Halle,

WW I, Bd. 22, Kleine Schrifften, Abt. 2, n. 7, p. 129—134.

1749

— * Jus Gentium methodo scientifica pertractatum, in quo jus gentium naturale ab eo, quod voluntarii, pactitii et consuetudinarii est, accurate distinguitur, Halae Magdeburgicae, 1749,-Francofurti et Lipsiae, 1764, 英文版由 Drake 译出, 出版于 Oxford and London, 1934,

WW II, Bd. 25, Hildesheim, 1972.

— **** 德译前言: Chomel, Dictionnaire économique, 第一部分, Leipzig,

WW I, Bd. 22, Kleine Schrifften, Abt. 2, n. 9, p. 139—149.

1750

— * Institutiones juris naturae et gentium, in quibus ex ipsa hominis natura continuo nexu obligationes et jura deducuntur, Halae Magdeburgicae, 1750, 1754, 1774, 1794, Venetiis, 1758, Veronae, 1784,

WW II, Bd. 26, Hildesheim, 1969,

德文版: Gründsatze des Natur-und Volkerrechts worin alle Verbindlichkeiten und alle Rechte aus der Natur des Menschen in einem beständigen Zusammenhange hergeleitet warden,... Auf Verlangen aus den Lateinischen ins Teutsche übersetzt von Gottlibeb Samuel Nicolai, Halle, 1754, 1769, WW I, Bd. 19, Hildesheim, 1980,

法文版: Institutions du droit de la nature et des gens, dans lesquelles, pars une chaîne continue, on déduit de la nature meme de l'homme, toutes ses obligations et des notes... par M. Elie Luzac, Leiden, 1772, 6 卷.

— * Philosophia moralis sive Ethica, methodo scientifica pertractata. Pars prima, in qua agitur de intellectu et facultatibus ceteris cognoscendi in ministerium eius perficiendis, atque virtutibus intellectualibus, Halae Magdeburgicae, 1750,-Veronae, 1768,

WW II, Bd. 12, Hildesheim, 1970.

1751

— * Philosophia moralis sive Ethica, methado scientifica pertractata. Pars secunda, in qua agitur de voluntate et noluntate, una cum appetitu sensitivo et aversatione sensitiva perficienda et emendenda, Halae Magdeburgicae, 1751,-Veronae,1769,

WW II, Bd. 13, Hildesheim, 1970.

— * Philosophia moralis sive Ethica, methado scientifica pertractata. Pars tertia, in qua agitur de virtutibus, quibus praxis officiorum erga Deum et omnis religio naturalis continetur, Halae Magdeburgicae, 1751,-Veronae,1769,

WW II, Bd. 14, Hildesheim, 1970.

1752

— * Philosophia moralis sive Ethica, methado scientifica pertractata. Pars quarta, in qua agitur de virtutibus, quibus praxis officiorum erga nos ipsos continetur, Halae Magdeburgicae, 1752,-Veronae,1752,

WW II, Bd. 15, Hildesheim, 1970.

—**** 德译前言：Scamozzi, L' idea della architettura universale …, Franckfurt und Leipzig,

WW I, Bd. 22, Kleine Schrifften, Abt. 2, n. 10, p. 150—161.

1753

— * Philosophia moralis sive Ethica, methado scientifica pertractata. Pars quinta, in qua agitur de virtutibus, quibus praxis officiorum erga alias continetur, Halae Magdeburgicae, 1753,-Veronae,1769,

WW II, Bd. 16, Hildesheim, 1970.

—**** 前言：Bertling, Theologiae moralis Elementa, Halae,

WW II, Bd. 35, Meletemata, sect. 3, n. 17, p. 207—211.

五、沃尔夫去世后出版作品

— * Oeconomica methodo scientifica pertractata. Pars prima, in qua agitur de societatibus minoribus, conjugali, paterna et herili, Halae Magdeburgicae, 1754,

WW II, Bd. 27, Hildesheim, 1972.

— ** Eigene Lebensbeschreibung, Herausgegeben mit einer Abhandlung über Wolff von Heinrich Wüttke, Leipzig, 1841,

WW I, Bd. 10, Biographie, Hildesheim, 1980.

六、别人为其出版的短文文集

— Gesammelte kleine philosophische Schrifften, welche besonders zu der Natur-Lehre und den damit verwandten Wissenschafften nehmlich der Mesz- und Arzney-Kunst gehören, die aus dessen biszher heraus gegebenen Werkens, und andern Büchern, darinnen sie befindlich sind, nunmehro mit Fleisz zusammen getragen, meistentheils aus dem Lateinischen übersezet auch mit nöthigen und nützlichen Anmerckungen versehen werden sind, Halle im Mageburgischen, 1736, WW I, Bd. 21. 1, Hildesheim, 1981.

— Gesammelte kleine philosophische Schrifften, welche biszher moistens lateinisch im Druck heraus waren, zweyter Theil, darinnen besonders die zu der Vernunfftlehre gehörigen zusammengetragen, übersezset, auch mit nöthigen und nüszlichen Anmerckungen versehen worden sind von G. F. H. A. d. P. z H., Halle im Magdeburgischen, 1737, WW I, Bd. 21. 2, Hildesheim, 1981.

— Gesammelte kleine philosophische Schrifften, Welche meistens aus den Lateinischen übersezet, Dritter Theil, darinnen die zur besonderen Vernunfftlehre gehörige Stücke enthalten, auch mit nöthigen und nüszlichen Anmerckungen versehen sind, von G. F. H. Pr. der Ph. z. B., Halle im Magdeburgischen, 1737, WW I, Bd. 21. 3, Hildesheim, 1981.

— Gesammelte kleine philosophische Schrifften, Welche meistens aus den Lateinischen übersezet, Vierter Theil, darinnen die zu der Hauptwissenschafft gehörige Stücke enthalten, auch mit nöthigen und nüszlichen Anmerckungen versehen sind von G. F. H. Pr. der Ph. z. B., Halle im Magdeburgischen,

1739,WW I,Bd. 21. 4,Hildesheim,1981.

—— Gesammelte kleine philosophische Schrifften, Fünffter Theil, darinnen die zu der Sittenlehre gehörige Stücke enthalten, Welche aus den Lateinischen übersezet, auch mit nöthigen und nüszlichen Anmerckungen versehen sind von G. F. H. Pr. z. B., Halle im Magdeburgischen, 1740, WW I, Bd. 21. 5, Hildesheim,1981.

—— Gesammelte kleine philosophische Schrifften, Sechster und Iezter Theil, darinnen besonders die zur Staatsklugheit und der damit Verwandten Rechtsgelehrsamkeit, gehörige Stücke enthalten, Welche aus dem Lateinischen übersezet, Auch mit nöthigen und nüszlichen Anmerckungen versehen sind von G. F. H. Pr. der Ph. z. B., Halle im Magdeburgischen, 1740, WW I, Bd. 21. 6,Hildesheim,1981.

以上六卷均由 Hagen 翻译。

—— Des Weyland Reichs-Freyherrn von Wolff übrige Theil noch gefurdene kleine Schrifften und einzelne Betrachtungen zur Verbesserung der Wissenschafften,Halle,1755,WW I,Bd. 22,Hildesheim,1983.

—— Meletemata Mathematica-Philosophica cum erudito orbe literarum commercio communicata. Quibus accedunt Dissertationes variae ejusdem argumenti et complura omnis eruditionis alia hinc illinc disperse obvia, Halae Magedeburgicae,1755,WW II,Bd. 35,Hildesheim,1974.

图书在版编目(CIP)数据

中国人实践哲学演讲/(德)沃尔夫(Christian Wolff)著;李鹃译.
—上海:华东师范大学出版社,2016.6
ISBN 978-7-5675-4378-2

Ⅰ.①中… Ⅱ.①沃… ②李… Ⅲ.①哲学思想—研究—中国—古代 Ⅳ.①B2

中国版本图书馆 CIP 数据核字(2015)第 296664 号

华东师范大学出版社六点分社
企划人 倪为国

本书著作权、版式和装帧设计受世界版权公约和中华人民共和国著作权法保护

中国人实践哲学演讲

著　　者　(德)沃尔夫
译　　者　李　鹃
审读编辑　钱一栋　陈哲泓
责任编辑　彭文曼
封面设计　吴元瑛
出版发行　华东师范大学出版社
社　　址　上海市中山北路 3663 号　邮编　200062
网　　址　www.ecnupress.com.cn
电　　话　021-60821666　行政传真　021-62572105
客服电话　021-62865537　门市(邮购)电话　021-62869887
地　　址　上海市中山北路 3663 号华东师范大学校内先锋路口
网　　店　http://hdsdcbs.tmall.com
印　刷　者　上海景条印刷有限公司
开　　本　890×1240　1/32
插　　页　1
印　　张　8.5
字　　数　180 千字
版　　次　2016 年 6 月第 1 版
印　　次　2016 年 6 月第 1 次
书　　号　ISBN 978-7-5675-4378-2/B·986
定　　价　45.00 元
出 版 人　王　焰

(如发现本版图书有印订质量问题,请寄回本社客服中心调换或电话 021-62865537 联系)